Charlotte M. Werner

Friedrich Schiller
und seine Leidenschaften

Charlotte M. Werner

Friedrich Schiller und seine Leidenschaften

Droste Verlag

Bildnachweis:

Privat: Autorenfoto

Schiller Nationalmuseum/Deutsches Literaturarchiv, Marbach:
Umschlagabbildung und S. 11, 14, 19, 21, 23, 25, 32, 36,
81, 97, 113, 124, 190, 192, 225

Städtische Museen Jena: S. 150

Stadtarchiv Mannheim/Bild und Filmsammlung: S. 49

Stiftung Weimarer Klassik und Kunstsammlungen/Museen: S. 55, 59

Bibliografische Informationen Der Deutschen Bibliothek

Die Deutsche Bibliothek verzeichnet diese Publikation in der
Deutschen Nationalbibliografie; detaillierte bibliografische Daten
sind im Internet über http://dnb.ddb.de abrufbar.

© 2004 Droste Verlag GmbH, Düsseldorf
Lektorat: Brigitte Hamerski
Gesamtgestaltung und Satz: Droste Verlag
Druck und Bindung: Clausen & Bosse, Leck
ISBN 3-7700-1164-3

www.drosteverlag.de

Inhalt

Vorwort   7

Die Mutter   9

Die Schwestern   17

Erste Erfahrungen   24

Henriette und Charlotte von Wolzogen   34

Sophie von La Roche   44

Mannheimer Kapricen   48

Charlotte von Kalb   56

Die Liebe in Weimar   68

Huldigung an eine Freundschaft   79

Minna und Dora Stock   89

Liaison Dangereuse   96

Schneeweißchen und Rosenrot   107

Familie von Lengefeld   111

Reise in eine neue Welt   116

Ballsaison   122

Die Titanide 129

Volkstedter Sommer 139

Entscheidungen 149

Caroline von Wolzogen 162

Junge Ehe 170

Französischer Staatsbürger 178

Ein neuer Schwabe 184

Ludovike Simanowiz 189

Jena 195

Weimar 203

Germaine de Staël 212

Das letzte Jahr 217

Zeittafel 226

Anmerkungen 229

Literaturverzeichnis 233

Personenverzeichnis 235

Vorwort

Dass Friedrich Schiller leidenschaftlich dichtete, ist bekannt. Er machte die Nacht zum Tag und den Tag zur Nacht. In allen anderen Lebensbereichen aber war er ebenso exzessiv. Er konnte leidenschaftlich verschwenderisch sein und fast lustvoll darben, wenn er wieder einmal über seine Verhältnisse gelebt hatte.

Er konnte leidenschaftlich lieben und das Gute im Menschen verteidigen. Seine Freunde forderte er bis an die Grenzen ihrer Hilfsbereitschaft. Nur leidenschaftlicher Hass war seiner Natur fremd.

Schillers Leben bewegte sich immer am Rand des Extremen. Seine vielen Krankheitsphasen nutzte er zu geistigen Höhenflügen, in denen er bewusst seine körperlichen Fesseln zu sprengen suchte. Den Menschen, vor allem den Frauen, die sein leidenschaftliches Wesen dämpften oder steigerten, anregten oder langweilten, reizten oder beruhigten, ist dieses Buch gewidmet.

Die Mutter

Elisabetha hatte wahnsinnige Angst vor der Geburt. Fast genau ein Jahr zuvor war Meta Klopstock, die Frau des von ihr so verehrten Dichters, im Kindbett gestorben. Die „größte, die heiligste Liebe" ihres Gatten hatte sie nicht retten können. Und sie selbst war jetzt allein in ihrer schweren Stunde ohne den Beistand ihres Gemahls, dessen Zuversicht sie gestärkt hätte. Er war kurz zuvor in den zweiten hessischen Feldzug eingerückt.

Als der Knabe am 10.11.1759 in der ländlichen Kleinstadt Marbach in der Niklastorgasse zur Welt kam, lebte Elisabetha Dorothea Schiller mit der zweijährigen Tochter Christophine in sehr beengten Verhältnissen im Erdgeschoß des Hauses eines Säcklers. Man wartete noch einen Tag mit der Taufe des Kindes. Üblich war sie direkt nach der Geburt wegen der hohen Kindersterblichkeit. Die Mutter bangte um den zarten Säugling, der ihr fest bandagiert wie ein kleiner Kokon in die Arme gelegt wurde. Am nächsten Tag musste der schwächliche Junge noch das schwere Taufkleid und ein wertvolles besticktes Häubchen aus Seidensatin tragen, um die hohen Ambitionen des Vaters zu demonstrieren. Die Erstellung der stattlichen Patenliste im Register der nahen Stadtkirche hatte wohl etwas länger gedauert. Sie war auch Ausdruck der ehrgeizigen Ziele, die der Vater nach wie vor verfolgte, obwohl die Familie in wirtschaftlichen Schwierigkeiten war. Nicht nur vier Paten, sondern auch fünf Patinnen sind eingetragen. Beata Dorothea Wölfingin, Bernhardina Friederica Bilfingerin, Maria Sophia Ehrenmännin, Regina Elisabetha Wernerin und Elisabetha Margaretha Sommerin. Wie gute Feen gaben sie dem zwei Tage alten Johann Christoph Friedrich Schiller nur die besten Wünsche mit auf seinen Lebensweg. Sie wirken fast symbolisch, denn er hatte auch fünf Schwestern.

Der erste bekannte Brief Schillers ist uns noch erhalten und an seine Patin Elisabetha Margaretha Stoll geb. Sommer gerichtet. Der 12-Jährige schreibt im April 1772 aus Ludwigsburg: „Hören Sie nicht auf, Theuriste Frau Pathin! Mir und denen Meinigen fernerhin Dero Gewogenheit zu schenken, und besonders bitte ich Sie, mich bey der bevorstehenden Confirmations-Handlung in Ihr Gebet einzuschließen, daß mich Gott durch seine Gnade und guten Geist stärken wolle, damit ich diejenige Pflicht, die ich nun selbst übernehme mit allem Fleiß erfüllen – und zum Wohlgefallen Gottes; meiner Eltern; Pathen und Anverwandten, im Guten je mehr und mehr zunehmen möge."[1] Es ist anzunehmen, dass der Knabe jeden seiner Taufpaten mit einem ähnlichen Schreiben auf seine herannahende Konfirmation aufmerksam gemacht hat. Die anschließende Feier im Familienkreis war fast schon ein vorweggenommenes Abschiedsfest, denn ein dreiviertel Jahr später musste Schiller seine Angehörigen und seine geliebte Mutter verlassen. In sein Gepäck hatte sie eine Hose, zwei Hemden, vier Paar Strümpfe und fünfzehn(!) lateinische Bücher verstaut. Sein Vater gab ihm noch 43 Kreutzer, bevor er den Sohn auf Befehl von Herzog Carl Eugen in dessen Militär-Pflanzschule abgab. Die Mutter litt; für Jahre würde sie ihren Sohn kaum noch sehen, denn es gab keine Ferien für das Kind, in denen sie seine Entwicklung hätte beobachten können, und die Besuchsmöglichkeiten waren sehr eingeschränkt.

Elisabetha Dorothea Schiller geb. Kodweiß stammt aus einer angesehenen Marbacher Familie. Als 17-Jährige heiratete sie 1749 den Wundarzt Johann Caspar Schiller. Wenige Tage vor der Trauung wäre der 26-jährige Bräutigam bei einer Kahnfahrt auf dem Neckar beinahe ertrunken. So glücklich wie diese überstandene Lebensgefahr gestaltete sich die Existenzgründung für das junge Paar jedoch nicht. Sie hatten es mit der Hochzeit recht eilig gehabt. Im März war Johann Caspar nach Marbach gekommen, um seine dort verheiratete Schwester zu besuchen. Er nahm Quartier in der „Herberge zum Goldenen Löwen", die dem Vater von Elisa-

Friedrich Schillers Vater als junger Leutnant

betha Dorothea gehörte. Er hat sich offenbar sofort in die quirlige, hübsche, rotblonde Wirtstochter verliebt, denn schon vier Monate später waren sie verheiratet. Eine Woche nach der Eheschließung erhielt der junge Ehemann das Marbacher Bürgerrecht und eröffnete eine Arztpraxis. Diese berufliche Existenz brachte auf Dauer nicht genügend Einnahmen, um eine Familie zu ernähren, hinzu kamen noch finanzielle Schwierigkeiten des Schwiegervaters. Johann Caspar hatte geglaubt, eine gute Partie zu machen, zumindest war er davon ausgegangen, eine Frau mit Vermögen geheiratet zu haben, denn Elisabetha war das einzige Kind des Löwenwirts. Verglichen jedoch mit den Verhältnissen der anderen Bürger in Marbach, war das Ehepaar gut ausgestattet. Die junge Frau hatte Grund und Boden, Wäsche, Möbel, Schmuck und Kleider mit in die Ehe gebracht. Die Voraussetzungen für ein

11

gesichertes Familienleben schienen gegeben. Ihr Vater aber hatte sich durch Fehlspekulationen ruiniert und der Bankrott des Löwenwirts war nicht mehr aufzuhalten. Dadurch war auch die Existenz des jungen Paares gefährdet.

Johann Caspar Schiller waren Geldsorgen nicht unbekannt. Sein Vater war früh gestorben und die Mutter mit acht unversorgten Kindern zurückgeblieben. Dort hatte der Tod das Schicksal bestimmt, aber im Fall seines Schwiegervaters waren die Schulden selbst verursacht. Zornig und beschämt fasste Johann Caspar daher den Entschluss, sich wieder dem Militärberuf zuzuwenden, denn die Tilgung der schwiegerväterlichen Schulden hatte mittlerweile auch das noch vorhandene Vermögen der jungen Eheleute aufgezehrt. Am österreichischen Erbfolgekrieg hatte er als Eskadronfeldscher teilgenommen und Erfahrungen gesammelt. So ließ er schweren Herzens vier Jahre nach der Hochzeit seine untröstliche junge Frau zurück. Die arme verlassene Elisabetha Dorothea erlitt durch den Leichtsinn ihres Vaters die größten Seelenqualen. Johann Caspar musterte als Fourier im Prinz Louis'schen Regiment an und brachte es während des schlesischen Feldzugs zum Fähnrich und Adjutant. Im Siebenjährigen Krieg avancierte er zum Hauptmann. Als nach zehn Ehejahren endlich der ersehnte Sohn geboren wurde, stand der Vater mit seinem Regiment am Main. „... diese Trennung, in diesen Umständen, griff meine Mutter sehr an, und in der Folge noch mehr die traurigen Nachrichten die vom Kriegsschauplatz hier einliefen, daher mein Bruder von Jugend auf immer schwächlicher war als ich ..."[2] In der Ferne bat Caspar Schiller „das Wesen aller Wesen" es möge seinem Sohn an Geisteskraft zulegen, was er aus Mangel an Unterricht nicht erreichen konnte. Fortan wachte der Vater streng und ungeduldig über die Leistungen seines Sohnes.

„In der Liebe und schützenden Solidarität von Mutter und älterer Schwester ... fand Schiller, der als gescheites, verträgliches, gutherziges und liebevolles Kind beschrieben wird, emotionalen

Halt und Kraft zur Selbstbehauptung gegen die Vaterwelt, ...“[3] Eine der ersten Biografien beschreibt Schillers Mutter in jungen Jahren als ein fantasievolles, schwärmerisches Geschöpf, das Harfenspiel, Laute und die Dichtkunst von Gellert und Klopstock liebte. „Die ersten Grundzüge von dem, was Friedrich Schiller einst werden sollte, zeichnete hauptsächlich die Mutter in den jugendlichen Geist ihres Lieblings. Immer war er bei ihr; sie lehrte ihn lesen, er las ihr vor; sie erzählte ihm, er erzählte ihr wieder, und war ihr steter Begleiter bei ihren öfteren Spaziergängen auf das Land. Die Zauberwelt, Mährchen und Feengeschichten machten einen großen Theil der frühesten Unterhaltung der Mutter mit ihrem Sohne aus.“[4] Der Sohn schildert seine Mutter später als eine Frau, die mit stiller Resignation ihr leidvolles Schicksal und den strengen Ehemann ertragen habe. Die Sorge um ihre Kinder sei ihr wichtiger gewesen als alles andere. Und die Schwestern bestätigten der Mutter, sie wären „Bauern-Menschen“ geblieben, wenn sie nicht dafür gesorgt hätte, sie in Gesellschaft zu lassen, wo sie Bildung lernen konnten. Noch ein Urteil hinsichtlich der mütterlichen Prägung ist uns von Herder überliefert, der sagte: „Humor und Talente hat man von der Mutter, die festen Theile der Organisation vom Vater.“[5]

Was Schiller auf seiner Flucht aus Stuttgart im September 1782 wirklich nahe ging, war der Gedanke an seine Mutter und wie viel Unannehmlichkeiten er ihr dadurch bereiten könnte. Mit 23 Jahren war ihr einziger Sohn vor Carl Eugen, Herzog von Württemberg geflohen, der ihm das Schreiben verbieten wollte. Der Fürst hatte die politisch subversive Energie erkannt, die von den Schriften des jungen Dichters ausging. Als absolutistischer Herrscher konnte er das nicht akzeptieren und wollte daher seinen Regimentsmedikus durch eine Verhaftung zur Räson bringen. Schiller kam dem Landesfürsten zuvor. Die Mutter und seine Schwester Christophine hatte er in seine Fluchtpläne eingeweiht. Dem Vater konnte er nichts sagen, da er in Diensten des Herzogs

*Schillers Mutter Elisabetha Dorothea geb. Kodweiß, die in
der Erinnerung ihres Sohnes als Frau zurückblieb, die ihr
leidvolles Schicksal in stiller Resignation ertragen hat*

stand und sein Gewissen nicht belasten wollte. Kurz bevor er
untertauchte, hat er sich von Mutter und Schwester in der elter-
lichen Wohnung verabschiedet, heimlich, im Nebenzimmer, damit der Vater nichts merkte. Gottlob hat er die geröteten Augen
seiner Frau nicht wahrgenommen, als sie ins Wohnzimmer zu-
rückkam. Sicherlich werden sie und die Schwester dem immer in
Geldnöten steckenden jungen Mann unbemerkt noch ein paar
Gulden gegeben haben. Einige Wochen danach hat er sich noch
einmal mit ihnen getroffen, bevor er nach Bauerbach in Richtung
Thüringen aufbrach. Dort fand er Zuflucht bei einer „guten
Fee", Henriette von Wolzogen. Nachdem er wieder in Mannheim
war, schrieb ihm die Mutter im September 1783 und hinterlässt

uns ein anschauliches Bild ihrer Fürsorglichkeit: „Lieber, ich will auch noch etliche Zeilen anhängen, da ich schon so lange nicht selbst an Dich geschrieben. Gott sei gepriesen, daß wir Dich wieder näher bei uns wissen! Ich bin schon etliche Tage wieder bettlägerig gewesen an den Schmerzen, woran ich schon soviel gelitten … Sollte aber meine Krankheit sich bessern, so werde ich gewiß keine Ruhe haben, bis ichs in Stand bringe Ihn zu sehen. Schreib Er uns nur auch fleißiger als bisher. Ich möchte wissen, wie Er logiert, wo Er in die Kost – wie teuer und alles. – Hausen und sparen will ich Ihm nicht rekommandieren; ich hoffe, Er werde es indessen gelernt haben. Wir küssen und grüßen Ihn herzlich …"[6] Erst zehn Jahre später sah er seine Mutter bei einem Besuch in Jena wieder.

Nach dem Tod ihres Mannes im September 1796 löste Elisabetha Dorothea ihren Haushalt auf und zog mit der Tochter Luise in eine kleinere Wohnung im Leonberger Schloss. Wie es sich für eine gute Hausfrau der damaligen Zeit gehörte, hatte sie in jüngeren Jahren häufig bis Mitternacht am Spinnrad gesessen und fleißig Flachs gesponnen. Nun mussten die mit Leinwand gut gefüllten Schränke geleert werden. Christophine bekam 60 Ellen und Sohn Friedrich so viel, dass Lotte sechs Männerhemden nähen konnte. Ihre selbst gemachte Leinwand sei besser als die aus den „Kauflähten" und sie wolle ihren Fleiß nicht unter fremde Menschen kommen lassen, schrieb sie im November. Zudem verschenkte sie noch Tischdecken, Servietten, Taschentücher und Bettwäsche an ihre Kinder. Solch textiler Besitz war damals ungleich wertvoller als heute. Ein Diebstahl von der Wäscheleine wurde hart bestraft. Entsprechend war die Freude über die erhaltenen Schätze. Das berühmte und auch viel verspottete „Lied von der Glocke", entstand 1799. Es sollte den Umfang des „Musen-Almanach für das Jahr 1800" steigern und ist eine Verherrlichung der bürgerlichen Familie. Darin hat Schiller die Hausfrau nach dem Vorbild seiner Mutter gestaltet und ihr damit ein unsterbliches Denkmal gesetzt.

15

„Und drinnen waltet die züchtige Hausfrau, ...
Und füllet mit Schätzen die duftenden Laden
Und dreht um die Spindel den schnurrenden Faden,
Und sammelt im reinlich geglätteten Schrein
Die schimmernde Wolle, den schneeichten Lein, ...".[7]

Diese Idealisierung eines bedeutsamen Charakterzuges seiner Mutter ist nur ein Aspekt ihres Wesens. Sie hat auch Mut bewiesen, als sie 1784 Christian Schubart auf dem Hohenasperg besuchte, wo Herzog Carl Eugen ihn schon seit sieben Jahren gefangen hielt. Die Empörung über das Schicksal dieses Dichters teilte sie ebenso leidenschaftlich mit ihrem Sohn wie seine freiheitliche Gesinnung. Das Bild eines „Heimchens am Herd", das vielfach nachzulesen ist, wird dieser Frau nicht gerecht. Auch ein Vergleich mit Goethes Mutter wird immer ein schiefes Bild ergeben. Zu häufig werden die grundverschiedenen wirtschaftlichen Verhältnisse, in denen beide Frauen lebten, übersehen. Ohne finanzielle Sorgen ist es leichter, eine „Frohnatur" zu sein, wie es Goethes Mutter nachgesagt wird. Der Haushalt von Elisabetha Dorothea Schiller glich einem ländlichen Eigenbetrieb. Die Arbeit draußen musste von ihr genauso bewältigt werden, wie die Anforderungen im Haus, die mit vier Kindern nicht eben gering waren. Hinzu kamen die vielen Besucher, die durch die Baumschulen ihres Mannes angezogen wurden und häufig noch zu Gast waren. Das Organisationstalent, das von ihr erwartet wurde, entspräche dem eines heutigen mittleren Managements, das unbedingt mit dem vorhandenen Betriebsbudget auskommen muss. Diese Aufgabe hat Schillers Mutter in beispielhafter Weise erfüllt.

Die Schwestern

Am 4. September 1757 wurde Schillers Lieblingsschwester Christophine geboren. Fast genau neun Monate zuvor (!), am Neujahrstag schenkte Elisabetha Dorothea Schiller ihrem Mann Caspar folgende Zeilen:

> *„O! hätt' ich doch im Thal Vergissmeinnicht gefunden*
> *Und Rosen nebenbei! – Dann hätt' ich Dir gewunden*
> *Im Blütenduft den Kranz zu diesem neuen Jahr,*
> *Der schöner noch, als der am Hochzeitstage war.*
> *Ich zürne traun! Dass jetzt der kalte Nord regieret,*
> *Und jedes Blümchens Keim in kalter Erde frieret!*
> *Doch eines frieret nicht, – es ist mein liebend Herz,*
> *Dein ist es, theilt mit Dir die Freuden und den Schmerz."* [1]

Ihre dichterischen Künste hat allerdings nicht die Tochter geerbt, sondern ihr Bruder Friedrich. Christophines späterer Mann Wilhelm Friedrich Reinwald, Bibliothekar in Meiningen, Dichter in seiner Freizeit, erkannte das Genie Schillers und wurde nach seiner Flucht sein zuverlässiger literarischer Berater. Christophine lernte ihn durch ihren Bruder kennen. Friedrich hatte dem Bibliothekar Einblick in einen Brief gewährt, in dem ihm seine Schwester auch Ratschläge hinsichtlich seiner knappen Finanzen gab. Diese Tugend der Sparsamkeit hatte den bisher eingefleischten fast 50-jährigen Junggesellen so überzeugt, dass er es sich in den Kopf setzte, Schillers Schwester zu heiraten. Bei einem Besuch in der Familie fand er beim Vater durchaus Gefallen, der seine für damalige Verhältnisse schon „alte" über 25-jährige Tochter endlich versorgt wissen wollte. Christophine war nicht gerade begeistert von diesem Freier. Beruflich als Bibliothekar unzufrieden, verstärkte diese Tätigkeit seinen verdrossenen und geizigen Charakter. Außerdem fühlte er sich wegen seines Aussehens vom Leben betrogen, er habe ein „Gramgesicht", das ihn aller Welt unliebenswürdig mache. Schiller warnte seine Schwester eindringlich, diesen Mann, den er zwar wegen seiner Hilfsbereitschaft ihm gegenüber schätzte, zu heiraten. Des Vaters Warnungen vor der Zukunft lähmten jedoch ihre Gegenwehr, und die nicht enden wollenden Werbungen Reinwalds beeindruckten sie. Zurück blieb eine verwirrte Frau, die in ihrer Not ausgerechnet Reinwalds Freund, den Oberhofprediger Johann Georg Pfranger in Meiningen, um Hilfe bei der Klärung in dieser Entscheidung bat.

Pfranger war seinem Freund natürlich gewogen und schrieb eilends zurück, es wäre wahrhaftig ein christliches Werk, den Antrag anzunehmen. Christophine gab nach, und erhielt von ihrem gereizten Bruder verärgerte Zeilen über die Verlobung: „Du kennst ihn, und bist also auf alles vorbereitet, was unvermeidlich sein wird, und wirst Dich in das zu finden wissen, was Dich nicht mehr überraschen kann. Er wird das Opfer schätzen, das Du ihm gebracht hast, und Dich mit jedem Fall zu verschonen trachten, wo es Dich reuen könnte."[2]

1786 heiratete das ungleiche Paar. Ein Jahr später gab Schiller dem Schwager den Rat, nicht leiblichen Genüssen zu verfallen, sondern sich mehr mit geistigen Dingen zu beschäftigen. Daraufhin fühlte sich der nüchterne Reinwald bemüßigt, rapportähnlich über seinen Ehe-Alltag zu berichten: „Meine Frau hat jeden Tag zwei Lehrstunden, früh und abends eine. Von diesen partizipieren fünf Scholaren, unter denen auch ein junger Graf, der Enkel Eures ehemaligen Württembergischen Premierministers, Monmartin, ist. Abends nach Tisch wird eine gute Reisebeschreibung oder ein Schauspiel von Shakespeare gelesen. Zweimal in der Woche besucht uns eine Schweizer-Französin, eine liebenswürdige Person, der meine Frau ganz zugetan ist und dann wird Französisch studiert. Gemeiniglich bleibt dieses Frauenzimmer, die eine große Sprachenliebhaberin ist, länger als eine Stunde und dann lese ich den Englischen Milton mit ihr. Auch widme ich wöchentlich noch einige Stunden der französi-

Christophine Reinwald geb. Schiller gemalt von
Ludowike Simanowiz

schen Lektüre meiner Frau. Ihre übrige Zeit ist zwischen Haushaltung und Zeichnen geteilt ..."³

Die Ehe mit dem menschenscheuen, kränklichen, knauseri-
gen Mann erscheint nach diesem Bericht nicht unbedingt wie
ein Martyrium. Trotzdem war sie wohl für Christophine ein einziger Akt der sanften Selbstverleugnung, denn sie klagt: „Ich op-
fere mich unzählige Male auf, ohne dass er's nur ahnt, dass es
mich etwas kostet. – Doch wir Weiber sind einmal zur Abhän-
gigkeit bestimmt, und mehr oder weniger müssen wir uns daran gewöhnen."⁴ Selbst nach 16-jähriger Ehe nahm sie noch
Rücksicht auf die Animositäten ihres Mannes. Als der Bruder ihr
im Januar 1803 überraschenderweise einen Geldbetrag sandte,
wartete sie die Stunden ab in denen Reinwald in der Bibliothek
war, um sich zu bedanken. „Unbeschreiblich hat mich dieses

überrascht, und ich sage Dir und der lieben Schwägerin meinen herzlichsten Dank dafür; ich werde mir ein schwarzes Kleid, das ich längst wünschte und brauche, davor kaufen und zu Eurem Andenken tragen, und dann sage ich, daß Ihr mirs zum heiligen Christ geschenkt hättet. Dieses kann er sich gefallen lassen, da er sein Geschenk, das er mir gab, so einzurichten wußte, daß es ihn nichts kostete … Aber nun muß ich eilen, daß dieser Brief noch geendigt ist, ehe er nach Hause kommt."[5]

Schillers Lieblingsschwester war von Jugend an eine gewandte Zeichnerin; angeregt von ihrer Freundin Ludovike Reichenbach in Ludwigsburg, die im gleichen Haus wohnte. Die überaus talentierte Ludovike, spätere Simanowiz, wurde durch die Förderung eines Onkels in Stuttgart zur professionellen Malerin ausgebildet. Oft hatte Christophine der zwei Jahre Jüngeren zugeschaut und auch mit ihr gemeinsam berühmte Gemälde kopiert. Dann trennten sich die Wege, die eine konnte in Paris studieren, die andere blieb eine begabte Dilettantin und entwickelte sich autodidaktisch weiter. Christophine „zeichnete und aquarellierte nach der Natur und nach Vorlagen überwiegend Portraits, Blumen und Früchte. Bei Portraits bevorzugte sie kleine Formate, am besten gelangen ihr Profilbildnisse."[6]

Ihr Gemahl hatte nichts gegen die künstlerische Tätigkeit seiner Frau einzuwenden, er war sogar stolz darauf, als eine der ersten Damen des Meiniger Hofs sechs Schülerinnen zu ihr in den Zeichenunterricht schickte. Später besuchte sie noch einmal ihre Freundin Ludovike Simanowiz und bewunderte deren Fortschritte in der Ölmalerei, an die sie sich nie herangewagt hatte. Viele Aquarelle der Schillerschen Familie wurden von Christophine gemalt und sind bis heute erhalten. Außerdem ist sie in zwei Künstlerlexika erwähnt (Thieme/Becker, Petteys) und somit eine beschriebene Malerin. Ihr „Dilettantismus" ist die Crux vieler weiblicher Künstlerinnen ihrer Zeit, die besser nicht unter Erwerbsverdacht mit ihren Schöpfungen gerieten.

Aquarell von Luise Schiller, gemalt von ihrer Schwester Christophine

In der kinderlos gebliebenen Ehe hat Christophine ihren Mann um 32 Jahre bei körperlicher und geistiger Frische überlebt. Nach dem Tod ihres Mannes 1815 zog sie in die schwäbische Heimat, der sie aber nach sieben Jahren Aufenthalt wieder den Rücken kehrt, um nach Meiningen zurückzukehren. Hier verbrachte sie noch 25 Jahre als viel beachtete Schwester des berühmten Dichters. Das Gedicht ihres 14-jährigen Bruders „An die Sonne" ist uns durch ihre Abschrift überliefert. Ihre Pension war karg, aber stolz lehnte sie alle Pensionsaufbesserungen ab, die der Hof in Meiningen ihrem fleißigen Mann zu Lebzeiten schuldig geblieben war. Damals hatte sie durch die Bewirtschaftung eines kleinen Berggartens und mit Zeichenunterricht die schmale Haushaltskasse aufbessern müssen. Jetzt beschäftigte sie sich zur eigenen Bereicherung. Noch an ihrem Todestag hatte sie angefangen, ein Frucht- und Blumenstück zu malen.

Schillers zweite Schwester, Luise Dorothea Katharina, wurde erst sieben Jahre nach ihm geboren. Sie heiratete 1799 den Vikar Johann Gottlieb Franckh, der im gleichen Jahr Pfarrer von Cleversulzbach wurde. Bei ihrer Hochzeit war sie 33 Jahre und die Mutter wird froh gewesen sein, sie endlich versorgt zu wissen; hatten sich die Streitereien der Eltern doch oft um die nicht gewährte Ausbildung der Töchter gedreht. Der Bruder hielt seine Schwester allerdings für eine gute „Hauswirtin". In Heilbronn hat er sich 1793 seine „Oeconomie" von ihr führen lassen, als er mit Lotte in Schwaben war. In einem Brief an den Sohn Friedrich, nach dem Tod des Vaters 1796, beklagt sich die Mutter bitterlich über den Verstorbenen. Seit Jahren habe er nur an sich gedacht, sie vernachlässigt und für die Töchter weder Zeit noch Geld übrig gehabt. „… wo wir öfters Verdruß, und mir den Vorhalt gemacht, daß ich sie zum Staat und Großthun erziehen wolle; ein Handwerks Mann würde keine solche Frau brauchen und sonst werde keiner kommen."[7]

Nun war aber doch einer gekommen, sogar ein Pfarrer – er hätte bestimmt Gnade gefunden vor den Augen Caspar Schillers. 1802 bekam Luise ihr erstes Kind, einen Sohn, den die Eltern auch Johann Gottlieb nannten. Für die junge Frau war es trotz der Freude über das Kind ein trauriges Jahr, denn ihre Mutter starb am 29. April während eines Besuches im Cleversulzbacher Pfarrhaus. Selbst schon krank, war sie eigentlich gekommen, um ihre Tochter vor und nach der Geburt zu unterstützen, stattdessen wurde die Mutter auf dem Cleversulzbacher Friedhof beerdigt. Eduard Mörike, der Nachfolger von Franckh, hat ihr einen schlichten Grabstein setzen lassen, als er seine Mutter neben ihr beerdigen ließ.

Ihre anderen drei Töchter hatte Elisabetha Dorothea Schiller schon Jahre zuvor verloren. Die kleine Maria Charlotte starb im Alter von fünf Jahren und Beate Friederike lebte nur sieben Monate. Der schlimmste Schicksalsschlag aber war der Verlust ihrer 18-jährigen Tochter Christiane, von der Familie liebevoll Nanette genannt. Sie hatte aufopfernd geholfen, den schwer-

Nanette Schiller, gemalt von ihrer Schwester
Christophine Reinwald

kranken Vater Caspar Schiller zu pflegen und wurde dann noch wenige Monate vor ihm beerdigt. Sie hatte sich an einem Fieber angesteckt (wahrscheinlich Typhus), das auf der Solitude ausgebrochen war, denn Schloss und Nebengebäude waren gerade zu einem Lazarett geworden und mit Soldaten belegt. Luise überlebte die Seuche, aber Nanette starb. Diese jüngste Schwester soll Schiller am ähnlichsten gewesen sein, nicht nur vom Aussehen her, sondern auch bezüglich der Begabung. Sie hatte davon geträumt, Schauspielerin zu werden und in den Stücken ihres Bruders auf der Bühne zu stehen.

Erste Erfahrungen

 Endlich der Militärakademie und eisenharten Zuchtanstalt entronnen! Im letzten Jahr seiner Studienzeit war Schiller unter zwölf anderen Eleven ausgewählt worden, die Geburtstagsrede für Franziska von Hohenheim, die Mätresse Herzog Carl Eugens, am 10. Januar 1780 halten zu dürfen. Ihr Titel war: „Von den Folgen der Tugend", und die „Tugend des Weibes" sollte ihn ein Leben lang beschäftigen. „Tugenden braucht der Mann, er stürzet sich wagend ins Leben, tritt mit dem stärkeren Glück in den bedenklichen Kampf. Eine Tugend genügt dem Weib; sie ist da, sie erscheinet lieblich dem Herzen, dem Aug' lieblich erscheine sie stets."[1]

Als 13-Jähriger war er im Januar 1773 auf dem Lustschloss Solitude in die herzogliche Bildungsanstalt „eingeliefert" worden; gegen den Willen der Eltern und seine eigenen Wünsche. Der Knabe hatte Theologie studieren wollen; „studiere er etwas anderes", hatte der Herzog befohlen. Schiller hatte noch Glück, kam er doch in der geläuterten Phase von Carl Eugen in die Hände seines Landesherrn. Zuvor tat sich der Monarch als Verschwender hervor, der seine Untertanen mit hohen Steuern auspresste. Die Söhne seines Landes verschacherte er ohne Skrupel als Soldaten ins Ausland, um zu Geld zu kommen. Viele Schwaben kamen im amerikanischen Unabhängigkeitskrieg in den Heeren der Franzosen ums Leben.

Eine der ersten „Guten Taten" des Herzogs war die Gründung der Karlsschule. Als Schiller im Dezember 1780 entlassen wurde, hatte er eine fast 8-jährige Ausbildung hinter sich, die der Landesfürst ihm an diesem Institut vorgeschrieben hatte. Bürgerliche und adlige Schüler schliefen und aßen getrennt, der Tagesablauf war minutiös reglementiert, vom Aufstehen bis zum Schlafengehen gab es so gut wie nie Gelegenheit, sich einmal zurückziehen zu können. Wer dies und alle anderen Reglements

Schiller als Regimentsarzt, gemalt vom Mitzögling
Philipp Friedrich Hetsch, der später eine Professur für
Malerei an der Karlsschule erhielt

glücklich überstand, hatte am Ende Anspruch auf eine Anstellung im württembergischen Staatsdienst.

Friedrich Schiller war nun Arzt, aber zu seiner Enttäuschung erhielt er nur eine Anstellung als Regimentsmedikus für 18 Gulden im Monat, stationiert in Stuttgart. Noch Jahre später klagte er über den Schaden, den dieser unselige Anfang seines Lebens in ihm angerichtet habe. Arzt aus Überzeugung war Schiller nicht, seinen Patienten verordnete er regelrechte Rosskuren. Selbstironisch meinte er, man solle ihm lieber zehn Pferde als eine Frau zur Kur übergeben. An der Medizin interessierte ihn nur der philosophisch-psychologische Gesichtspunkt. Er wollte Kenntnisse über das Zusammenspiel von Körper und Seele erhalten, um sie für seine Leidenschaft, die Poesie und die Gestaltung seiner Charaktere in den Dramen verwenden zu können. „Neigung für Poesie beleidigte die Gesetze des Instituts, worin ich erzogen ward, und widersprach dem Plan seines Stifters. Acht Jahre rang mein Enthusiasmus mit der militärischen Regel; aber Leidenschaft für die Dichtkunst ist feurig und stark, wie die erste Liebe. Was sie ersticken sollte, fachte sie an."[2]

Nun wollte er alles nachholen, was zuvor unterdrückt werden musste. Fast eineinhalb Jahre überließ er sich einem ausschweifenden Leben, das ihm den Ruf eines Säufers einbrachte. Seine militärischen Dienstgeschäfte inmitten eines heruntergekommenen Soldatenhaufens ließen dem ehemaligen Akademiezögling genügend Zeit, die lang entbehrte Freiheit zu genießen. Wenige Wochen nach der Entlassung hatte der 21-jährige Medikus zum ersten Mal in seinem Leben eine eigene Behausung. Diese teilte er zwar mit einem Freund, aber er war ohne Aufsicht und konnte tun was er wollte. Die Junggesellenbude sah aus wie: „... in einem nach Tabak und allerhand stinkenden Loche, wo außer einem großen Tisch, zwei Bänken und an der Wand hängenden schmalen Garderobe, angestrichenen Hosen etc. nichts anzutreffen war, als in einem Eck ganze Ballen der Räuber, in dem andern ein Haufen Kartoffeln mit leeren Tellern, Bouteillen u. dgl. unter einander."[3]

Was Schiller zu dieser Zeit unter Freiheit verstand, war ein derbes burschikoses Treiben in den Kneipen der Stuttgarter Altstadt. Fast allabendlich traf er seine Freunde zum Umtrunk, Kegeln oder Kartenspielen. Im Sommer 1782 zechte er bei einem Wirt für fast 14 Gulden, die er nie beglich. Ebenso derb wie seine Lebensweise war auch Schillers erotische Phantasie. Über sein in der Studienzeit entstandenes Gedicht „Der Venuswagen" schrieb Karl Kraus 1905 in der Fackel, es sei ein „Triumph der Sinnlichkeit". Bis zum hehren Denkmal der „Würde der Frauen", das Schiller der weiblichen Welt 1795 errichtete, war es noch weit. Am Anfang des Weges standen „Soldatenweiber, auch en compagnie", außerdem, berichteten

Freunde, habe er einen Mangel an „Delikatesse" beim Umgang mit Frauen. „Ein Schnupfer wie Schiller war nicht leicht zu finden. Hatte er bisweilen gerade keinen Tabak, so kitzelte er s. Geruchsnerven mit Staub. Mehrere waren Zeugen, dass er während eines einzigen Beyschlafs, wobey er brauste u. stampfte, 25 Prise [sic] Tabak schnupfte – in die Nase nahm."[4]

Wie angenehm muss es für den jungen Draufgänger gewesen sein, wenn er hie und da seiner Chaosklause entrinnen konnte und im Wohnzimmer von Madame Vischer Platz nehmen durfte. Denn sein Logis hatte er in ihrer Wohnung in einem Haus an der Südwestgrenze der Altstadt gefunden. Es war erstaunlich, dass sie trotz seines abenteuerlichen Aussehens keine Bedenken hatte, diesen Mann aufzunehmen. „Schiller war von langer, gerader Statur, lang gespalten, langarmig; seine Brust war heraus und gewölbt, sein Hals sehr lang. Er hatte aber etwas Steifes und nicht die mindeste Eleganz und Turnüre. Seine Stirne war breit, die Nase dünn, knorplig, weiß von Farbe, in einem merklich scharfen Winkel hervorspringend, sehr gebogen auf Papageienart und sehr spitzig. Die Augenlider waren meistens inflammiert, das buschige Haupthaar war rot von der dunklen Art. Der ganze Kopf, der eher geistermäßig als männlich war, hatte viel Bedeutendes, Energisches, auch in der Ruhe."[5] Die Witwe eines Hauptmanns ließ sich nicht abschrecken vom Äußeren dieses Fremden, der bei ihr Logis suchte, denn sie war auf die Einnahmen durch Zimmervermietung angewiesen. Die erst 30-jährige Louise Dorothea Vischer ließ sich gerne von ihren Untermietern verehren und hatte gegen die Begehrlichkeiten eines jungen hitzköpfigen Dichters wahrscheinlich nichts einzuwenden. Die Freunde reagierten sicherlich auch mit einem Schuss Eifersucht und Neid auf die schnelle Eroberung, wenn sie die junge Frau als „verwahrlostes Weib und eine wahre Mumie" bezeichneten. In der Zeit seiner Verliebtheit fand Schiller sie jedenfalls einer „Laura" würdig und hat zahlreiche Liebesgedichte in seiner „Anthologie auf das Jahr 1782" veröffentlicht.

„Die Entzückung an Laura
(…)
Leierklang aus Paradieses Fernen,
Harfenschwung aus angenehmern Sternen
Ras' ich in mein trunknes Ohr zu ziehen;
Meine Muse fühlt die Schäferstunde,
Wenn von deinem wollustheißen Munde
Silbertöne ungern fliehn.
(...)
Träume werden um mich her zu Wesen,
Kann ich nur in deinen Augen lesen:
Laura, Laura mein!"[6]

Die berühmte Berliner Saloniere Rahel Varnhagen schrieb fünfundvierzig Jahre nach Erscheinen der Laura-Oden: „Ich vergöttere Schiller ... Undenklich schön! So liebt ich', ‚Melancholie an Laura', alle an Laura."[7] Die Frau, der wir wahrscheinlich die von Varnhagen so bewunderten Gedichte verdanken, wurde von Schillers Schwester Christophine weitaus gerechter und realistischer charakterisiert als durch seine Freunde. „Louise Dorothea Vischer, geborene Andreä aus Stuttgart, war eine magere Blondine mit blauen schwimmenden Augen. Man konnte sie durchaus nicht schön nennen, auch war sie acht Jahre älter als Schiller, doch besaß sie, vielleicht eben für jüngere Männer, etwas Anziehendes und Pikantes. Weder durch Geist, noch durch Talente zeichnete sie sich besonders aus; dagegen wurde ihre Herzensgüte allgemein gerühmt. Sie war musikalisch, und obgleich nur in sehr geringem Grade, so reichte ihr Spiel dennoch hin, bei Schiller jenen exaltierten Zustand hervorzurufen, der sich in seiner Dichtung „Laura am Klavier" kundgibt. Frau Vischer hatte einen Sohn und eine Tochter; diese klammerten sich voll Liebe an den Jüngling, dessen Gemüt sich so gern dem kindlichen Spiel hingab, und wenn er abends heimkehrte, trieb er rechte Kindereien mit ihnen."[8]

Im gleichen Jahr seines Einzugs bei der „Vischerin" 1781, hatte Schiller auch sein Erstlingsdrama „Die Räuber" drucken lassen. Er hoffte, mit diesem Schritt an die Öffentlichkeit sein knappes Regimentsarzteinkommen aufzubessern und seine Schulden begleichen zu können. Er hatte nicht nur Wirtshausschulden angehäuft, sondern auch 150 Gulden Kredit aufgenommen. Es war dem Dichter gelungen, die Frau des Stuttgarter Korporals Fricke zu überreden, die Bürgschaft für diese Summe zu übernehmen. Bestimmt würde der damit selbstfinanzierte Druck der „Räuber" durch den Verkauf schnell wieder hereinkommen. Eine eklatante Fehlkalkulation, wie sich rasch herausstellte.

Da kein Buchhändler in Stuttgart die erste Auflage erwerben wollte, stapelten sich die Druckbögen in seinem Zimmer. Und das Unangenehmste: Schiller konnte der Fricke die Bürgschaft nicht erlassen, da er keine Einnahmen hatte, um seinen Kredit abzuzahlen. Prompt kam sie gut drei Jahre später selbst in Schwierigkeiten, als sie vor den Gläubigern von Stuttgart nach Mannheim flüchtete. Dort wurde sie verhaftet und in den Schuldenturm gesperrt. Nur durch die Großzügigkeit seines Hauswirtes wird Schiller die Frau aus der peinlichen Situation befreien können.

Seine desolaten Finanzen und die nun lästigen Drucke begutachtend, entschloss er sich, die Exemplare selbst an den Mannheimer Buchhändler Christian Friedrich Schwan zu schicken. Der Erfolg ist bekannt: Nach langen Verhandlungen mit dem Intendanten des Mannheimer Nationaltheaters Wolfgang Heribert von Dalberg wurde das Stück am 13. Januar 1782 uraufgeführt. Die ersten Besucher saßen schon Stunden zuvor im Theater und warteten auf die Sensation der Saison. Sie wurden nicht enttäuscht: „Das Theater glich einem Irrenhause, rollende Augen, geballte Fäuste, stampfende Füße, heisere Aufschreie im Zuschauerraum! Fremde Menschen fielen einander schluchzend in die Arme, Frauen wankten, einer Ohnmacht nahe, zur Türe. Es war eine allgemeine Auflösung wie im Chaos, aus dessen Nebeln eine neue Schöpfung hervorbricht!"[9]

Was die Zuschauer begeisterte, war die im Stück enthaltene Rebellion gegen den Absolutismus und die patriarchalische Struktur der bürgerlichen Gesellschaft.

Beinahe hätte Schiller das Ereignis der Uraufführung noch verpasst. Er hatte sich illegal aus Stuttgart entfernen müssen, denn Mannheim war kurpfälzisches „Ausland", und war über Schwetzingen, wo er mit einer hübschen Kellnerin zu lange schäkerte, angereist. Leider hatte er am Stadttor unvorsichtigerweise seinen Namen angegeben und wie ein Lauffeuer verbreitete sich die Nachricht, Schiller, der Verfasser der Räuber, sei selbst da. Nach der Aufführung feierte er bis in die Nacht hinein den Erfolg mit den Schauspielern.

Stimuliert und angeregt durch die überwältigende Wirkung seiner „Räuber" ließ er im gleichen Jahr zwei Szenen um Semele, eine thebanische Königstochter und den griechischen Gott Zeus, der sie in Gestalt eines irdischen Jünglings verführte, drucken. Diesen Text hatte Schiller noch vor seinen Räubern verfasst, aber nun veröffentlichte er ihn im gleichen Heft wie die Laura-Oden. Die Worte, die der Dichter seine Heldin Semele sprechen lässt, werden sicherlich Wunschgedanken von Schiller in seinem Verhältnis zu Louise Dorothea Vischer gewesen sein:

> „… *Er kam,*
> *Ein schöner Jüngling, reizender als keiner,*
> *Auroras Schooß entflossen, paradiesisch reiner*
> *Als Hesperus, wenn er balsamisch haucht,*
> *In Aetherfluth die Glieder eingetaucht,*
> *Voll Ernst sein Gang, und majestätisch, …* "[10]

Was wirklich war zwischen ihm und seiner Wirtin – wir wissen es nicht. „Schiller benötigte für viele seiner Arbeiten, vor allem bei seiner lyrischen Produktion, sehr wohl jene ‚Stimmung', die sich nicht ohne weiteres kommandieren lässt. Allerdings verdient die Tatsache Beachtung, dass sich Schiller um die Stimmung bemühte, also nicht darauf vertraute, sie werde sich schon irgendwann von selbst einstellen."[11] „Zustand" nannte die Schwester Christophine jene Gemütsverfassung, die er zum Dichten brauchte, und in diesen wusste er sich ohne viel Rücksicht auf die Gefühle seiner Umgebung zu versetzen.

Vier Monate nach der Uraufführung seiner „Räuber" machte sich Schiller erneut auf den Weg nach Mannheim, um eine Vorstellung zu sehen. Wieder war er illegal unterwegs, er hatte die Abwesenheit des Herzogs, der in Wien weilte, genutzt und sich vier Tage krank gemeldet. Am 25. Mai bestieg er eine viersitzige Kutsche, begleitet von Louise Dorothea Vischer. War es üblich, seine Hauswirtin zu solch einem Unternehmen einzuladen? Sicher war es ein Zeichen, dass er eine etwas vertraulichere Beziehung zu dieser Frau hatte. Vielleicht hoffte er auch, in Mannheim einen ungezwungeneren Umgang mit ihr pflegen zu können als in Stuttgart unter der Beobachtung der Freunde. Eingeladen hatte Schiller noch einen Freund, der aber im letzten Moment absagte. Die andere Dame, die sich sehr für die Aufführung interessierte und ebenfalls mitfuhr, war Henriette von Wolzogen. Durch die „Räuber" war Schiller zur „Zelebrität" geworden und so vergab sich auch eine Adlige nichts, wenn sie in die Kutsche eines Bürgerlichen stieg. Sie war die Mutter seines ehemaligen Mitschülers Wilhelm von Wolzogen, der später sein Schwager wurde. Der adlige Wilhelm hat seinem Mitschüler allerdings erst Beachtung und Zuneigung geschenkt, als sich Friedrichs geniale dichterische Begabung abzeichnete. Er hat wohl seiner Mutter von dem jungen Talent vorgeschwärmt und sie neugierig gemacht. Sie hatte vier Söhne, die alle auf der herzoglichen Militär-Akademie waren, so konnte sie beurteilen, dass der junge Schiller über besondere Fähigkeiten verfügte. Schon als Jugendlicher hatte er seinen Mitschülern seine Gedichte heimlich vorgelesen. Es ging von diesen Lesungen ein verschwörerischer konspirativer Geist aus, der die Schüler anzog, denn die Beschäftigung mit eigenen Versuchen der Poesie war an der Akademie nicht

Henriette von Wolzogen, die Schiller groß-
mütig Unterkunft gewährte

erwünscht. Deshalb las Schiller seinen Schulfreunden im Mai
1778 im Bosperwald bei Stuttgart aus seinen „Räubern" vor, um
der Schulaufsicht zu entgehen. Seine Freunde waren begeistert
über das, was sie hörten.

Nun wollte er vier Jahre später die beiden Damen ebenso be-
geistern und hatte sie voller Selbstbewusstsein mit nach Mannheim genommen, um ihnen sein Stück im Theater zu präsentie-
ren. Leider fiel die geplante Vorstellung wegen Erkrankung etlicher
Schauspieler aus. Aus dem erhofften Eindruck, den er auf die
Frauen machen wollte, war nun nichts geworden. Das hätte er
noch verschmerzen können, aber zusätzlich wurde er auch noch
verhaftet und war vollends blamiert. Sein unerlaubtes Weggehen
aus Stuttgart war dem Herzog zu Ohren gekommen. Die Reise-
begleiterinnen, voller Stolz mit einem bekannten Dichter in die
Stadt gekommen zu sein, hatten das Geheimnis ausgeplaudert.
Bald wusste die halbe Stadt, dass der Verfasser der „Räuber" in
Mannheim weilte, und so erfuhr es der Herzog, der ihn unverzüglich nach Stuttgart kommen ließ. Schiller wurde der Degen abge-
nommen und mit vierzehn Tagen Arrest, anzutreten am 28. Juni,

bestraft. Der Dichter war geschockt. Zum ersten Mal dachte er daran, vor diesem despotischen Herzog zu fliehen, der ihm solche Einschränkungen seiner heiß geliebten Freiheit auferlegte.

Diesen Gedanken äußerte er auch gegenüber Henriette von Wolzogen, nachdem er entlassen war. Sie hat ihm sofort angeboten, er könne jederzeit auf ihrem Gut Bauerbach in Thüringen Asyl finden, wenn er sich zu einer Flucht entschließen würde. Wahrscheinlich steckte hinter diesem großzügigen Angebot ein wenig Schuldgefühl wegen ihres unbedachten Geplauders und dessen Folgen.

Schiller vertrieb sich die Zeit bis zum Haftende mit Kartenspiel und großen dichterischen Plänen. Nur wenige Wochen nach diesem unrühmlichen Freiheitsentzug braute sich neues Unheil zusammen. Im Theater war eine Äußerung, die er seinem Räuber Spiegelberg in den Mund gelegt hatte, das Graubündner Land sei „das Athen der heutigen Gauner", bis in die Schweiz gedrungen und hatte empörte Reaktionen hervorgerufen. Auch im Inland wurde Schiller in Zeitungsartikeln angegriffen und sollte widerrufen. Begierig griff der Herzog diese Vorfälle auf, um seinem Regimentsmedikus jegliche schriftstellerische Tätigkeit, außer im medizinischen Fach, zu verbieten. Er drohte ihm mit Festungshaft, sollte er zuwiderhandeln. Diese Situation war für den leidenschaftlichen Poeten untragbar, er war fest entschlossen unterzutauchen, und sich vor dem Herzog in Sicherheit zu bringen. Welche Genugtuung konnte er später empfinden, als im Beisein von Herzog Carl Eugen seine „Räuber" im März 1784 zum ersten Mal in Stuttgart aufgeführt wurden.

Seine Zimmerwirtin Louise Dorothea wusste sich bald nach Schillers hastigem Auszug zu trösten, sie machte „‚von ihrer Anziehungskraft gegenüber jungen Männern, die in ihrem Hause wohnten, nicht ungern Gebrauch ...'. Im März 1785 wurde sie festgenommen, als sie mit dem noch nicht 20-jährigen Karlsschüler Johann August von Braun in die Schweiz fliehen wollte."[12] Im August des gleichen Jahres schenkte sie einer Tochter das Leben.

Henriette und Charlotte von Wolzogen

 Schillers abenteuerliche Flucht im Herbst 1782 mit seinem Freund und Verehrer, dem Musiker Andreas Streicher, über Mannheim, Frankfurt und Darmstadt fand ihr vorläufiges Ende in Oggersheim. Schiller als Dr. Schmidt, der Freund als Dr. Wolf quartierten sie sich für 6 Wochen im Wirtshaus von Johann Heinrich Schick ein. Hier schrieb Schiller fingierte Briefe, die er mit dem Absender Leipzig versah, an seine Schwester und an seine Freunde. Auch der ehemalige, gleichaltrige Studienkollege Christian Friedrich Jakobi, nun Militärarzt in Stuttgart, erhielt Anfang November 1782 ein Lebenszeichen von seinem Freund: „Jedermann, der nur das geringste von meinem Schicksal und Plan erfuhr, vereinigte sich in den Rat, nach Berlin zu gehen, … Es ging mir recht gut, und ich kann sagen ich bin auch gut ökonomisch gereist. Ich war auch in Mainz wohin ich auf dem Main fuhr, und zu Worms, wohin ich von Mainz neun Stunden in achten machte. Erst neulich zu Mainz wurde in einem Zimmer, das an das meinige stieß, vom Verfasser der Räuber gesprochen, und zwar von Frauenzimmern, die brennend wünschten mich einmal nur zu sehen, und mit denen ich den Kaffee trank. Zu Frankfurt bin ich in sechs Buchhandlungen gewesen und habe meine Räuber gefordert, aber überall die Antwort bekommen, es sei kein Bogen mehr zu bekommen, man habe es schon etliche mal nachgefordert. Notabene auch in Frankfurt war ich inkognito, sonst hätte ich Dir von daher mehr zu schreiben."[1] In Schillers Brief schwingt der Stolz auf seinen Erfolg noch nach und die finanzielle Lage sieht er sehr optimistisch; viel zu optimistisch wie sich bald herausstellen sollte.

Trotz der monetären Unterstützung von Streicher, der sein Fahr- und Studiengeld für Hamburg in das Unternehmen Flucht investiert hatte, war alles Geld bald aufgebraucht. Dal-

berg in Mannheim hatte den „Fiesko" abgelehnt und die Hoffnungen des Dichters auf eine Einnahmequelle endgültig zerstört. Er musste seine Uhr versetzen, um noch ein paar Tage seinen Lebensunterhalt in Oggersheim finanzieren zu können. Erst
durch den Mannheimer Hofbuchhändler Christian Friedrich
Schwan wurde die ärgste Not abgewendet. Er glaubte an die poetischen Qualitäten Schillers und hat das Manuskript des neuen
Dramas „Fiesko" angekauft. Ende November traf Schiller noch
einmal die Mutter und die Schwester Christophine, die sich in
Bretten einquartiert hatten: „Um Mitternacht hörten wir, dass
ein Reiter dem Gasthof zusprengte: Er wird's sein, dachten wir,
und sobald er ins Haus trat und den Kellner fragte, ob nicht zwei
Damen angekommen wären, erkannten wir sogleich seine Stimme und stürzten ihm entgegen. – Er war äußerst heiter! voll
Hoffnung für die Zukunft und plauderte bis zum Morgen. Wir
blieben drei volle Tage zusammen."[2] Wahrscheinlich haben sie
ihm wieder etwas Bargeld zukommen lassen, denn er wird ihnen
von seiner Angst vor den Häschern des Herzogs berichtet haben,
die ihm keine Ruhe ließ.

Fünf Tage nach dem Treffen verließ Schiller Oggersheim. Er
hatte sich an das ernst gemeinte Angebot seiner mütterlichen
Gönnerin Henriette von Wolzogen, nach Bauerbach zu kommen
erinnert und wollte weiterziehen. Am 30. November brach er auf
nach Thüringen. Sein Freund Andreas Streicher begleitete ihn
noch bis Worms. In seinen Erinnerungen erzählt er später, er
habe dort den edelsten Dichter, allein und im Unglück zurücklassen müssen. Schiller bestieg den Postwagen und nach sieben
Tagen, in denen er insgesamt 65 Stunden in dem unbequemen
Gefährt zugebracht hatte, kam er am 7. Dezember 1782 früh-
morgens in Meiningen an. Im Gasthaus „Zum Hirsch" sorgte er
erst einmal für sein leibliches Wohl und wartete auf den Bibliothekar Wilhelm Reinwald, an den ihn die Wolzogen verwiesen
hatte. Umgehend ließ er ihm eine Nachricht zukommen: „Ein
Fremder von Stuttgart der vor einer halben Stunde hier eintraf,

Charlotte von Wolzogen, die zur Vorlage seiner Heldin
Louise in „Kabale und Liebe" wurde

und Ihnen vielleicht schon bekannt ist, wünscht das Vergnügen zu haben Sie zu sprechen."³ Schiller musste vorsichtig sein und gab sich als Dr. Ritter aus, aber seine „gute Fee" Henriette hatte den Hofbeamten Reinwald ins Vertrauen gezogen und dieser folgte der Einladung. Nachdem sich die beiden Männer intensiv ausgetauscht hatten, waren sie sich nicht unsympathisch, im Gegenteil, für Schiller wurde der 22 Jahre ältere Meininger ein väterlicher Freund, der ihm während seines Asyls manchen literarischen Rat gab und ihn auch sonst unterstützte.

Nachmittags fuhr der Flüchtige mit dem Schlitten durch den tiefen Schnee, zum zwei Fußstunden entfernten Bauerbach. Das Dorf hatte ungefähr 300 Einwohner, die nicht mit Reichtum gesegnet waren, und auch seine Gastgeberin zählte zum ärmeren Adel. Henriette von Wolzogen war seit fast zehn Jahren Witwe, ihr Gut verschuldet und ihr Einkommen gering. Trotzdem fand Schiller bei seiner Ankunft alles wohl vorbereitet für seinen Besuch. Zwei Kammern im oberen Stock des Gutshauses standen ihm zur Verfügung, die ein eiserner Ofen wohlig wärmte. Ein großer Tisch zum Schreiben, ein Lehnstuhl und ein bequemes Bett trugen zu seinem Wohlbefinden bei, das er die letzten anstrengenden Reisetage arg vermisst hatte. Die Gutsherrin hatte ihr Gesinde angewiesen, ihn wie einen Sohn des Hauses zu behandeln. Seine Mahlzeiten durfte er auf ihre Kosten im Gasthof einnehmen. Henriette von Wolzogen war noch nicht anwesend, sie kam erst um die Jahreswende. Und was er von Reinwald über sie gehört: dass sie gut sei und schon vielen Menschen gedient, viele froh und manche sogar glücklich gemacht habe, bestätigte sich für Schiller. Sobald er Gelegenheit hatte schrieb er an Streicher, und der am Rhein zurückgebliebene Freund konnte bald die tröstlichen Zeilen lesen: „Endlich bin ich hier, glücklich und vergnügt, dass ich einmal am Ufer bin. Ich traf alles noch über meine Wünsche. Keine Bedürfnisse ängstigen mich mehr, kein Querstrich von aussen soll meine dichterischen Träume, meine idealischen Täuschungen stören. Das Haus meiner Wolzogen ist ein recht hübsches und artiges Gebäude, wo ich die Stadt gar nicht vermisse. Ich habe alle Bequemlichkeit, Kost, Bedienung und Wäsche, Feurung, und alle diese Sachen werden von den Leuten des Dorfes auf das vollkommenste und willigste besorgt."[4]

Nach drei Wochen Eingewöhnungszeit kam Henriette von Wolzogen mit ihrer 17-jährigen Tochter Charlotte auf das Gut und blieb bis 3. Januar 1783. Danach reisten die Damen schon wieder weiter nach Walldorf zum Gutshof des Bruders und Onkels, wo sie sich einige Wochen aufhielten. Schiller hatte die wenigen Tage der Gesellschaft von Mutter und Tochter sehr genossen. Das winterliche, von starken Schneefällen und heftigen

Stürmen heimgesuchte Bauerbach hatte ihn fest an seine warme Stube gefesselt und ihm kaum Kontakt mit Menschen erlaubt, daher schrieb er schon einen Tag nach ihrer Abfahrt an Frau von Wolzogen: „Sie glauben nicht wie nötig es ist, dass ich edle Menschen finde. Diese müssen mich mit dem ganzen Geschlecht wieder aussöhnen, mit welchem ich mich beinahe überworfen hätte. Es ist ein Unglück, meine Beste, dass gutherzige Menschen so leicht in das entgegengesetzte Ende geworfen werden, ... Ich hatte die halbe Welt mit der glühendsten Empfindung umfasst, und am Ende fand ich, dass ich einen Eisklumpen in den Armen habe."[5] Seine mütterliche Freundin bekam wohl Mitleid mit ihrem jungen Asylanten und hat ihn eingeladen zu kommen. Vom 5.–9. Januar verlebte Schiller anregende Tage im Kreis ihrer Familie und hoffte, dass die junge Charlotte ihn wieder mit „dem ganzen Menschengeschlecht" aussöhnen und das Eis zum Schmelzen bringen würde. Sie war die erste im Reigen seiner Charlotten, die er heiraten wollte.

Wieder in Bauerbach arbeitete er weiter an „Kabale und Liebe" und schrieb seinem neu gewonnenen Freund Reinwald im April: „Jede Dichtung ist nichts anderes als eine enthusiastische Freundschaft oder platonische Liebe zu einem Geschöpf unsers Kopfes ... Der Anteil des Liebenden fängt tausend feine Nuancen mehr als der scharfsinnige Beobachter auf."[6] Die Heldin Louise in seinem Drama ist nicht nur eine Kopfgeburt, allmählich wurde sie zu Fleisch und Blut der Charlotte von Wolzogen, in die er sich verliebt hatte. „Nein Louise! Zittre nicht! Es ist nicht Wahnsinn, was aus mir redet! Es ist das köstlichste Geschenk des Himmels, ... – Ich liebe dich, Louise – Du sollst mir bleiben, Louise".[7] Seinem Freund Reinwald berichtet der schaffensfreudige Dichter, dass ihn seine „Louise Millerin", die später von Dalberg in „Kabale und Liebe" umbenannt wurde, morgens um fünf schon aus dem Bette jage. „Doch gewinnt meine Millerin das fühl ich. Vor Veränderung beben Sie nicht mehr.

Meine Lady interessiert mich fast so sehr, als meine Dulzinea in Stuttgart."[8]

Als Schiller hörte, dass Mutter und Tochter im Mai wieder nach Bauerbach kommen, um Pfingsten zu feiern, verfiel er in heftige Aktivitäten. Er ließ alles für einen prächtigen Empfang vorbereiten und auch die Ehrenpforte aus Tannengrün am Hof wurde nicht vergessen. Die schwärmerisch Verehrte hat der fürstliche Empfang beeindruckt, aus Sympathie begleitete sie den Dichter auf Ausflügen oder ließ sich aus seinen Manuskripten vorlesen. Voller Begeisterung schrieb er an ihren Bruder Wilhelm: „Noch ganz wie aus den Händen des Schöpfers, unschuldig, die schönste, weichste, empfindsamste Seele und noch kein Hauch des allgemeinen Verderbnisses am lauteren Spiegel ihres Gemütes – so kenne ich Ihre Lotte."[9] Schiller steigerte sich sogar so weit in seine Verliebtheit, dass er der Mutter schrieb, er wolle in Bauerbach bleiben und wo möglich begraben werden. Dass dies ein Werbebrief um ihre Tochter war, entging der klugen Henriette von Wolzogen nicht. Sie riss Schiller aus seinen Träumen, indem sie ihm wahrheitsgemäß erzählte, dass Charlotte dem württembergischen Leutnant Franz Karl Philipp von Winkelmann versprochen sei, den er ja kenne. Auf einem Waldspaziergang mit ihrem jungen Gast gab sie ihm den Rat, er möge einmal verreisen und könne in sechs Wochen wiederkommen. Sie hoffte im Stillen, dass ihre Tochter in der Zwischenzeit eine Stellung am Hof von Gotha angetreten habe, wo sie für den Dichter unerreichbar wäre.

Meist blieb die Gutsherrin nur für kürzere Zeit in Bauerbach, denn der kleine ererbte Landsitz hatte wenig gesellschaftlichen Glanz. Am liebsten lebte sie in Stuttgart in der Nähe ihrer Freundin Franziska von Hohenheim und späteren Gemahlin von Herzog Carl Eugen, die ein großes Haus führte, wo sie oft zu Gast war. Außerdem waren ja ihre vier Söhne in der herzoglichen Karlsschule untergebracht. Diese Umstände, die Freundschaft mit der Mätresse und der Besuch ihrer Söhne in einer Schule des

Herzogs, machten die geheime Unterbringung von Schiller in ihrem Gutshaus besonders brisant. Es kann ihr nicht hoch genug angerechnet werden, dass sie den Mut hatte, ihm Asyl zu gewähren. Schiller schrieb gezielte Täuschungsbriefe, um seine Spuren zu verwischen was ihm auch gelang. Auf die Ängstlichkeit seiner Gastgeberin, die fürchten musste, dass der Herzog ihre Söhne von der Akademie wies, wenn er entdeckte, wem sie Zuflucht gab, reagierte Schiller gereizt. Wenn sie ihn zu mehr Vorsicht mahnte, wurde er mimosenhaft empfindlich. Dennoch verstand Schiller den Wink, lieh sich Geld, für das Henriette von Wolzogen bei einem Verleiher bürgte, und brach am 24. Juli 1783 auf nach Mannheim. Sie wird erleichtert gewesen sein, dass dieser Gast, der es auf das Herz ihrer Tochter abgesehen hatte und die Ausbildung ihrer Söhne gefährdete, endlich abreiste.

Inzwischen hatten sich die Kontakte von Schiller zu Dalberg wieder hergestellt und eine Verfolgung des geflohenen Regimentsmedikus war nicht mehr zu befürchten; der Herzog hatte sie großmütig eingestellt. Am Theater wurde ihm das Amt eines Bühnendichters für ein Jahr angeboten, das Schiller begeistert annahm; auch weil er inzwischen erfahren hatte, dass sein Konkurrent Winkelmann in Bauerbach für zwei Monate zu Gast war. Zuvor hatte der Dichter noch fest geglaubt, bald wieder dorthin zurückkehren zu können. „Aber meine beste liebe Freundin wie froh will ich den Augenblick erwarten, der mich wieder zu Ihnen zurückbringt, wie sehr haben Sie in meinen Augen neben diesen neuen Connaissancen gewonnen! Ich will und kann recht fleißig bei Ihnen arbeiten. Mein Aufenthalt in B. soll mir von allen Seiten vorteilhaft bleiben und weder Ihnen noch mir jemals zum Vorwurf gereichen. Wie viel, wie unendlich viel haben Sie nicht schon an meinem Herzen verbessert, und diese Verbesserung, freuen Sie sich, hat schon einige gefährliche Proben ausgehalten."[10]

Eine Woche nach diesem Brief an Henriette von Wolzogen unterschrieb er den Kontrakt, den Dalberg ihm am 31. August anbot. Schiller wurden vom Theater sofort 300 Gulden ausgezahlt, die er allerdings für seine neue Haushaltung benötigte, sodass er seine Thüringer Schulden noch nicht zurückzahlen konnte. Die Freude über seine erste feste Anstellung wurde drastisch getrübt durch eine Malaria-Epidemie, die in der Stadt herrschte und ihn beinahe das Leben gekostet hätte. Seine besondere gesundheitliche Anfälligkeit, nach diesem mehr oder weniger glücklich überstandenen Fieber, geht nach heutiger Auffassung auf seine damalige unzureichende Therapie der Krankheit zurück. Er hatte sich selbst eine „doppelte Rosskur" verordnet und die Medikamente in zweifacher Dosis geschluckt, um schnell wieder schreiben zu können. Im Dezember hatte er die Bühnenfassung des „Fiesko" abgeschlossen und konnte sie dem Intendanten vorlegen.

Die Erfahrungen des überstandenen pflegebedürftigen Zustands hatten dazu beigetragen, dass Schiller sich wieder nach häuslichem Glück sehnte. Hatte er im November Henriette gegenüber noch über die schauerliche Therapie geklagt, die er hatte erdulden müssen, berichtet er ihr im gleichen Brief auch von erfreulicheren Begegnungen: „Von Frauenzimmern kann ich das nemliche sagen – sie bedeuten hier sehr wenig, und die Schwanin ist beinahe die einzige, eine Schauspielerin ausgenommen, die eine vortreffliche Person ist. Diese und einige andre machen mir zuweilen eine angenehme Stunde, denn ich bekenne gern, dass mir das schöne Geschlecht von Seiten des Umgangs gar nicht zuwider ist."[11]

Es war eine der Merkwürdigkeiten Schillers im Umgang mit Frauen, dass er trotz neuer Bekanntschaften, wie z.B. der Tochter seines Buchhändlers, Margarethe Schwan, oder den Schauspielerinnen Katharina Baumann und Sophie Albrecht sowie der im Mai 1784 nach Mannheim gekommenen Charlotte von Kalb, in die er alle verliebt war, sich noch einmal im Juni des gleichen Jahres in einem Brief an Henriette von Wolzogen um die Tochter bemühte: „... wenn ich Ihnen gestehe, dass ich mich schon eine Zeit lang mit dem Gedanken trage, zu heiraten. Nicht, als wenn ich hier schon gewählt hätte, im geringsten nicht, ich bin in diesem Punkte noch nicht so frei wie vorhin – aber eine öftere Überlegung, dass nichts in der Welt meinem Herzen die glückliche Ruhe und meinem Geist die zu Kopfarbeiten so nötige Freiheit verschaffen könne, hat diesen Gedanken in mir hervorgebracht. Mein Herz sehnt sich nach Mitteilung und inniger Teilnahme. Die stillen Freuden des häuslichen Lebens würden, müssten mir Heiterkeit in meinen Geschäften geben ... Fände ich ein Mädchen, das meinem Herzen teuer genug wäre, oder könnte ich Sie beim Wort nehmen und Ihr Sohn werden. Reich würde freilich Ihre Lotte nie – aber gewiß glücklich."[12] Anscheinend hatte ihn Angst gepackt, als er diese deutlichen Worte noch einmal durchlas. Am Ende des Briefes nimmt er sie taktischer Weise wieder zurück und nennt seinen Heiratsgedanken einen seiner „närrischen Einfälle". Schiller schlüpfte hier wohl ein bisschen in die Rolle des Don Quichotte.

Henriette von Wolzogen wird über diese Wendung des Briefes erleichtert gewesen sein. Ihr blieb eine unangenehme Absage an den verschuldeten Freier erspart. Ihre Tochter war eine Adlige, die sie ungern mit einem Bürgerlichen verheiraten wollte. Schiller erlebte sein eigenes Drama „Kabale und Liebe" mit umgekehrten Vorzeichen; dort ist es der adlige Ferdinand, der vergeblich um die bürgerliche Louise wirbt, hier warb der bürgerliche Friedrich um die adlige Charlotte.

Fünf Jahre später, im November/Dezember 1787, kam Schiller von einem Besuch seiner Schwester in Meiningen noch einmal nach Bauerbach, um Wilhelm von Wolzogen zum Geburtstag zu gratulieren. Beim Fest sah er auch Mutter und Tochter wieder. Hocherfreut über seine Anwesenheit ließen sie sich aus seinem Drama „Don Carlos" vorlesen, das wenige Monate zuvor bei dem Verleger Göschen als Buch erschienen war. Nach diesem anregenden geistigen Ausflug in die Welt des Dichters, kehrte die kleine Gesellschaft wieder in Alltagsgespräche zurück. Es wurde über die Tilgung von Schillers Schulden beraten, denn er hatte Henriette versprochen: „auf Ostern erhalten Sie zuverlässig Geld", und nun war dieser Termin wieder um mehr als ein halbes Jahr verstrichen. Auch über die bevorstehende Heirat von Charlotte, nicht mit seinem Konkurrenten Winkelmann, sondern mit dem Regierungsrat August Franz Friedrich von Lilienstern im kommenden Jahr, wurde er ins Vertrauen gezogen. An seinen Freund Körner schrieb Schiller drei Tage nach seinem Besuch: „Die Dame hat sich große Rechte auf meine Dankbarkeit erworben; sie bittet mich in mehr als zwanzig Briefen, solange ich in Weimar bin, unaufhörlich um diesen Besuch (der in gewissem Betrachte nützlich war, weil ihre Tochter sich verheiraten soll und ihr Bräutigam eben zugegen war, den ich kennenlernen sollte; denn Du musst wissen, dass ich hier was gelte und dass man sich in wichtigen Dingen an mich zu wenden pflegt); Ich war also wieder in der Gegend, wo ich von 82 bis 83 als ein Einsiedler lebte. Jetzt, nach fünf Jahren, kam ich wieder, nicht ohne manche Erfahrungen über Menschen Verhältnisse und mich. Jene Magie war wie weggeblasen. Ich fühlte nichts. Alles hat seine Sprache an mich verloren."[13]

Am 5. Dezember 1787 reiste Schiller ab und ahnte nicht, dass er seine Helferinnen aus der Zeit seines Asyls nie mehr wiedersehen würde. Schillers mütterliche Freundin Henriette starb 1788 an den Folgen einer Operation. „Sie war mir alles, was nur eine Mutter mir hätte sein können. Alle Liebe, die mein Herz ihr gewidmet hatte, will ich ihr in ihrem Sohn aufbewahren und es als eine Schuld ansehen, die ich ihr noch im Grabe abzutragen habe."[14] Charlotte von Wolzogen starb 1794 mit 28 Jahren im ersten Kindbett, wie es vielen Frauen ihrer Zeit geschehen ist. Der Dichter behielt seine Bauerbacher Zeit in dankbarer Erinnerung und sprach später von dem kleinen Ort als der „zweiten Wiege seines Lebens".

Sophie von La Roche

Nach seinem Weggang aus Bauerbach wohnte Schiller in Mannheim bei dem Maurermeister Anton Hölzel, dessen Frau Anna sich mütterlich um ihn und „sein verwaistes Weißzeug" kümmerte. Seine Mutter wäre beruhigt gewesen, wenn sie die rechtschaffenen Leute gekannt hätte, die ihrem Sohn bald aus einer sehr peinlichen pekuniären Situation helfen sollten.

Kaum war die schwere Krankheit scheinbar überwunden, machte sich Schiller im Oktober 1783 auf den Weg nach Speyer zu Sophie von La Roche, der Jugendliebe Wielands. Sie war eine viel gelesene Schriftstellerin, die sich mit ihren Romanen, Erzählungen und Memoiren vor allem an ein weibliches Publikum wandte. Als Mutter, die acht Kinder geboren hatte, kannte sie die Nöte und Entbehrungen der Frauen und wusste, was sie lesen wollten: etwas, das ihren Hang zu empfindsamer Weiblichkeit stillen konnte. Mit ihrem Roman „Die Geschichte des Fräulein von Sternheim" wurde sie die berühmteste Autorin der Zeit. Die Jahre, in denen sie in Speyer lebte, zählen zu ihrer produktivsten Zeit. Sie gab eine Monatsschrift für Frauen „Pomona" heraus, die sie selbst verlegte, vertrieb und fast den gesamten Inhalt selbst gestaltete. Da ihr Gemahl unvorhergesehen aus dem Amt entlassen worden war, konnte sie durch den Gewinn der Zeitschrift zum Lebensunterhalt beitragen. Schiller war sehr beeindruckt von dieser Frau und schrieb begeistert in einem Brief: „Die Staatsräthin von La Roche kenne ich sehr gut, und diese Bekanntschaft war eine der angenehmsten meines ganzen hiesigen Lebens. Sie setzte Schwan so lange zu, mich nach Speyer zu bringen, dass ich wirklich für meine Gesundheit zu früh, vor ongefähr sechs Wochen ausging und mit ihm, seiner Tochter und Hofrat Lamais' Tochter die Reise machte. Wir haben in großer Gesellschaft mit ihr zu Mittag gespeist, wo ich wenig Gelegenheit fand, sie recht zu genießen, doch fand ich gleich, was der Ruf von ihr ausbreitet, die sanfte, gute, geistvolle Frau, die zwischen fünfzig und sechzig Jahre alt ist und das Herz eines neunzehnjährigen Mädchens hat. Acht Tage darauf zieht mich ein Landsmann, Magister Christmann, von Ludwigsburg wieder nach Speyer, wo ich sie eine Abendstunde lang ganz genoß und mit Bezauberung von ihr ging. Ich weiß und bin stolz darauf, dass sie mit mir zufrieden war."[1]

Die erfahrene Femme de lettres war ungeheuer neugierig darauf, einen weiteren jungen begabten Dichter kennen zu lernen. Schon Goethe hatte Jahre zuvor von dieser Frau geschwärmt und in „Dichtung und Wahrheit" ein liebevolles Porträt hinterlassen: „Sie war die wunderbarste Frau, und ich wüsste ihr keine andre zu vergleichen. Schlank und zart gebaut eher groß als klein, hatte sie bis in ihre höheren Jahren eine gewisse Eleganz der Gestalt sowohl des Betragens zu erhalten gewusst, die zwischen dem Benehmen einer Edeldame und einer würdigen bürgerlichen Frau gar anmutig schwebte. Sie sprach gut und wusste dem, was sie sagte, durch Empfindung immer Bedeutung zu geben."[2] Allerdings sparte Sophie von La Roche trotz aller Bewunderung, die sie durch Schiller erfuhr, nicht mit Kritik an seinen bisherigen Werken, in denen ihr die Leidenschaften zu gehäuft vorkamen. Sie selbst predigte die Anpassung an die Verhältnisse und sah in der Mädchenerziehung ihre eigentliche Aufgabe. Mit ihren Büchern wollte sie dies erreichen und „Teutschlands Töchter" nach den Wünschen der Männer formen. Solange sie nur diese Absicht verfolgte, war sie für Goethe und Schiller keine Konkurrenz, da fiel ihnen das Verehren leicht. Den Winter 1784/85 über verbrachte die berühmte Frau in Mannheim. Ihr offenes Haus wurde Mittelpunkt eines künstlerischen Kreises, den auch Schiller häufig besuchte. Da er nach der Kündigung seines Theatervertrages ebenfalls die Herausgabe einer Zeitschrift plante, fragte er Sophie nach ihren Erfahrungen und erhielt wertvolle Informationen, damit ein solches

Projekt sich auch rechnete. Vor allem die elenden Raubkopien brachten den Autoren und Verlegern viel Verlust, sie mussten in den Bilanzen mit einkalkuliert werden. Schiller ließ sich nicht entmutigen und startete seine „Rheinische Thalia".

In jenen Jahren unternahm Sophie von La Roche auch ihre Reisen in die Schweiz und nach Frankreich, wo sie in Paris die sich verändernde politische Lage schon deutlich spüren konnte. Mit ihrem anschließenden Reisetagebuch fügte sie ihren Schriften noch eine weitere hinzu und freute sich über die Tantiemen, die sie abwarf. „Die Schweizer Reise, der sich im darauf folgenden Jahr eine nach Paris anschloß, gestaltete sich für Sophie zu einer wahren Triumphfahrt – In Zürich standen Frauen und Mädchen sogar Spalier, um der verehrten „Erzieherin von Teutschlands Töchtern" zu huldigen. Auch konnte sie für sich den Ruhm in Anspruch nehmen, als erste Frau eine Montblanc-Tour gewagt zu haben."[3]

Im Alter wohnte die Schriftstellerin in Offenbach. Sie freute sich besonders, wenn ihre Enkelkinder Clemens und Bettina Brentano sie besuchten. Die Großmutter hatte manchmal ein schlechtes Gewissen, dass sie ihre Tochter Maxe nicht genug vor den Kraft zehrenden Dauergeburten gewarnt hatte. Nachdem sie zwölf Kindern das Leben geschenkt hatte, starb sie 1793 mit siebenunddreißig Jahren nach der letzten Geburt an Erschöpfung. Maximiliane war eine Jugendliebe Goethes und seine Lotte im Werther hat ihre braunen Augen. Sophie besuchte sechs Jahre später mit ihrer gleichnamigen Enkelin noch einmal ihre Jugendliebe Christoph Martin Wieland auf seinem Landgut in Oßmannstedt. Die wegen ihrer Schönheit „in ihrer Jugend unwiderstehliche La Roche" fand Wieland nun in der Enkelin wieder. Sie wurde ihm Grazie und Muse und er ihr ein väterlicher Freund. Auch Goethe wollte noch einmal mit der La Roche die alten Erinnerungen aufleben lassen und lud sie ein: „Er gab ihr ein festliches Abendessen in seinem Hause. Wieland, Frau v. Stein, ihre Schwägerin Sophie, ihre Nichte Amalie v. Imhoff und Caroline von Wolzogen hatte er noch geladen. Ein ,empfindsames Diner' ein ,Fest der Seelen' war es. Reich mit Blumen, seltenen Gewächsen und Früchten aller Art war die Tafel geziert. Beim Eintritt in das Esszimmer blieb die La Roche stehen und rief staunend, von der edelsten Simplizität der Räume wie von dem Heiligtum der Kunst ergriffen: ,Alte Baucis, Dein scherzender Traum steht nun als Wahrheit vor Dir! Du dachtest in Weimar ein Göttermahl nur von der Türschwelle eines Tempels zu sehen und bekommst nun selbst einen Anteil vom Ambrosia!'"[4]

Der jungen etwas kränkelnden Sophie Brentano hatte die ländliche Umgebung so gut getan, dass sie ein Jahr darauf noch einmal im Kreis von Wielands Familie Erholung suchte, aber im September völlig unerwartet starb und im Garten des Dichters begraben wurde. Er war untröstlich diese furchtbare Nachricht nach Offenbach zu melden. Sophie von La Roche, die sich in ihren letzten Lebensjahren um die kleinsten Enkelkinder ihrer Tochter Maximiliane gekümmert hatte, starb am 18. Februar 1807.

Mannheimer Kapricen

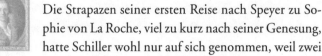 Die Strapazen seiner ersten Reise nach Speyer zu Sophie von La Roche, viel zu kurz nach seiner Genesung, hatte Schiller wohl nur auf sich genommen, weil zwei junge attraktive Damen ihn begleiteten. In der Kutsche saßen nicht nur der Verleger Christian Friedrich Schwan, sondern auch dessen Tochter Margarethe mit ihrer Freundin Johanna Lamais. Wie im Flug verging ihm an diesem sonnigen Oktobertag die Zeit. Zwischen den beiden Mädchen sitzend wurde viel gelacht, gescherzt und um seine Gunst gebuhlt, die dann Margarethe davontrug. Viele Abende verbrachte er im Schwanschen Hause, „wo ausgesuchte Gesellschaft" war, aber am meisten hat ihn die 18-jährige Margarethe mit ihren großen Augen angezogen.

Ihre 10-jährige Schwester Luise beobachtete verschmitzt, wie der neue Verehrer um die große Schwester herumscharwenzelte und sich von ihrem kindlichen Treiben gestört fühlte. „Wenn er z.B. manchmal in dem Zimmer saß, welches meine Schwester und ich bewohnten, und er dieser gerade etwas vorlesen wollte, so konnte ich unglücklicherweise beschäftigt sein, Evakathel und Schnudi für mein Marionettentheater einzustudieren; und wenn auch dies nur halblaut geschah, so fand er sich doch bewogen, mir ganz absonderliche Namen zu geben, um sich Stillschweigen zu verschaffen; – z.B. kleiner Grasteufel, Knipperdolling usw. ... "[1] Später schrieb Luise, es sei schon arg genug in den Augen des Publikums gewesen, dass ihre Schwester sich in einen Theaterdichter verliebt hätte.

Als Bühnendichter pflegte Schiller gern den Umgang mit Schauspielern wie August Wilhelm Iffland, Johann David Beil und besonders Heinrich Beck, der auf die Rollen junger leidenschaftlicher Liebhaber spezialisiert war. In diesem von Rückfällen in sein Fieber geprägten Winter beeindruckte Schil-

Margarethe Schwan, eine Mannheimer Verlegerstochter,
die zum Kreis von Schillers Heiratskandidatinnen zählte

ler neben Margarethe Schwan am meisten die Freundin von
Beck, Caroline Ziegler. Sie war die Tochter eines Hofkammer-
rats, die es sich in den Kopf gesetzt hatte, gegen alle Widerstände Schauspielerin zu werden und ihren Heinrich zu heiraten, was ihr auch gelang. Beck war protestantisch und Caroline
katholisch; kam eine solche Mischehe zustande, grenzte es an einen Skandal, dem die Verliebten tapfer trotzten. Da „Kabale
und Liebe" noch nicht an die Öffentlichkeit gelangt war, gab
Schiller seiner Heldin jetzt die Züge der Caroline Ziegler.
„Während diesen Debatten (,der Pfaffen') schrieb Schiller die
Rolle der Luise ganz nach ihr, dieser Caroline, und für sie. Er
kopierte sie eigentlich samt ihren Vergissmeinnichtaugen, – so-

wie auch der Musikus Miller eine frappante Kopie von Beil war, weshalb dieser auch die Rolle so vorzüglich spielte ...".[2] Nach der Ziegler waren es Katharina Baumann und Sophie Albrecht, die Schiller in der Rolle der Louise verehrte. Seine Louise war gleichsam ein Symbol des dritten Standes, dessen Herzen manipuliert werden sollten: „Das Herz, die Empfindungs- und Mitleidsfähigkeit des Individuums, war die Qualität, die dem Ständestaat als Wertvorstellung des Bürgertums entgegengestellt wurde; die Rangordnung des Herzens sollte eine humane Gesellschaft ergeben."[3] Leider starb Caroline Beck schon im Juli 1784, gerade im fünften Monat schwanger. In der Rolle der „Emilia Galotti" stürzte sie auf der Bühne so unglücklich, dass die Folgen des Unfalls tödlich waren.

Schillers Begeisterung für Schauspielerinnen und seine ungewöhnliche Art des Arbeitens im Herbst 1783 (er verdunkelte seine Fenster am helllichten Tag und zündete Kerzen an, um sich die Schurken in seinem Stück „Die Verschwörung des Fiesko zu Genua" besser vorstellen zu können) drangen bis zu seinem Freund Johann Rudolf Zumsteeg nach Stuttgart. Der ehemalige Studienfreund stellte sich die absonderlichsten Situationen vor, in die sein Freund geraten sein könnte und schrieb ihm: „Wie besorgt ich ... für Dich war kann ich Dir nicht sagen! So gierig verschlung ich jeden nur im Dunkeln schimmernden Schein eine Nachricht von Dir zu hören ... Will Dirs nur sagen, man schwatzte närrisches Zeug von Dir! Einmal hieß es: Du seiest Professor in Marburg; ein andermal: Du habest Dich mit einer Comédiantin verheurasselt; ein drittesmal: Du seist rasend geworden usw. Kurz das hiesige Publikum wird immer von Dir in Atem gehalten."[4]

Schiller hielt sich aber auch gerne selbst in Atem. Der Aufführung seines „Fiesko" fieberte er ungeduldig entgegen. Am 11. Januar 1784 kam das Stück auf die Bühne. Er forderte viel vom Publikum, das vorwiegend an leichte Kost gewöhnt war. Vier Stunden musste es an diesem Abend ausharren, langatmige Deklamationen über sich ergehen lassen, und auch die republikanische Idee war den Mannheimer Bürgern fremd. Schiller hat die Enttäuschung der Zuschauer nicht so recht wahrnehmen wollen und schrieb an Freunde, mit allem Pomp und auf das Prächtigste habe man den „Fiesko" gegeben. Schon kurze Zeit später wurde das Stück wieder abgesetzt. Nun setzte der Dichter all seine Hoffnungen in „Kabale und Liebe", das am 13. April 1784 in Frankfurt uraufgeführt wurde. Zwei Tage später lernten auch die Mannheimer Theaterbesucher das Stück kennen, das sie am Ende mit stürmischem Beifall bedachten. Doch der Erfolg war für ein breiteres Publikum auf Dauer nicht zu halten, es bevorzugte klamaukartige Familienrührstücke. Ende April wurde „Kabale und Liebe" erneut in Frankfurt gespielt und auch hier traf das „bürgerliche Trauerspiel" nicht den Geschmack aller Zeitgenossen. Trotzdem war der Dramatiker in Hochstimmung, denn er hatte sich wieder verliebt. Seine neue Dulzinea war die Schauspielerin Sophie Albrecht geb. Baumer, die seine „Louise" spielte. Er hoffte auf „göttliche Tage" in ihrer Gesellschaft, denn auch sie sah in ihm einen leuchtenden Genius, „schön und stolz, kühn und hehr," wie ihr noch keiner erschienen sei. Beide hatten sich mit ihrem Enthusiasmus angesteckt und verlebten „rauschhafte Tage". Am 4. Mai 1784 reiste er ab und war bald ernüchtert durch den quälenden Alltag, der ihn in Mannheim einholte.

Sophie Albrecht ging bald nach Beendigung ihres Frankfurter Engagements mit ihrem Mann, dem Arzt und Schriftsteller Johann Friedrich Albrecht nach Sachsen. Fast genau ein Jahr später traf Schiller sie dort wieder, da sie im gleichen Haus wohnte, in dem sein Freund Ferdinand Huber ihn einquartiert hatte. Sowohl in Leipzig als auch in Dresden gehörte das Ehepaar Albrecht zu seinem engeren Bekanntenkreis, das ihn hin und wieder zum Whist spielen einlud. Schiller blieb der temperamentvollen und sich schnell begeisternden jungen Ehefrau ein verschwiegener Vertrauter in verwirrenden Herzensangelegenheiten.

Zurück in Mannheim erfasste ihn regelrechter Katzenjammer. Sein versprochenes drittes Stück „Don Carlos" ging nicht voran und von Dalberg bekam er den dringenden Rat, sich wieder seinem Brotberuf der Medizin zuzuwenden. Zuvor hatte er schon in einer gedrückten Stimmung an Reinwald geschrieben: „Allein und getrennt – ohngeachtet meiner vielen Bekanntschaften dennoch einsam und ohne Führung, muss ich mich durch meine Ökonomie hindurchkämpfen, zum Unglück mit allem versehen, was zu unnötigen Verschwendungen reizen kann. Hätte ich jemand, der mir diesen Teil der Unruhe abnähme und mit warmer, herzlicher Teilnehmung sich um mich beschäftigte, ganz könnt ich wiederum Mensch und Dichter sein, ganz der Freundschaft und den Musen leben."[5]

Ganz ohne Zweifel, Schiller hatte Sehnsucht nach einem weiblichen Wesen. Die fraglos schon länger schwelende Kaprice war die Mannheimer Schauspielerin Katharina Baumann. Sie hatte im Januar die „Bertha, Verrinas Tochter" im „Fiesko" gespielt und zuvor auch an Schillers Lesung aus dem Manuskript teilgenommen. Sie bewunderte das „Product eines so erhabenen Geistes", aber Schillers breite schwäbische Aussprache hatte die Wirkung des Stückes verdorben. Anders verlief es, als Katharina aus dem handschriftlichen Rollenbuch, das sie von Schiller erhalten hatte, die Rolle der Bertha las. Ihre Wirkung auf Schiller war andauernd, so lange, dass er sich noch im Januar 1785, nachdem sie die Rolle der Louise in „Kabale und Liebe" gespielt hatte, zu der „unnötigen Verschwendung" hinreißen ließ, ihr ein wertvolles elfenbeinernes Miniaturbild von sich zu schenken. Aber im gleichen Moment wusste er, dass seine Begeisterung nur die „Laune eines Augenblicks" war. Der völlig ahnungslosen, überraschten Angebeteten sagte er denn auch sehr verlegen, er sei ein kurioser Kauz. Verwunderlich ist nur, dass sie wirklich nichts gewusst haben will von der Verehrung des Dichters. Denn ihre Schauspielkollegen hatten in einem Gedicht zu seinem Geburtstag am 10. November noch auf eine Heirat mit ihr angespielt. 1787 wurde sie die Frau des Cellisten Peter Ritter, später Kapellmeister in Mannheim.

Im gleichen Sommer seiner Gefühlsverwirrungen durch Katharina Baumann, konnte er sich auch eine Ehe mit Margarethe Schwan vorstellen. Aber anscheinend brauchte Schiller Abstand, um nicht tatsächlich heiraten zu müssen, denn er schickte erst ein Jahr später aus sicherer Entfernung – er war mittlerweile in Leipzig – einen Werbebrief an Schwan, in dem er um die Hand seiner Tochter bat. Der Verleger schrieb ihm allerdings zurück, er solle sich selbst an sie wenden, was der widersprüchliche Dramatiker dann doch nicht tat. Im Winter 1784/85 scheint sich Margarethe jedenfalls Hoffnungen auf eine Bindung mit dem Dichter gemacht zu haben. Im Nachlass des Jenaer Predigers Friedrich Förster fand sich ein Bericht von Charlotte von Kalb, die vom Dichter anscheinend in diese Herzensangelegenheit eingeweiht worden war: „Schiller hatte Gretchen so lieb, daß er sich zuletzt wohl entschlossen haben würde, in die Buchhandlung einzutreten. Dies fürchtete der Kompagnon Schwans, namens Götz; dieser war es, der die Heirat hintertrieb. Ich habe von Gretchen selbst gehört, wie unglücklich sie darüber war, und als Schiller in seiner Verzweiflung nach Leipzig zu Körner abgereist war, beschwor sie den Vater, sie mit zur Messe zu nehmen. Unterdessen aber hatte der Vater bereits ihre Hand vergeben; ... Von jeder Poststation, wo die Wagen umgeladen wurden, schrieb er mir und bestürmte mich mit Fragen; mit der Zeit legte sich der Sturm, denn Schiller gehörte zu den Naturen, welche in Herzensangelegenheiten sehr schnell in Feuer und Flammen aufgehen, aber er war ein zu genialer Geist, um an gebrochenem Herzen zu sterben."[6]

Schillers Vater Caspar hätte eine Verbindung mit der Verlegerstochter sehr begrüßt. Er fand diese Partie besser, als „ein gewisses Fräulein" um das sein Sohn sich bemüht habe. Wahrscheinlich meinte er das Gerücht, sein Sohn wolle Katharina Baumann heiraten, das bis nach Stuttgart gedrungen war. Der pragmatische Aspekt einer Verbindung zwischen einem Dichter und der Tochter eines Verlegers und Buchhändlers mag dem Vater gefallen haben. Ein anderer Zeitgenosse meinte noch gut zehn Jahre später, ein Urteil hinsichtlich einer Verbindung mit Margarethe Schwan abgeben zu können. „Er könnte ein sehr glücklicher Mann seyn, wenn er das sich ihm hold darbietende Glück in Mannheim nicht mit Füssen gestoßen hätte. Der alte Buchhändler Schwan hatte eine einzige Tochter, ein schönes muntres Mädchen, die Schillern liebte u. in seinem Besitz sehr glücklich gewesen wäre.“[7]

Im Mai 1786 traf Schiller noch einmal mit den Schwestern Luise und Margarethe Schwan in Sachsen zusammen. „Man hat es Schillern von Leipzig aus geschrieben, daß wir nach Dresden kommen würden, und als wir in Meißen am Posthause vorfuhren, wer stand unter dem Torweg? Schiller in einem mausgrauen Rock mit Stahlknöpfen. Ich sehe ihn noch vor mir. Das war denn eine große Freude, und er begleitete uns alsdann aufs Schloß und in die Porzellanfabrik ... Schillers Betragen war so herzlich und gerade wie eines Sohnes und Bruders, nachdem das nähere Verhältnis gegen meine Schwester schon längst aufgehört hatte.“[8] Nur Caspar Schiller glaubte wohl noch an eine mögliche Verbindung mit Margarethe Schwan und schrieb dem Sohn wenige Wochen nach dem Treffen in Dresden: „Ach, wenn wir nur auch den Trost hätten, daß er mein lieber Sohn, auch einmal versorgt wäre, eine bleibende Stätte hätte und dann durch eine vorteilhafte Heurat unter Dach gebracht wäre. Würde Er das Studium medicinae ganz wieder vornehmen und hätte er Lust zu Mademoiselle Schwan; ich zweifle gar nicht, daß Er sie bekommen würde, denn sie schrieb ohnlängst in einem Brief an Christophine so warm von Ihm, daß es gewiß auf ihrer Seite nicht fehlen sollte, und ich denke doch nicht, daß ihr Vater sie wider jede neigung zu jemand anderm zwingen werde.“[9] Schiller war dem Buchhändler Schwan mit seinen Töchtern von Dresden nach Meißen entgegengeritten, nun begleitete er die Familie wieder zurück. Die Verlegenheit des

Charlotte von Kalb, die ernsthaft in Erwägung zog, sich scheiden zu lassen, um Friedrich Schiller zu heiraten

Wiedersehens war geschwunden, und in heiterer Stimmung besichtigte er mit den jungen Damen die Sehenswürdigkeiten der Stadt, flanierte auf der Brühlschen Terrasse und zeigte ihnen sein Domizil im Fleischmannschen Grundstück.

Margarethe heiratete später den Advokaten Karl Friedrich Treffz und starb 1796 schon mit 30 Jahren, vermutlich wie Charlotte von Wolzogen im ersten Kindbett.

Schillers größte und künstlerisch folgenreichste Mannheimer Kaprice aber wurde Charlotte von Kalb, die er im Mai 1784 kennen lernte.

Charlotte von Kalb

Die geistig aufgeschlossene und Literatur begeisterte Adlige erfüllte in Schillers Leben eine ähnliche Funktion wie Charlotte von Stein bei Goethe. Auch Charlotte von Kalb hatte wesentlichen Einfluss auf Schillers menschliche wie künstlerische Entwicklung. Beide Frauen wurden der dichterischen Werke ihrer Liebhaber wegen auf einen Sockel gestellt und idealisiert. Als die Liebe begann sich in irdisches Begehren zu wandeln, ergriffen die Männer die Flucht.

Charlotte von Kalb „... war Schillers Vertraute, Freundin, vielleicht Geliebte, Verehrerin, Lehrerin, Muse, Modell. Sie förderte seine Menschenkenntnis, verhalf seinem Ehrgeiz, seinem Streben nach Größe zu klassischer Form, und sie führte ihn in die große Welt ein, die er zu seinem Fortkommen brauchte."[1]

Die im unterfränkischen Familienstammgut der Marschalk von Ostheim in Waltershausen am 25. Juli 1761 geborene Charlotte war früh verwaist und wurde neun Jahre später mit ihren drei Schwestern im Haushalt des Meiningischen Kammerpräsidenten von Türck aufgenommen. Ihr einziger, ein Jahr älterer Bruder Fritz wurde gemeinsam mit einem Hofmeister nach Coburg zur Schule geschickt. Die Unterbringung des Bruders in einer großen Wohnung mit Hofmeister Trapp und einem Bediensteten war sicherlich freier in der Gestaltung für die Beteiligten, als das Leben der Schwestern im Haus des Kammerpräsidenten. Im Haus der Pflegeeltern, das nun insgesamt elf Kinder beherbergte, wurde alles minutiös geregelt, inklusive des Tees für die französische Gouvernante, der ohne Zucker gereicht werden sollte.

An eine freie Entfaltung der lebhaften Charlotte, die ihre Erziehung als Gewalt empfand, war unter diesen Umständen nicht zu denken. Für ihre Umgebung war sie „ein wildes Mädchen", das gezähmt werden musste. Ihr innerer Zwiespalt zwischen dem Wunsch, den gesellschaftlichen Normen zu entsprechen und gleichzeitigem Drang nach emanzipatorischer Freiheit hielt sie ein Leben lang in quälenden Spannungszuständen. Ein Ausweg, ihren unruhigen Geist zu beschäftigen, war exzessives Lesen, das ihr gottlob niemand verbot. Die Standeslektüre der jungen Adligen waren die französischen Klassiker Voltaire, Racine und Corneille.

Im kinderreichen Haus ihrer Tante Henriette von Wolzogen, sie war ebenfalls eine geborene Marschalk von Ostheim, durfte sie oft in der Bibliothek ihres Onkels Ludwig von Wolzogen stöbern. „Der alte Geheimerat verließ nicht mehr seine Wohnung, war kränklich, aber bei heiterer Laune versammelte er gern uns Kinder um sich und gestattete kindliche Spiele. Jeden Sonntag wurden wir bei ihm erwartet; zum Zeitvertreib wurde ersonnenes oder erfundenes Lust- und Sprichwörterspiel dargestellt."[2]

Nach der Konfirmation durften die Kinder auch an den abendlichen Gesellschaften teilnehmen, wenn Familie und Gäste sich zu gemeinsamer Lektüre der Dichter versammelten. In ihren Erinnerungen schreibt Charlotte, dass ihr keine Abende schöner und reicher vergingen. Charlotte fand sich in den Heldinnen der französischen Stücke wieder, vor allem in der Unbedingtheit ihrer Gefühle. Sie identifizierte sich mit ihnen und wurde von ihnen geprägt. Die Heldin Chimène aus dem „Cid" von Corneille wurde für ihren Selbstentwurf geradezu beispielhaft. Viele Passagen des Stücks kannte sie auswendig und an dieser Sprache formte sie ihren Briefstil, der später Schiller und Jean Paul in seinen Bann zog.

Viele Tage ihrer Jugend verbrachte Charlotte am Hof zu Meiningen. Sie spielte mit dem gleichaltrigen Prinzen Georg oder erhielt gemeinsam mit seiner Schwester Gesangsunterricht. Durch den Umgang am Hof, auch wenn er, was die Bedeutung angeht in den hinteren Reihen rangierte, erwarb sie sich Sicherheit und Einblick in höfische Lebensformen. Auch durfte sie die herzogliche Bibliothek besuchen, wo die nebenberuflichen

Dichter Reinwald und Pfranger sie mit der neuesten deutschen Literatur bekannt machten. Wenn sie sich dann in Sturm und Drang Dichtung, gefühlvolle Lyrik oder schwärmerische Prosa vertiefte, vergaß sie alles um sich herum, auch ihren Hunger, sodass sie häufig die Tischzeiten verpasste.

Als ihre Pflegemutter Luise von Türck im September 1779 starb, waren sie und ihre Schwestern ein zweites Mal verwaist. Wieder musste eine Pflegestelle gesucht werden, die sich im Haushalt der „Frau Geheimen Rätin von Erffa" auch fand, die als „rechte Mutter an denen Fräulein" handeln wollte. Charlotte, inzwischen 18-jährig, und ihre Schwestern wussten, dass das Heiraten bevorstand und sie nur noch auf einen passenden Freier warten sollten. In dieser Absicht war wohl auch das Pastellbild aus dem gleichen Jahr entstanden, das Charlotte im Rokokokostüm mit hoch getürmter Rosen geschmückter Frisur zeigt. In die lieblichen Züge ihres Gesichtes musste sich doch ein Heiratskandidat verlieben!

Wenig später bemühten sich prompt zwei Freier um die Hand von Charlotte, die aber als unpassend von der Vormundschaft abgelehnt wurden. Auf die vier Schwestern wurde nicht nur wegen ihrer Lieblichkeit ein Auge geworfen, sondern auch wegen ihres Reichtums. Schlossartige Gutshäuser mit dazu gehörigen riesigen Ländereien gingen nach dem plötzlichen Tod des Bruders Fritz 1782, der sie als Universalerbinnen eingesetzt hatte, in den Besitz der Schwestern über.

Die knapp drei Jahre jüngere Schwester Eleonore heiratete auf Druck der Vormundschaft als erste. Für Johann August von Kalb, der als Kammerpräsident wegen finanzieller Unregelmäßigkeiten gerade vom Weimarer Hof entlassen worden war, kam die reiche Erbin im rechten Moment. Die Vormundschaft fühlte sich geschmeichelt, denn er war Besitzer von Schloss Kalbsrieth und galt als ehrenwerter Mann. Seine Schulden hat er wohlweislich verschwiegen. Ende 1782 wurde die Hochzeit gefeiert. Wie wir wissen, war Schiller zur gleichen Zeit in Meini-

Charlotte Freiin Marschalk von Ostheim verh. von
Kalb, Stich von Auguste Hüssener

gen und Henriette von Wolzogen hat ihm kurz darauf vom
Schicksal der Schwestern erzählt, vom Tod des Bruders und der
Heirat Eleonores mit einem ungeliebten Mann. Der Name
„von Kalb" und die dazugehörige Geschichte prägten sich
Schiller so sehr ein, dass er dem eitlen Hofmarschall in „Kabale und Liebe" diesen Namen gab. Persönlich begegnet sind sich
Schiller und Charlotte Marschalk von Ostheim in Bauerbach
nicht, aber durch die Tante hat sie von dem berühmten Dichter gehört und ihm, wahrscheinlich gemeinsam mit ihren
Schwestern, eine Huldigung zukommen lassen, für die er sich
bedankte:

„Den Lorbeer übersandten mir
Von Teutschlands schönsten Mädchen vier
Wer sind Sie? Sag es Dichterkönig?
Sinds Musen? – Nein! Sie wären ihrer zu wenig.
Sinds Grazien? die Vierte wär zu viel
Doch hab ich nicht von Wieland jüngst vernommen
Daß Psyche zu den Grazien gekommen?"[3]

Nach der Hochzeit von Eleonore wohnte Charlotte bei Schwester und Schwager. Diese Situation, so unzulänglich sie gewesen sein mag, war ihr wohl lieber, als im Haushalt der Rätin von Erffa zu bleiben. Vielleicht war sie auch eindringlich vom neuen Schwager dazu aufgefordert worden, denn das Domizil des jungen Paares war Trabelsdorf, ohnehin ein Besitztum der Schwestern. Welch weitreichende Pläne Johann August von Kalb in Wahrheit schmiedete, davon konnte sie nichts ahnen. Er hatte sie schon als Braut für seinen Bruder Heinrich auserkoren. Dieser kam Ende August 1783 aus dem amerikanischen Unabhängigkeitskrieg zurück und fand sofort Aufnahme im Haushalt des Bruders. Seine Kriegserzählungen, die eine Abwechslung der üblichen Konversation darstellten, machten großen Eindruck auf Charlotte. Der Präsident „empfing den Bruder mit einer lebhaften, fast heftigen Freudigkeit, mit dem Ausdruck innigster Zuneigung, wie ich solche früher wie später nie wieder bei ihm bemerkt habe. Der Affekt beim Wiedersehen hatte wohl zwiefache Beziehung, denn längst hatte er eine eheliche Verbindung seines Bruders als einzige Bedingung erachtet, um über das Allodial-Vermögen allein, selbständig zu walten."[4]

Mit großer Beredsamkeit hatte Johann August dem Bruder und den Schwestern vom finanziellen Druck seiner Geschäfte berichtet und durch seine angestrengte Sorge ihr Mitleid erregt. Insgeheim wird er seinem Bruder dringend geraten haben, ebenfalls eine reiche Erbin zu heiraten. Was lag da näher, als die neue Schwägerin einmal unter diesem Aspekt zu betrachten, zumal er ohnehin nach seiner Rückkehr einen eigenen Hausstand gründen wollte. Charlotte, scheinbar gänzlich benommen von den eindrucksvollen Schilderungen aus Amerika und dem intriganten Spiel ihres Schwagers, heiratete knapp zwei Monate nach seiner Ankunft Heinrich von Kalb. Für eine Frau, die es eigentlich nicht nötig hatte, aus Versorgungsgründen zu heiraten, ist der übereilte Schritt in die Ehe scheinbar unverständlich. Er wird verzeihlicher vor dem Hintergrund, dass eine verheiratete Adlige fast alle Freiheiten besaß, die einem ledigen weiblichen Wesen versagt blieben. Schon ein eigener selbstständiger Haushalt als unverheiratete Frau galt als anrüchig. Als Charlotte im Mai 1784 nach Mannheim kam, war sie im fünften Monat schwanger und von ihrer überstürzt geschlossenen Verbindung mit Heinrich von Kalb ziemlich ernüchtert. Es war ein gemeinsamer Ausflug, den das Ehepaar auf dem Weg in die Garnisonsstadt Landau unternahm, wo der Gemahl auf eine Anstellung beim Fürsten von Zweibrücken hoffte.

Schillers Freund Reinwald hatte Charlotte von Kalb einen Brief mitgegeben, den sie bei Schiller abliefern ließ. Er beklagte sich darin und fühlte sich vernachlässigt. Da die Post damals viel länger brauchte um anzukommen, war Schillers eigener Klagebrief vom 5. Mai, den er nach seinem Frankfurter Aufenthalt nach Meiningen geschickt hatte, noch unterwegs, als ihn Reinwalds Schreiben drei Tage später erreichte. „Sollten Sie auch gleich nicht mer mein Freund sein wollen, wie ich aus verschiedenen datis schließe, so seyn Sies wenigstens in einem, und lassen Sich von der Frau von Kalb, (die Ihnen dieses Billett mitbringen wird), sprechen. Sie zeichnet sich gar ser unter ihrem Geschlecht aus und ist Ihrer Geistesprodukte große Bewunderin; so wie sie überhaupt das Schöne und Gute enthusiastisch fühlt."[5]
Direkt am nächsten Tag besuchte Schiller die Kalbs im Gasthof und war sogleich im lebhaftesten Gespräch mit Charlotte vertieft, dass er beinahe wieder einmal vergaß ins Schauspielhaus zu

eilen. Es wurde „Kabale und Liebe" gegeben und er wollte unbedingt den Schauspieler, der den Hofmarschall spielte, veranlassen nur ja nicht den Namen „Kalb" auszusprechen. Er kehrte bald zurück und unterhielt sich mit der Bewunderin seiner Kunst so angeregt wie ein Verdurstender, der endlich sein Element gefunden hat: das Gespräch. Auch für Charlotte war es ein anregender Abend, denn außer seinen Kriegserlebnissen hatte ihr Gatte nicht viel zu berichten. Und der amerikanische Unabhängigkeitskrieg, der schon in Schillers Studienjahren eifrig unter den Kameraden diskutiert wurde, hatte ihn schon damals nicht interessiert. So war die Unterhaltung mit einer geistreichen, belesenen Frau ein wahrer Stimulus für den Dichter, der sich umgehend bereit erklärte, ihr und ihrem Gatten am nächsten Tag die Sehenswürdigkeiten von Mannheim zu zeigen. Der Dichter führte die Besucher zuerst in den berühmten Antikensaal. Hier konnte er Charlottes Begeisterung für das „Schöne und Gute" leibhaftig erleben. Stundenlang wurden die Gipsabgüsse antiker Statuen bewundert und Schiller bekam eine erste Einführung in die bildende Kunst, die ihn bisher wenig interessiert hatte. Die Eindrücke im Mannheimer Antikensaal verarbeitete er kurz darauf in einem Aufsatz „Brief eines reisenden Dänen". „Den geübtesten Zeichner wird es ermüden, die herrlichen Formen, die durch kontrastierende Schlangenlinien in einander Schmelzen, nur für das Auge nachzuahmen."[6] Charlotte von Kalb schwärmte noch im Alter von den Eindrücken, die die Statuen auf sie gemacht hatten und vor allem war ihr wichtig, ob sie den Dichter hat fesseln können. „Am folgenden Tage sahen wir den reichen Schatz der Antiken, die hier bewahrt und schön geordnet. Was klar der Geist ersonnen, ist Lust dem Aug, ergreift, entzückt des Menschen Herz. Schauer der Sehnsucht bewegten ihn, denn er fühlte wohl: auch ich vermag! Belebt durch solche Genüsse verging der Tag. – O dass ähnlicher werde Leben und Kunst."[7]

Vier Wochen später schrieb Schiller an Henriette von Wolzogen, dass er einige sehr angenehme Tage in der Gesellschaft des

Ehepaares von Kalb verbracht habe und dass besonders die Frau nicht zu den gewöhnlichen Frauenzimmerseelen gehöre. Die Rede-Seligkeit zwischen beiden konnte entstehen, weil Charlotte von Kalb perfekt den empfindsamen literarischen Diskurs des gebildeten Bürgertums beherrschte. Sie konnte daraus zitieren und ihren Gefühlen den gewünschten Ausdruck verleihen: „Als er es empfangen, (das Billett) kam er selbst. – In der Blüte des Lebens, bezeichnete er des Wesens reiche Mannigfaltigkeit, sein Auge glänzend von der Jugend Mut; feierlicher Haltung, gleichsam sinnend, von unverhofftem Erkennen bewegt. Bedeutsam war ihm so manches, was ich ihm sagen konnte, und die Beachtung bezeigte, wie gern er Gesinnungen mitempfand."[8]

Ende Juli verlegte Charlotte von Kalb ihren Hausstand ganz nach Mannheim, wo ihr Mann sie meist dreimal wöchentlich besuchte. Ehefrauen waren ohnehin nicht erwünscht in der Garnison in Landau und die Möglichkeiten der Geburtshilfe in der Residenzstadt besser. Hochschwanger besuchte sie im August das Theater und traf Schiller in einer Vorstellung des „König Lear". Der Kontakt war wieder geknüpft. Nach der Geburt ihres Sohnes Fritz am 8. September ging es der Wöchnerin einige Tage nicht gut. Sie hatte sich eines Nachts zu Tode erschrocken und war in tagelange Ohnmacht gefallen. „Tage vergingen, ehe Genesung mich erlöste. Später erfuhr ich, dass Friedrich Schiller den Hilfe bringenden Arzt herbeigeholt. Nachdem ich genesen, begegnete Kalb dem Freunde und sagte mir: ‚Jener äußert, es sei unverzeihlich, dass man ihn deine Besserung nicht habe wissen lassen.'"[9] Heinrich von Kalb nimmt daraufhin Schiller mit in die Wochenstube, damit er sich überzeugen kann, dass Charlottes „jugendliche Natur" alles überwunden hat. Von nun an ist Schiller Hausfreund der Familie und häufig zu Gast, aber Charlotte achtete auf die Konvenienz. Sie traf ihn nie allein, trotzdem begann sie, diesen Mann zu lieben. Für den Dichter wurde die Freundin Stütze in schwieriger Zeit. Sein Theatervertrag war ihm ab 1. September gekündigt worden und er versuchte mit der Herausgabe einer Zeitschrift „Rheinische Thalia" seine Existenz zu sichern. Daneben arbeitete er an seinem Drama „Don Carlos" weiter und verlieh seiner Königin Elisabeth die Züge der Charlotte von Kalb. „... das in der Thalia erschienene Bruchstück „Don Carlos", wurzelt noch in einem durch die Liebeskrise mit Charlotte von Kalb ausgelösten Subjektivismus der Leidenschaft, der das Naturrecht des Herzens und den Anspruch auf Glück gegen die Konventionen der Gesellschaft verteidigt."[10] Schiller hatte für die „Phantasie seines Herzens" wieder eine Frau in der Wirklichkeit gefunden, die ihn noch zu dem umstrittenen Liebesgedicht „Freigeisterei der Leidenschaft" anregte. In erster Linie führte folgende Strophe:

> *„Jetzt schlug sie laut die heißersehnte Schäferstunde,*
> *Jetzt dämmerte mein Glück –*
> *Erhörung zitterte auf deinem glüh'nden Munde,*
> *Erhörung schwamm in deinem feuchten Blick. "*[11]

zu den wildesten Spekulationen der Biografen. Obwohl Schiller selbst bei seiner ersten Bearbeitung 1786 die Anmerkung machte: „Ich habe um so weniger Anstand genommen, die zwei folgenden Gedichte hier aufzunehmen, da ich von jedem Leser erwarten kann, er werde so billig seyn, eine Aufwallung der Leidenschaft nicht für ein philosophisches System, und die Verzweiflung eines erdichteten Liebhabers nicht für das Glaubensbekenntnis des Dichters anzusehen."[12]

Wenn die Verhältnisse bedacht werden, in denen Charlotte damals lebte, ist es unwahrscheinlich, dass sie die reale Geliebte Schillers war. Noch von der Geburt ziemlich mitgenommen und auch mit dem Säugling reichlich beschäftigt, war es wahrscheinlich nicht ihr Wunsch, in den ersten Mannheimer Monaten die körperliche Liebe mit dem Dichter anzustreben. Wie Charlotte von Stein war auch sie durch die Geburt traumatisiert und vorerst mehr an platonischer Liebe interessiert. Hinzu kam, dass der

Dichter ihr recht offenherzig von seinem Schwärmen für die Schauspielerin Katharina Baumann und seiner Liebelei mit Margarethe Schwan erzählt hatte. Klug wie sie war, besetzte sie daher lieber die Rolle der „hohen Frau", da konnte keine Schauspielerin und keine Verlegerstochter mit ihr konkurrieren. So kann „Charlotte ihm Modell stehen für die weiblichen Figuren im hohen Stil, die sein Drama verlangt; Figuren, die sich auszeichnen durch Seelengröße, wie die Königin Elisabeth, oder durch die Größe ihrer Leidenschaft, wie ihre Gegenspielerin, die Eboli."[13]

Noch wünschte sie sich den Dichter als Minnesänger, den sie bei der Gestaltung seiner Frauenfiguren zum edlen, klassischen hin beeinflussen konnte. Sie glaubte an sein Genie und nahm Anteil an seinen Ideen, aber sein Drama „Die Räuber" war ihr viel zu wild und ungezähmt. Sie wollte einen neuen Shakespeare aus ihm machen: „Lear – Cordelia – Kent! Welch eine Dreifalt der Verklärung. Wir genossen die Wonne der Wehmut, der Begeisterung."[14] Ihr war sehr wohl bewusst welchen Einfluss sie auf den Dichter ausübte, wenn es um die Charakterisierung der Frauengestalten im neuen Drama ging. Noch konnte er Kritik von ihrer Seite an seinen Werken ertragen und sie trotzdem lieben. Schillers Schwägerin berichtet uns später: „Frau von Kalb war die erste geistvolle und vielseitig ausgebildete Frau, mit der er in näherem Verhältnis stand, und er äußerte gegen uns, dass ihr Umgang während der Ausarbeitung des Don Carlos sehr belebend auf ihn gewirkt, ja dass sie zu einigen Zügen im Charakter der Königin Elisabeth die Veranlassung gegeben habe."[15]

Durch ihre früheren Kontakte mit der Meininger Fürstenfamilie war Charlotte von Kalb versiert im Umgang mit höfischen Gepflogenheiten. Entsprechend ihrer Rolle als „hoher Frau" und geistiger Mäzenatin verhalf sie Schiller zu einer Lesung aus seinem „Don Carlos". Sie hatte ihre Beziehungen genutzt und Schiller eine Audienz am Darmstädter Hof verschafft, als der Goethe-Freund und Literatur fördernde Herzog Carl August aus Weimar zu Besuch war. Ihr Kalkül ging auf. Angetan vom Genie Schillers verlieh der

Fürst dem 25-jährigen Dichter den Ehrentitel eines „Herzoglich-Sachsen-Weimarischen Rates". Es war der 26. Dezember, ein schönes Weihnachtsgeschenk, das Carl August Schiller mit auf den Weg zurück nach Mannheim gegeben hatte. Er freute sich ohne Zweifel über die Ehre, nur konnte er davon nicht seine drückenden Schulden bezahlen, denn der Titel brachte weder Amt noch Einkommen. Und über nennenswerte Summen Bargeld konnte Charlotte nicht verfügen, das wurde vom Schwager verwaltet.

Zurück in Mannheim holte der Alltag Schiller wieder ein, und auch Frau von Kalb konnte nicht immer die Königin spielen. Für ihre Haushaltsführung bat sie Christophine, die ihren Bruder ab und an besuchte, um Rat: „Ich wollte Sie fragen, ob Sie mir nicht eine treue, reinliche, fleißige Köchin zu empfehlen wüsste ... Ihre Geschäfte wären folgende. Sie hätte für vier Personen gewöhnlich zu kochen – müsste auf dem Markt einkaufen und mir alle Abend die Rechnung übergeben, oder wenn sie nicht schreiben kann, mir diktieren. Alles Eß- und Kochgeschirr rein zu halten, so auch, weil ich keine Hausmagd halte, den Vorplatz, Treppe und den Ofen im Winter heizen, da ich ziemlich frugal lebe, so ist der Arbeit wenig."[16]

Nach dieser Schilderung zu urteilen, führte Charlotte von Kalb wahrlich keinen königlichen Haushalt. Aber kaum sah sie Schiller, bekam jede Erzählung von Ereignissen eine hoheitsvolle Attitüde. Hier berichtet sie ihm von einem Besuch mit Frau von Dalberg im winterlichen Schwetzinger Park: „Wir eilten durch den breiten Gang der Buchenwände, daran falbes Laub, wie Blut gerötet, die hohen Statuen waren vom Abendnebel umschleiert und wie mit Wunden bedeckt durch das falbe Blatt. Dichte Schleier verhüllten die Gestalten, sie kamen mir vor wie Leichen, die ausgeblutet haben. Bei den Felsen weilten wir auf grauem Moos; verwelkt der Bäume und der Blumen Pracht, – und wie Melancholie sich oft auf die Leier stützt, so war das Haupt des Jünglings auf die Sphinx gebeugt, gleichsam fragend, warum so still? – Wo weilen die Sänger?"[17]

Sie spürte, dass dem Freund die Aufrechterhaltung der Distanz durch ihre Selbststilisierung mehr gefiel als ihr Wunsch nach wirklicher Nähe. Wahrscheinlich hat Schiller aus diesem Grund der Freundin von seinen Abreiseplänen nach Leipzig erst erzählt, als sie schon beschlossene Sache waren. All ihre Hoffnungen und Träume waren dahin, sie verlor ihre bisher gut gewahrte Contenance und machte ihm eine verzweifelte Szene, die er sofort abstrafte: „Wie sind Sie erregt! Eine solche Stimmung habe ich nie in Ihnen bemerkt, ich beneidete Ihnen die Ruhe, frei von wechselndem Affekt."[18] Eine emotional aufgewühlte Frau, das war zu viel für Schiller. Schleunigst ergriff er die Flucht, da er keine einzige Seele in Mannheim habe, die die Leere seines Herzens füllen könne. Arme Charlotte, wie oft hatte sie des Dichters Fantasie beflügelt und nun diese Abwehr von ihm. Schiller verließ im April 1785 Mannheim für immer.

Die Liebe in Weimar

 Charlotte von Kalb blieb zurück und tröstete sich gemeinsam mit dem 24-jährigen Witwer Heinrich Beck, der Schiller leidenschaftlich verehrte, über den Verlust des Freundes hinweg. Im gesellschaftlichen Umgang mit anderen Frauen zieht sie allerdings Vergleiche und stellt an sich „lästigen Schwersinn und trübe Befangenheit" fest. Ein zweites Kind konnte ihr wohl am ehesten die melancholische Verstimmung vertreiben. Ebenfalls im April, ein Jahr nach Schillers Abreise, schenkte sie einer Tochter namens Adelheid das Leben. Schon drei Wochen später verliert sie dieses Kind wieder. „Ich kenne diesen lange nicht zu besiegenden Schmerz", schrieb sie später in einem Kondolenzbrief an Goethe zum Verlust eines Säuglings.

Die Geburt hat ihren Umzug aus Mannheim verzögert. Der Schwager hatte sie genötigt, wegen der teureren Lebenshaltung in der Stadt in das Familiengut Kalbsrieth zu kommen. Schweren Herzens fügte sie sich, nachdem eine preiswertere Wohnung, die sie sich in Mannheim ausgesucht hatte, an einen anderen Mieter vergeben worden war. Fatalistisch wie Charlottes Grundhaltung war, fuhr sie nach Thüringen unter die beobachtenden Augen der Familienmitglieder. Manchmal konnte sie sich losreißen; so verbrachte sie ab Anfang 1787 einige Monate in Gotha und ließ sich ihr Augenleiden vom erst 24-jährigen, aber schon berühmten Arzt Wilhelm Hufeland behandeln. Von Geburt an hatte sie ein schwaches Augenlicht, das sich durch tage- und nächtelanges Lesen in Kalbsrieth verschlimmerte. Ausgerechnet der dortige Hofbeamte und Lustspieldichter Friedrich Wilhelm Gotter, der Schiller mit seiner Posse „Der schwarze Mann" auf der Mannheimer Bühne lächerlich gemacht hatte, machte Charlotte den Hof. Sie sahen sich fast täglich, und sie genoss seine amüsante Gesellschaft. Gotter war verheiratet, aber da sie nicht als Konkurrentin seiner Frau Luise auftrat, und nicht künstlerisch mit dem Mann konkurrieren musste, hielt sich die Freundschaft mit dem Ehepaar noch lange. Als Heinrich von Kalb nach Gotha kam, reagierte er eifersüchtig; schon wieder zog seine Frau ihm einen Dichter als Gesellschafter vor. Er hätte nicht viel Anlass gehabt, missgünstig auf Gotter zu sein, in Wahrheit wartete Charlotte auf Post von Schiller und auf ihn selbst. Im Jahr zuvor war sie schon einmal in Weimar gewesen und die besondere Atmosphäre der Stadt und des Hofes hatte sie angezogen. Nun hoffte sie, nachdem sie ihren Wohnsitz dorthin verlegte, den alten Freund durch die Dichter Wieland, Herder und Goethe nach Weimar locken zu können. Im Februar hatte er zwar zugesagt zu kommen, aber Charlotte konnte bei der Sprunghaftigkeit seiner Stimmungen nicht sicher sein, dass es dabei blieb.

In Weimar erhielt der Verleger Bertuch einen Brief aus Leipzig von seinem Kollegen Göschen, der ihm mitteilte: „Ich glaube nicht, daß Schiller Pläne auf weimarische Dienste macht. Er wird, glaube ich, eine Zeitlang bei Ihnen privatisieren. Mir kam es vor, als wenn ihn irgendeine Bekanntschaft dahin zöge."[1]

Am Abend des 21. Juli 1787 kam Schiller in Weimar an und nahm Quartier im Gasthof „Zum Erbprinzen". Viel hatte sich in der Stadt nicht verändert, seit Goethe vor fast zwölf Jahren gekommen war. Immer noch nur etwas mehr als 6000 Einwohner, die sich nachts mit der Laterne ihren Weg suchen mussten. Enge ungepflasterte Gassen, die bei Regen im Morast versanken. Das Schloss, durch den Brand 1774 nur noch als eine traurige Ruine wahrzunehmen, stand mittendrin und gemahnte die Besucher an vergänglichen Glanz. Der Hof, bis zum Wiederaufbau in andere Gebäude verlegt, bestimmte dennoch das Leben der Stadt, da der größte Teil der Einwohner von ihm abhing. Schiller war enttäuscht über das „Dorf", der geistige Ruf der ihm vorausging, hatte es in seiner Vorstellung zu einer glanzvollen Residenzstadt werden lassen. Auch ohne Glanz wird ihn die intellektuelle Atmosphäre des Ortes nicht mehr loslassen.

Charlotte von Kalb freute sich so sehr über die Ankunft des Freundes, dass sie fast krank darüber geworden war und ihre Befangenheit kaum verbergen konnte. Noch am Abend von Schillers Ankunft sahen sie sich. Der 3-jährige Fritz durfte den Gast noch begrüßen, bevor ihn das Hausmädchen zu Bett brachte. Zwei Tage später schrieb er an Körner: „Charlotte ist sich ganz gleich geblieben, bis auf wenige Spuren von Kränklichkeit, die der Paroxismus der Erwartung und des Wiedersehens für diesen Abend aber verlöschte und die ich erst heute bemerken kann. Sonderbar war es, daß ich mich schon in der ersten Stunde unsers Beisammenseins nicht anders fühlte als hätt ich sie erst gestern verlassen. So einheimisch war mir alles an ihr, so schnell knüpfte sich jeder zerrissene Faden unsers Umgangs wieder an … Charlotte ist eine große sonderbare weibliche Seele, ein wirkliches Studium für mich, die einem größeren Geist als der meinige ist, zu schaffen geben kann. Herr von Kalb und sein Bruder werden im September hier eintreffen und Charlotte hat alle Hoffnung, daß unsere Vereinigung im Oktober zustande kommen wird …"[2]

Anscheinend hat Charlotte ihren Gast gleich mit konkreten Vorschlägen für ihr zukünftiges Beisammensein instruiert. Schiller schien keineswegs schockiert. Sie dachte mehr an eine Scheidung von ihrem Mann, er mehr an eine ménage à trois wie es der Dichter August Bürger vorlebte, der mit zwei Schwestern liiert war. Wenn noch ein Ehemann die Beziehung zu Charlotte mittrug, konnte ihn das, was sie ihm „zu schaffen" gab nicht so sehr vereinnahmen. Denn davor hatte er Angst, dass eine Frau Forderungen und Ansprüche an seine Person und Seele stellte.

Den nächsten Tag verbrachte Schiller wieder bei Charlotte, die ihn gleich mit einigen Adligen bekannt machte. Aber schon am 23. Juli kam es zur ersehnten Begegnung mit dem etablierten Dichter Christoph Martin Wieland, der sich als Erster der drei Geistesgrößen in Weimar niedergelassen hatte. Zwei Stunden durfte Schiller bleiben, der mit seinen Werken zwar nicht den Geschmack Wielands traf, der aber trotzdem bereit war, den 28-Jährigen zu unterstützen. Er bot ihm die Mitarbeit an seiner Monatsschrift „Der Teutsche Merkur" an. Dies war ein Glücksfall für Schiller; er brachte ihm zwar nur geringe Einnahmen, aber die so wichtige Resonanz in der literarischen Welt. Bis zu Johann Gottfried Herder, dem zweiten Weimarer Geistestitan, schien der Ruhm Schillers noch nicht gedrungen zu sein. Als er ihn am dritten Tag nach seiner Ankunft besuchte, wurde er trotzdem freundlich aufgenommen, obwohl der Superintendent von Weimar und Privatgelehrte nichts von ihm wusste. Während des Gesprächs gewann Schiller den Eindruck, dass Herder anscheinend auch nichts von ihm gelesen hatte. Er stellte es fest, ohne verdrießlich zu werden und genoss die Unterhaltung, in der Herders Geist vor „Stärke und Feuer" sprühte. Charlotte, die viel Umgang mit Herder und seiner Familie pflegte, musste ihm bald den „Don Carlos" ausleihen. Nach dessen Lektüre ergriff er an der Tafel von Herzogin Louise laut für Schiller Partei. Was der Superintendent für Charlotte bedeutete, drückt sie mit folgenden Zeilen aus. „Lieber vortrefflicher Freund! Sie erteilen durch ihre Güte für mich meinem Dasein einen Wert, den ich sonst nicht kannte. Jetzo noch schätzt Ihr Geist die werdende Veredelung in mir, die Ihr Werk sein wird; denn die Tugend üben und glücklich sich fühlen unter edlen Menschen – beweist Fähigkeit zur Tugend."[3]

Nun hatte Schiller in der ersten Woche seines Aufenthaltes schon zwei der wichtigsten Dichter kennen gelernt. Diese persönliche Begegnung mit den zwei berühmten Männern hatte ausgereicht, Schillers Selbstwertgefühl entscheidend zu stärken. „Mich selbst zu würdigen habe ich den Eindruck müssen kennen lernen, den mein Genius auf den Geist mehrerer entschieden großer Menschen macht. Da ich diesen nun kenne und den Vereinigungspunkt ihrer verschiedenen Meinungen von mir ausfindig gemacht habe, so fehlt meinem Urteil von mir selbst nichts mehr. Um nun zu werden was ich soll und kann werd ich besser von mir denken lernen und aufhören mich in meiner eigenen Vorstellungsart zu erniedrigen."[4] Nun fehlte Schiller nur noch die Meinung Goethes. Um diese zu hören, musste er sich gedulden, der Weimarer Geheimrat war in Italien. Und Herzog Carl August, dem er sich in Erinnerung bringen wollte, war kurz zuvor nach Potsdam abgereist.

Einmal in Thüringen sollte Schiller auch die damals schon aufstrebende und berühmte Universität Jena und die Stadt kennen lernen. „Ich habe Dir also von Jena zu erzählen. Mit der Reinhold und Charlotte reiste ich dahin. Es ist drei Meilen von Weimar und der Weg dahin ist Chaussée aber eine traurige leere Landschaft. Nahe bei Jena belebt sich die Gegend und verspricht eine schönere Natur, die man dort auch findet. … Die Professoren sind in Jena fast unabhängige Leute und dürfen sich um keine Fürstlichkeit bekümmern. Diesen Vorzug hat Jena unter den Akademien voraus …"[5]

Vom 21.–26. August war Schiller Gast von Carl Leonard Reinhold, Philosophieprofessor in Jena und Schwiegersohn von Wieland. Seit dem Besuch beschäftigte er sich mit der Philosophie Kants und freundete sich mit dem Gedanken an, vielleicht selbst einmal Dozent an der Uni zu werden. Kaum zurück in Weimar, musste er wieder einen Termin wahrnehmen. Wieland, der sich der besonderen Gunst von Herzogin Anna Amalia sicher sein konnte, hatte wohl erreicht, dass Schiller gemeinsam mit ihm schon am 27. Juli nach Tiefurt in ihr Sommerschlösschen kommen durfte. Die Fürstin, die wesentlich dazu beigetragen hat, den Ruhm Weimars zu begründen, da sie Wieland als Prinzenerzieher in ihre Residenz geholt hatte, war natürlich an einem jungen aufstrebenden Talent interessiert. Schon am nächsten Tag war er noch einmal mit Charlotte von Kalb bei der Herzogin. Sie hat die „Galanterie" besessen, die beiden gemeinsam zu Konzert, Souper und Geplauder zu bitten, da sich ihr „Verhältnis" herumgesprochen hatte. Der Dichter und die Fürstin kamen sich nicht näher, sie schien seine Abneigung gegen das ihm oberflächlich erscheinende Hofleben gespürt zu haben.

Charlotte von Kalb blühte sichtlich auf im fast täglichen Umgang mit dem genialen Freund. Sie war heiter, gelöst und voller Hoffnung auf eine Zukunft mit Schiller. Sie besuchten gemeinsam die abendlichen Gesellschaften, nachmittäglichen Tees und zeigten sich als Paar in den öffentlichen Parkanlagen. Seelenfreundschaften neben der Ehe waren toleriert, sie gehörten im Adel und Großbürgertum zum „guten Ton". Den Geburtstag Goethes am 28. August 1787 feierten sie gemeinsam in seinem Gartenhaus. Der Hausherr war zwar nicht anwesend, aber sein Freund Carl Ludwig von Knebel, der es in Abwesenheit des Dichters bewohnte, hatte alles organisiert. „Die Gesellschaft bestand aus einigen hiesigen Damen, Voigts, Charlotten und mir. Herders beide Jungen waren auch dabei. Wir fraßen herzhaft, und auf Goethens Gesundheit wurde von mir in Rheinwein getrunken. Schwerlich vermutete er in Italien, dass er mich unter seinen Hausgästen habe; aber das Schicksal fügt die Dinge gar wunderbar. Nach dem Souper fanden wir den Garten illuminiert, und ein ziemlich erträgliches Feuerwerk machte den Beschluß."[6] Schillers Bericht klingt sehr nüchtern. War die laue Sommernacht, die er mit seiner Freundin dort verbrachte für ihn schon so wenig romantisch?

Wenige Tage später konnte er umziehen und sich häuslich einrichten. Die „Dame von Stand" Luise von Imhoff, die Schiller bei Charlotte kennen gelernt hatte, bot ihm eine Wohnung im Dachgeschoss ihres Hauses auf der Esplanade 18 an, was sein knapper Geldbeutel besser vertrug, als das teure Leben im Gasthof. „Nunmehr habe ich das Logis in Beschlag genommen, das Charlotte vorher gehabt hat. Es kostet mir das Vierteljahr mit den Möbles 17 und $^1/_2$ Taler: viel Geld für zwei Zimmer und eine Kammer. Einen Bedienten, der zur Not schreiben kann, habe ich für sechs Taler angenommen."[7] Den Luxus eines Dieners nahm Schiller im Grunde sehr missmutig an, er hat den Mann nur wegen Charlotte von Kalb eingestellt. Sie war der Meinung, dass ein Mann von Zelebrität nur mit Karte, die ein Diener beim Adel und den ersten Bürgern abgebe, seine Besuche machen könne.

Sie hat es gut gemeint, aber die Seelenlage des Bürgerlichen nicht richtig eingeschätzt. Er wollte zwar gern protegiert werden, aber nicht auf Kosten seines Stolzes. Bisher hatte er sich recht zahm in alles gefunden, was die Freundin ihm vorschlug und wie er sich unter Adligen verhalten sollte. Sein Widerstand begann sich allmählich zu regen, obwohl Charlotte von Kalb im Grunde nichts anderes tat als Charlotte von Stein bei Goethe getan hatte: den Mann erziehen. Aber Schiller wurde des höfischen Lebens schneller überdrüssig. „Dieser Tage habe ich in großer adliger Gesellschaft einen höchst langweiligen Spaziergang machen müssen. Das ist ein notwendiges Übel, in das mich mein Verhältnis mit Charlotten gestürzt hat – und wie viel flache Kreaturen kommen einem da vor. Die beste unter allen war Frau von Stein, eine Wahrhaft eigene interessante Person, und von der ich begreife, daß Goethe sich so ganz an sie attachiert hat."[8]

Auch Charlotte von Kalb war eine „eigene" Persönlichkeit, aber sich einer solchen selbst unterzuordnen, war etwas anderes als Frau von Stein zu bewundern. Das schöne reine Verhältnis bekam die ersten Risse. Die hoch sensible Frau spürte die emotionale Veränderung ihres Freundes und auch sein ungeniertes Ausschauhalten in andere Richtungen. Sie wurde reizbar und zerstreut, Schiller tat irritiert, er wisse nicht warum. Wieland, der nach Erscheinen des „Don Carlos" in Buchform im September eine wohlwollende Rezension schrieb, in der er eine „außerordentliche Erscheinung am literarischen Himmel" ankündigte, wollte seinen häufigen jungen Gast schonen und dem Verleger Göschen einen Gefallen tun. Die Familie Wielands gefiel Schiller außerordentlich, er war Vater von neun Kindern, die fast alle noch im Elternhaus lebten. Ein hausväterlicher Ton beherrschte die Atmosphäre. Bei seinem ersten Besuch war er „durch ein Gedränge kleiner und immer kleinerer Kreaturen von lieben Kinderchen" zu ihm gelangt.

Schiller begann sich eine Frau „brav wie Gold" zu wünschen, wie er die genügsame und nachgiebige Anna Dorothea Wieland im Kreis ihrer Kinder erlebte. Die Lotte mit ihren vielen Geschwistern in Goethes „Die Leiden des jungen Werther" fiel ihm bei diesem häuslichen Anblick ein, und er sehnte sich sofort ein derart idealisiertes Wesen herbei. Gelang dies nicht, würde er sich natürlich niemals erschießen, aber nach einer solchen Frau zu suchen war für ihn legitim. Er dachte wohl, wie die Mutter so auch die Tochter und begann, ein Auge auf die 17-jährige Maria Carolina Friederica zu werfen. „Ich glaube, Wieland kennt mich noch wenig genug, um mir seinen Liebling, seine zweite Tochter nicht abzuschlagen, selbst jetzt nicht, da ich nichts habe. Bei einer ewigen Verbindung, die ich eingehen soll, darf Leidenschaft nicht sein, und darum habe ich bei diesem Fall schon verweilt. Ich kenne weder das Mädchen, noch weniger fühle ich einen Grad von Liebe, weder Sinnlichkeit noch Platonismus – aber die innigste Gewißheit, dass es ein gutes Wesen ist, daß es tief und sich innig attachieren kann, mit der Rücksicht zugleich, daß sie zu einer Frau ganz vortrefflich erzogen ist, äußerst wenig Bedürfnisse und unendlich viel Wirtschaftlichkeit hat."[9] Vater Caspar Schiller wäre begeistert gewesen von der pragmatischen Meinung seines Sohnes, wie eine Frau beschaffen sein soll. Dem jungen Mädchen zuliebe möchte man ausrufen: Gott sei Dank war sie noch einmal davongekommen von Schiller zur „ewigen Verbindung" als liebende Hauswirtschafterin verdammt zu sein. Vielleicht hat die amüsante Bekanntschaft der Sängerin Corona Schröter dazu beigetragen, ihn von seinem allzu prosaischen Heiratsplan abzubringen.

Da Schiller abends gerne ausging, trat er der gerade neu gegründeten Mittwochsgesellschaft nicht adliger Damen und Herren bei. Hier lernte er die 36-jährige Sängerin kennen, in die sich schon Gottfried Körner ehemals in Leipzig verliebt hatte. Als er seinem Freund von der Bekanntschaft schrieb, berichtete er ihm von den „Trümmern ihres Gesichts" und anderen abfälligen Bemerkungen zu ihrer Person, um Körners Frau Minna nicht eifersüchtig zu machen. In Wahrheit fand Schiller Corona äußerst liebenswert, die es verstanden hatte, sich in Weimar von allen großen Männern verehren, aber nicht ausnutzen zu lassen. Jetzt war sie die umschwärmte Zierde der exklusiven bürgerlichen Vereinigung und Schiller eine liebe Freundin geworden. „Ich habe jetzt, eine Whistpartie mir geschaffen, welche auch für diese Mittwochsgesellschaft beisammen ist. Diese besteht aus den Mlle. Schmidt und Schröder, dem Kammerrath Riedel, dem Hofmedicus Hufeland und mir. Du wirst gestehen, daß ich auch für die Augen dabei gesorgt habe. Mit der Schröder bin ich auf dem charmantesten Fuße; sie hat mir neulich ihre Lieder zum Präsent gemacht und ich ihr den Carlos. Sie hat für mich das Gute, daß sie natürlich ist."[10] Der Kontakt wurde auch auf den privaten Umgang und zu Charlotte von Kalb ausgedehnt, die später eine enge Freundin von Corona wurde. Jetzt jedoch war sie eine der „behaglichsten Bekanntschaften" der beiden. „Die Schröder hat Charlotten und mir die Iphigenia nach Goethes erstem Manuskript, wie es hier gespielt wurde, vorgelesen. Die Schröder liest gut, sehr gut, ... Als ich sie lesen sah und hörte, wurde die Erinnerung jener Zeit in mir lebendig, wo sie dasselbe in ihrer Blüthe gethan haben soll. Sie war mir dadurch interessanter; das kannst Du leicht denken. Wir sehen einander sehr oft, fast drei- bis viermal die Woche."[11]

Das andere Fräulein, das von Schiller im Mittwochskreis beäugelt wurde war Caroline Schmidt, die Tochter des Geheimrats und Kanzlers der Weimarer Landesregierung. Sie wäre eine gute Partie, wie es ihm Freund Körner geraten hatte, eine solche zu suchen. Mehrmals war er Gast im Haus von Johann Christoph Schmidt, der anscheinend nichts gegen eine Verbindung des Dichters mit seiner Tochter gehabt hätte. Es wurde ausgiebig Karten gespielt, anschließend soupiert und erst gegen Mitternacht ging man auseinander. Aber Caroline war eben nur eine gute Partie, „sonst nichts", dies allein reizte den Dichter nicht. Außerdem raubten die vielen Gesellschaften Schiller die Zeit zum Lesen der Unterlagen und Bücher zu seiner „Geschichte des Abfalls der Niederlande", mit der er eine Professur in Jena erreichen wollte. Sein Arbeitspensum lief auf Hochtouren, und seine Beziehung zu Charlotte von Kalb war auf Sparflamme geschaltet. Sein Brief an den Dresdner Freund Ferdinand Huber Anfang Oktober ist ein einziger Ausdruck von Frustration. „Das verfluchte Geld! ... zu Ende des Monats muß ich Geld haben, weil ich da ganz auf dem Sande bin; ... Auch das kann Dir beweisen, wie wenig ich jetzt auf Heimreise denken kann. Hier habe ich viele Bekannte, worunter auch recht viele brave Menschen sind – aber kein Freund den ich lieben könnte. Ein weiblicher Freund ist keiner. Ich bin ganz isoliert. Laß diesen Brief niemand lesen."[12]

So rasant wie sich Schiller zu himmelhoch jauchzender Stimmung aufschwingen konnte, so schnell war sein Stimmungsbarometer wieder zu Tode betrübt. Charlotte von Kalb litt ausdauernder unter den Spannungen mit dem Freund. Ihr Mann Heinrich kam erst im November nach Weimar, aber die emotionale Verwicklung seiner Frau mit Schiller konnte er nicht klären. Der Dichter ging auf Distanz. Er nahm sich eine neue Wohnung am Frauentor unter dem Vorwand, dass sie preiswerter und dem Domizil Goethes näher sei. Wahrscheinlicher ist, dass er versuchte, dem Sichtfeld der Luise von Imhoff zu entkommen, einer sehr guten Freundin der Kalb. Schiller konnte in ihrem Haus nie sicher sein, dass über jeden seiner Schritte berichtet wurde. Luise war eine Schwester der Charlotte von Stein und in ihrer Ehe noch unglücklicher als diese. Waren die drei Damen beieinander, werden die Männer im Allgemeinen und ihre Ehen im Besonderen das Gesprächsthema schlechthin gewesen sein. Möglich, dass hier Charlotte von Kalbs Plan sich scheiden zu lassen, Gestalt annahm.

Im Moment drängte es Schiller allerdings zu dem seiner Schwester Christophine versprochenen Besuch in Meiningen und nach Bauerbach zur Familie von Wolzogen. Dort hat er Wilhelm gratuliert und ihn nach Weimar eingeladen. Der Freund nahm an, jedoch wollte er unterwegs seine „superklugen Cousinen" in Rudolstadt besuchen. Es war Schiller recht. Denn vor drei Jahren in Mannheim hatten ihn die Schwestern auf der Rückreise aus der Schweiz besuchen wollen und ihn nur noch zum Abschiednehmen angetroffen. Nun, am 6. Dezember 1787 ritten zwei Männer in winterliche Mäntel gehüllt die Dorfstraße hinunter und hielten vor dem Haus der Familie von Lengefeld. Schiller sah diesmal seine dritte Charlotte etwas länger, was die Distanz zur zweiten endgültig besiegelte. Nach dem emotionalen Desaster, das ihm in Dresden widerfahren war, hatte er sich ursprünglich in Charlotte von Kalbs Arme geflüchtet. Nun zog der Minnesänger weiter und stimmte seine Laute für eine andere.

„Ein jeder Sänger, dessen Leier
In Waldeseinsamkeit ertönt,
Trifft seine Muse, die ihn freier
Bald mit der ganzen Welt versöhnt."[13]

Huldigung an eine Freundschaft

Anfang Dezember 1784, als in Mannheim Wünsche und Wirklichkeit in schier unerträglicher Weise auseinander klafften, erinnerte sich Schiller an ein Päckchen das sieben Monate zuvor bei ihm abgegeben worden war. Er hatte es damals mit Freude aus den Händen eines Mitarbeiters der Schwanschen Buchhandlung entgegengenommen, der gerade von der Leipziger Buchmesse zurückgekehrt war. Völlig überrascht öffnete er das Präsent und fand eine wunderschön gestickte Brieftasche darin sowie vier Porträts von zwei unbekannten Frauen und zwei ihm auch fremden Männern.

An den Bildnissen sah Schiller sogleich, dass sie ungefähr in seinem Alter waren. Der beigefügte Huldigungsbrief offenbarte ihm, dass Verehrer seiner Dichtung ihn erfreuen wollten. Schillers Stimmung hob sich sofort, und seine Selbstzweifel, die er an seiner Berufung als Dichter damals hegte, verschwanden. Nachdem er seine Verblüffung einigermaßen überwunden hatte, berichtete er Henriette von Wolzogen Anfang Juni über den unverhofften Segen, der ihm da ins Haus gekommen war: „Vor einigen Tagen widerfährt mir die herrlichste Überraschung von der Welt. Ich bekomme Pakete aus Leipzig, und finde von vier ganz fremden Personen Briefe, voll Wärme und Leidenschaft für mich und meine Schriften. Zwei Frauenzimmer, sehr schöne Gesichter waren darunter. Die eine hatte mir eine kostbare Brieftasche gestickt ... die andere hatte sich und die drei Personen gezeichnet, und alle Zeichner in Mannheim wundern sich über die Kunst. Ein dritter hatte ein Lied aus meinen Räubern in Musik gesetzt, um etwas zu tun, das mir angenehm wäre."[1] Nur bedankt hat sich Schiller nicht, er war wieder in so schlechter Laune, dass er auf eine „gute Stunde" für seine Antwort warten wollte. Die kam, wie zu erwarten, leider nicht.

Jetzt im Dezember suchte er fieberhaft zwischen Papierstapeln und Büchern nach diesem Brief. Eine Einladung in eine andere Stadt könnte die Rettung sein, nur weg von Mannheim. Fast schon in Panik, dass er etwas Unwiederbringliches versäumt habe, fand sich endlich das Schriftstück des anonymen Absenders und Schiller las noch einmal: „Zu einer Zeit, da die Kunst sich immer mehr zur feilen Sklavin reicher und mächtiger Wollüstlinge herabwürdigt, tut es wohl, wenn ein großer Mann auftritt und zeigt, was der Mensch auch jetzt noch vermag. Der bessere Teil der Menschheit, den seines Zeitalters ekelte, der im Gewühl ausgearteter Geschöpfe nach Größe schmachtete, löscht seinen Durst, fühlt sich in Schwung, der ihn über seine Zeitgenossen erhebt, und Stärkung auf der mühevollen Laufbahn nach einem würdigen Ziele. Dann möchte er gern seinem Wohltäter die Hand drücken ihm in seinen Augen die Tränen der Begeisterung sehen lassen – daß er auch ihn stärkte, wenn ihn etwa der Zweifel müde machte: ob seine Zeitgenossen wert wären, daß er für sie arbeite."[2]

Schiller war von neuem fasziniert, hier berührte jemand seinen innersten Glauben an eine bessere Menschheit. Unverzüglich machte er sich auf den Weg zu Schwan, um zu erfahren wer die Absender waren: Christian Gottfried Körner, Oberkonsistorialrat in Dresden, er hatte das Lied der Amalia aus den „Räubern" vertont und auch den Huldigungsbrief geschrieben; der Schriftsteller Ludwig Ferdinand Huber sowie zwei Schwestern, Anna Maria (Minna) und Dorothea (Dora) Stock, die mit den beiden Freunden verlobt waren. Am 7. Dezember ging ein mehrere Seiten langer Brief aus Mannheim an Ludwig Ferdinand Huber auf den Weg. Mit der ihm eigenen Beredsamkeit und Überzeugungskraft gelang es Schiller, die Freunde um Verzeihung zu bitten und ihnen die verständliche Enttäuschung über das lange Stillschweigen zu nehmen. Hier einige Zeilen des genialen Schmeichlers:

„Nimmermehr können sie mirs verzeihen, meine Wertesten, daß ich auf ihre freundschaftlichen Briefe, auf Briefe, die so viel

Christian Gottfried Körner

Minna Stock

Ludwig Ferdinand Huber

Dora Stock

Die vier Miniaturporträts wurden alle von Dora Stock, einer ausgebildeten Malerin, gezeichnet

Enthusiasmus und Wohlwollen gegen mich atmeten und von den schätzbarsten Zeichen ihrer Güte begleitet waren, sieben Monate schweigen konnte. Aber erlauben Sie mir nur einige Worte – nicht um diese unerhörte Nachlässigkeit zu entschuldigen, nur sie Ihnen einigermaßen begreiflich zu machen. Wie mussten Sie sich einer Tat reuen lassen, die Sie an den Undankbarsten auf dem Erdboden verschwendeten! Wenn ich Ihnen bekenne, daß Ihre Briefe und Geschenke das Angenehmste waren, was mir – vor und nach – in der ganzen Zeit meiner Schriftstellerei widerfahren ist, ... doch könnt es kommen, daß ich auf der Jubilate-Messe Leipzig besuchte. Welch süße Momente, wenn ich Sie da treffe und Ihre wirkliche Gegenwart auch sogar die geringste Freudenerinnerung an Ihre Bilder verdunkelt! – Minna und Dora werden es wohl geschehen lassen müssen, wenn sie mich bei meinen neuern poetischen Idealen über einem kleinen Diebstahl an ihren Umrissen ertappen sollten."[3]

Vier Wochen später, als auch der Titel von Herzog Carl August Wunsch und Wirklichkeit in Schillers Leben nicht hatte zusammenbringen können, kam die lang ersehnte Antwort aus Leipzig. Wie zu erwarten, hatte das Quartett ihm verziehen. Ludwig Ferdinand Huber schrieb am 7. Januar 1785: „Aber alle kleinen und wirklich sehr seltenen Anwandlungen des Verdrusses, die bei uns unter der Zeit aufgestiegen sein können, sind durch Ihren Brief, durch einen Brief dessen Wärme und Herzlichkeit so belohnend ist, vollkommen getilgt und lassen auch keine Spur zurück." Seine Verlobte Dora Stock fügte noch Zeilen hinzu, die ganz im Sinne Schillers ausfielen. „Wenn unsere Briefe Ihnen eine Stunde angenehm aufgehellt haben, dann sollen gewiß die Tage Ihres Aufenthaltes durch unsere gemeinschaftlichen Bemühungen Ihnen nicht unangenehm verstreichen."[4]

Vier Tage darauf traf auch ein Brief von Körner ein, der das Freundschaftsangebot seines Gefährten und deren Verlobten nur bestätigte. Sie wollten den Dichter einladen, damit sie sich kennen lernten. Schiller begann sein Antwortschreiben an Körner am 10. Februar und ließ es bis zum 22. des Monats zu einem „kolossalischen" Brief anwachsen, in dem er sich alles vom Herzen schrieb, was ihn bisher bewegt hatte. Bis hin zu der Bemerkung, dass er unter den Mädchen in Mannheim eine Minna und Dora gesucht habe, aber dieser Himmelsstrich sich nicht auf solche Gesichter verstünde. Am Ende des Briefes stimmt er die neuen Freunde auf seinen Besuch ein: „Wie unaussprechlich viele Seligkeiten verspreche ich mir bei Ihnen, und wie sehr soll es mich beschäftigen, Ihrer Liebe, Ihrer Freundschaft, und wo möglich Ihres Enthusiasmus für mich wert zu bleiben. Sobald Sie entschlossen sind mich aufzunehmen (oder abzuweisen?) schreiben Sie mir. Ich bin immer der gewinnende Teil ...“[5]

Nun ging die ausführlichste Korrespondenz zwischen Leipzig und Mannheim hin und her. Freundschaftsbekundungen wechselten sich ab mit Herausgebersorgen um seine „Rheinische Thalia", und auch eine Bitte um Vorschuss hat Schiller nicht gescheut. Ebenso wenig den Wunsch, wie sein Domizil beschaffen sein sollte. Nicht allein wolle er wohnen, nicht auf einen Friedhof sehen müssen, nicht im Dachgeschoss und nicht im Parterre. Er brauche ein Schlafzimmer, das als Schreibzimmer zu benutzen wäre und ein Besuchszimmer. Sein „notwendiges" Mobiliar wären eine gute Kommode, ein Schreibtisch, ein Bett, ein Sofa, ein Tisch und einige Sessel. Alles hätte seine Richtigkeit, wenn die Freunde noch Leute fänden, die sich seiner „kleinen Wirtschaft annähmen. Nichts konnte die Freunde abschrecken, auch nicht die „Zumutungen" des Dichters; sie luden ihn nach Leipzig ein. Ihre uneingeschränkte Solidarität mit einem mittellosen Genie bescherte Schiller wohl die zwei sorglosesten Jahre seines Lebens. „Sie bewegten den mit ihnen befreundeten Leipziger Verleger Georg Joachim Göschen, den Verlag der „Rheinischen Thalia" zu übernehmen, um Schiller eine Einnahmequelle zu verschaffen. Körner tat ein übriges: Er stellte Göschen 300 Taler aus seinem Vermögen zur Verfügung und bat diesen, um den Dichter nicht zu kränken, die Summe in seinem, Göschens Namen, Schiller als Vorschuss auf die „Thalia" zu übersenden."[6] Dieses Geld kam im März in Mannheim an, damit konnte er die dringendsten Schulden bezahlen und seine neuntägige Reise vorbereiten. Den letzten Abend in Mannheim hat Schiller mit seinem treuen Freund Streicher verbracht, den er nie mehr wiedersah.

Am Morgen des 9. April verließ er die Stadt seiner ersten Bühnenerfolge und war am 17. April 1785 in Leipzig. Zwanzig Jahre zuvor war Goethe begeistert von der „grünen Stadt", schwärmte von ihren Alleen, Parks und Gärten als käme er in die „Elysischen Felder". Schiller aber war kein Student mehr, wie der damals kaum 17-jährige Goethe; bei dem 26-jährigen Schwaben ging es um „Sein oder Nichtsein" der Existenz. Diese zu sichern war schwierig genug. Das literarische Leipzig war noch von Johann Christoph Gottsched geprägt, der die Regelmäßigkeit der französischen Literatur zum Maßstab erklärt hatte. Neuere, wie z.B. die weniger stringente Dichtung Shakespeares wurde nicht beachtet, erst recht nicht die Dramen Schillers. Von der Randale einiger junger Leute einmal abgesehen, die sich vor Begeisterung wie „Räuber" aus Schillers Stück aufführten, was die etablierten Literaturliebhaber mehr abschreckte als erfreute. Aber von diesen Schwierigkeiten sollte der Ankömmling vorerst nichts spüren, die Freunde wollten für ihn sorgen. Am Abend kam er in die vom Trubel der Ostermesse erfüllte Stadt und fand im Gasthof „Zum Blauen Engel" noch ein Quartier.

Die Reise hatte zwei Tage länger gedauert als geplant. Schnee, Regen und aufgeweichte Wege, die zwei zusätzliche Kutschpferde notwendig gemacht hatten, belasteten sogleich sein ohnehin schmales Budget. Sollte er sich heute schon zum Essen einladen lassen? Das Zimmer im Gasthof hatte zum Glück einen Tisch. Schiller setzte seine Reisetasche ab, zog den Stuhl heran und schrieb an Huber: „Endlich bin ich hier. Wenige Augenblicke noch, mein Bester, und ich eile in Ihre Arme. …Verschweigen Sie, mir zu lieb, unsern Mädchen, daß ich hier bin. Wir wollen erst einen kleinen Betrug miteinander verabreden. Dem Überbringer dieses Billetts bestimmen Sie die Zeit, wann Sie für mich zu Hause sein wollen."[7] Kaum hatte Huber die Zeilen erhalten eilte er in den Gasthof und nahm seinen Schützling in Empfang. Im zur Messezeit teuren Leipzig besorgte er dem neuen Freund ein preiswerteres Zimmer in der Hainstraße, im „Gasthaus zum kleinen

Joachimsthal" in dem auch Sophie Albrecht logierte. Schiller zog am Montagmorgen in das neue Domizil und war hocherfreut seine Frankfurter Liebelei zu sehen, vermittelte sie doch das Gefühl, nicht nur unter fremden Menschen zu sein. Der „kleine Betrug" wird wohl gewesen sein, dass sich Schiller erst von den Reisestrapazen erholen wollte, ehe er die Schwestern Stock traf. Sie warteten im „Silbernen Bären" auf Huber, der den Dichter mitbrachte. Als sie Huber an ihren Tisch kommen sahen, dachten sie, er komme alleine. Oder sollte die unscheinbare Gestalt hinter ihm wirklich der berühmte Dichter der Räuber sein? Sie erwarteten im „Wesen und Anzug" einen Karl Moor, mit klirrendem Schleppsäbel, Kanonenstiefel mit Pfundssporen, dem der Duft der böhmischen Wälder anhaftet. Obwohl Schiller die Freunde schon vorher gewarnt hatte vor dem „magischen Nebel", in den gewöhnlich Schriftsteller gehüllt werden, war die Verblüffung bei seinem Anblick groß. „Wie sehr waren wir überrascht, als uns Huber einen blonden, blauäugigen, schüchternen jungen Mann vorstellte, dem die Tränen in den Augen standen und der kaum wagte uns anzureden. Doch schon bei diesem ersten Besuch legte sich die Befangenheit, und er konnte uns nicht oft genug wiederholen, wie dankbar er es anerkenne, daß wir ihn zum glücklichsten Menschen unter der Sonne gemacht hätten."[8]

Körner, der bald heiraten wollte, war wegen seiner neuen Stellung im Konsistorium in Dresden und hatte die Sorge für Schiller seinen Freunden Huber und Göschen übertragen. Die Zeit wurde dem Dichter nicht lang, schon in der ersten Woche lernte er den Komponisten Johann Adam Hiller, den Maler Adam Friedrich Oeser und den Dichter Christian Felix Weiße kennen, alles Persönlichkeiten, die schon der junge Goethe während seiner Studienzeit kennen gelernt hatte. Beliebtester Treffpunkt der Leipziger Künstler und Literaten war „Richters Kaffeehaus", das auch für Schiller zum Ort der „angenehmsten Erholung" wurde, weil sich die halbe Welt dort traf. Hier konnte er seiner abendlichen Lust zum Ausgehen frönen und den Kreis seiner Bekanntschaften erweitern. Der Messetrubel ging zu Ende und die Stadt fand wieder zu ihrem normalen Rhythmus zurück, das hieß, dass viele Familien Anfang Mai ihren Sommeraufenthalt in der Umgebung planten. So auch der Verehrerkreis von Schiller, der in das Örtchen Gohlis zog, um die Baumblüte der kommenden Sommertage zu genießen.

Schiller mietete zwei kleine Dachstübchen im Haus des Gutsbesitzers Johann Christoph Schneider, die er gelegentlich mit Göschen teilte, wenn dieser seine Geschäfte in Leipzig erledigt hatte und seine Freizeit auf dem Land verbringen konnte. Das Landleben ist anscheinend etwas für Frühaufsteher. Ob ihn nun die Hähne mit ihrem Krähen weckten oder die hungrigen Kühe auf der Weide, Schiller stand schon im Morgengrauen auf und spazierte im Schlafrock durch die Felder. Manchmal gefolgt vom 12-jährigen Sohn seines Zimmerwirtes, der ihm eine Wasserflasche und ein Glas hinterher tragen musste. Gegen sechs Uhr war seine kontemplative Wanderung meist beendet. Er ging zurück und der noch unausgeschlafene Göschen musste sich am frühen Morgen die gewichtigen Ideen seines Zimmergenossen anhören, worüber sie zuweilen in Streit gerieten. Danach ging Schiller häufig in die Holunderlaube des Ortsrichters, um seine Gedanken niederzuschreiben. Er wollte nun endlich seinen „Don Carlos" beenden, seinen Bildungsstand durch die Lektüre philosophischer und geschichtlicher Werke erweitern sowie seine wirtschaftliche Lage sichern. Göschen wollte in der Funktion als Verleger den Freund zum Autor gewinnen, nur brachte sein Angebot für den Dichter kaum Verdienst. Für die abendliche Kurzweil in Gohlis stellte das Ehepaar Albrecht, das ebenfalls aufs Land gezogen war, seine geräumige Wohnung zur Verfügung, die bald ein Sammelplatz des Freundeskreises wurde. Der Schriftsteller Karl Philipp Moritz, einst ein vehementer Kritiker von Schillers „Kabale und Liebe", das er ein Produkt voll „ekelhafter Wiederholungen und gotteslästerlicher Ausdrücke" nannte, versöhnte sich bei einem Besuch in diesem Kreis von Intellektuellen mit Schiller. Beim Abschied versprachen sie sich „ewige Freundschaft".

Kurz zuvor war es endlich zur persönlichen Begegnung mit Körner gekommen. In Begleitung von Huber und Göschen machte sich Schiller auf den Weg in den Kreis Borna. Zwischen Leipzig und Dresden auf dem Rittergut Kahnsdorf, das einem Verwandten von Körner gehörte, trafen sie sich am 1. Juli 1785. Inmitten der vielen Bewohner und Besucher blieb nicht viel Raum für ein vertrauliches Gespräch unter vier Augen. Dennoch schrieb Schiller zwei Tage später voller Enthusiasmus an seinen Gönner: „O, mein Freund. Nur unserer innigen Verkettung, ich muß sie noch einmal so nennen, unserer heiligen Freundschaft allein war es vorbehalten, uns groß und gut und glücklich zu machen. Die gütige Vorsehung, die meine leisesten Wünsche hörte, hat mich Dir in die Arme geführt, und ich hoffe, auch Dich mir. Ohne mich selbst sollst Du eben so wenig Deine Glückseligkeit vollendet sehen können, als ich die meinige ohne Dich."[9]

Schiller feierte die „wahre Freundschaft" und entwarf seine berühmte Ode „An die Freude" in Gohlis. Körner bat darum, ihn für ein Jahr aus der Notwendigkeit des Brotverdienens befreien zu dürfen, was der Dichter mit „Freimütigkeit und Freude" annahm. Körner war im Januar Erbe eines beträchtlichen Vermögens geworden und sah sich in Stand gesetzt, dem Freund zu helfen und seine langjährige Verlobte zu heiraten. Zu Lebzeiten waren seine Eltern gegen diese Verbindung, und Minna hatte viele Jahre Geduld aufbringen müssen ihr Eheziel zu erreichen. Minna Stock, die Tochter des Kupferstechers und Goethelehrers Johann Michael Stock, wurde gut vier Wochen nach dem Treffen der Freunde von Körner zum Traualtar geführt. Schiller widmete ihnen zur Hochzeit eine kleine allegorische Prosadichtung, in der es um den Rangstreit zwischen Tugend, Liebe und Freundschaft geht und schenkte dem Paar noch zwei urnenförmige Vasen. „Sehnsucht, sich nie von dem lieben Wesen zu scheiden, das einst unserm Herzen so teuer war, hat die Urnen erfunden. Sie erinnern an ewige Dauer, darum seien sie heute das Symbol Eurer Liebe und unsrer Vereinigung."[10] Das Fest war in Leipzig, und wenige Tage später reisten die frisch Vermählten nach Dresden in die schon eingerichtete Wohnung. Schiller und Huber begleiteten das junge Glück zu Pferd bis Hubertusburg. Vielleicht hatten die Freunde in einem Wirtshaus unterwegs Rast gemacht und Schiller zu viel dem Wein zugesprochen? Auf dem Rückritt fiel er vom Ross und verletzte sich die Hand. Vier Wochen hat ihn dieser Unfall vom Schreiben abgehalten und sein bisheriges Stimmungshoch in ein jammervolles Tief verwandelt: „Mein bisheriges Dasein in Gohlis war einsiedlerisch, traurig und leer. Die Natur selbst war nicht mehr schön – düstere, feindselige Herbsttage mußten sich mit Eurem Abschied verschwören, mir den Aufenthalt hier schmerzlicher und schwerer zu machen. Was soll ich denn auch hier? Die ganze Gegend da herum liegt da wie ein angeputzter Leichnam auf dem Paradebette – die Seele ist dahin. Hubers Angelegenheit verzögert sich allzu sehr für meine Wünsche, ich kann es unmöglich mehr abwarten. Ich muß zu Euch"[11]. Ohne die Freunde war ihm selbst das nahegelegene Gohliser Schlösschen verwaist, in dem er häufig zu Gast war. Am 11. September früh um vier saß er schon in der Extrapost auf dem Weg nach Dresden.

Minna und Dora Stock

Gegen Mitternacht rollte die Kutsche mit dem Reisenden Schiller über die Augustusbrücke, dann durch das Weiße Tor in die kursächsische Residenz, Richtung Altstadt ein und hielt vor dem Gasthof „Zum Goldenen Engel". Er musste hier erst einmal Quartier nehmen, denn Körner noch in der Nacht zu wecken, das ging nicht an. Er schickte aber sogleich eines der üblichen Billette, das die Freunde schon am Morgen in ihrer Wohnung in der Nähe des Neustädter Marktes erreichte. Der Bursche Körners überbrachte ihm umgehend die Grüße von den „Weibern". Schiller ließ sich wegen des entsetzlichen Regens, der die Straßen hatte morastig werden lassen, sofort in einer Portechaise hintragen. Der Junggeselle war begeistert vom gemütlichen Ambiente der Zimmer und der Aussicht über die Elbe. Das Wiedersehen mit Körner, Minna und Dora wurde bei einem Mittagessen mit „gutem Rheinwein" gefeiert. Huber war noch in Leipzig, wo er hoffte eine Anstellung zu finden, um seine Dora heiraten zu können. Körner, der auch von Dresden aus ein erreichbares Sommerdomizil haben wollte, hatte noch vor seiner Hochzeit ein Weinberggrundstück in Loschwitz gekauft.

Am Fuß des Berges lag ein Wohnhaus, das sich für diesen Zweck gut eignete. Noch am Nachmittag brachen alle dorthin auf, um die letzten schönen Herbstwochen zu genießen. Nach der Ankunft packten Dora und Minna alles Notwendige aus und beschäftigten sich im Haus, während Körner und Schiller ihrer „angemessenen Arbeitsteilung" nachgingen und „philosophische Gespräche" führten. Minna Körner richtete für den Freund „zu ebener Erde die Presskammer zur Wohnstube ein mit grünseidenen Vorhängen, einem Schreibtisch, ... einem Großvaterstuhle und dem Bette; ein Ofen war darin nicht vorhanden. Nur ein schmaler Gang trennte sein Zimmer von der

Waschküche, dem Winzerstübchen und dem Kuhstalle, in welchem zwei Kühe standen."[1]

Die Frau des Hauses versuchte alles, es dem Dichter so wohnlich wie möglich zu machen. Sie hatte am nächsten Morgen den Frühstückstisch im Garten unter dem Nussbaum gedeckt, und die Sonne ließ das zum ersten Mal aufgelegte Damasttuch glitzern. Schiller brachte einen Toast auf die Gesundheit und ein frohes Zusammenleben aus und stieß so heftig mit ihr an, dass das Glas zersprang und der Rotwein sich zu ihrem Schreck über die weiße Tischdecke ergoss. Der Fleck war schnell vergessen, die enthusiastische Stimmung Schillers hatte alle angesteckt, der ausrief: „Eine Libation für die Götter! Gießen wir unsere Gläser aus. Keine Trennung! Keiner allein! Sei uns ein gemeinsamer Untergang beschieden!"[2], während er alle Gläser über die Gartenmauer warf, wo sie auf dem Steinpflaster zerschellten. Die sparsame Minna kaufte allerdings für ähnliche Stimmungen vier kleine silberne Trinkbecher, die ohne zu Bruch zu gehen über die Schulter geworfen werden konnten. Seinen Hang für dramatische Situationen lebte Schiller auch auf der Elbe aus; er liebte es, bei Gewitter in einer Gondel den Strom hinabzufahren und in den aufgewühlten Fluss zu schauen. Seiner damaligen Vorliebe für Derbes mag die Bekanntschaft der handfesten Justine Segedin entgegengekommen sein. Er hatte die Frau, die weit herumgekommen war, bei seinen häufigen Ausflügen nach Blasewitz kennen gelernt. Später wurde sie die literarische Vorlage seiner Marketenderin Gustel von Blasewitz in seinem Drama „Wallensteins Lager".

> *„Lag mit dem Friedländer vor Stralsund,*
> *Ging mir dorten die Wirthschaft zu Grund.*
> *Zog mit dem Succurs vor Mantua,*
> *Kam wieder heraus mit dem Feria,*
> *Und mit einem spanischen Regiment*
> *Hab' ich einen Abstecher gemacht nach Gent.*

Jetzt will ich's im böhmischen Land probiren,
Alte Schulden eincassieren –
Ob mir der Fürst hilft zu meinem Geld.
Und das dort ist mein Marketender-Zelt. "³

Schiller, der bei den Freunden in Loschwitz so nah an der Waschküche einquartiert war, hatte einmal sehr unter der Örtlichkeit zu leiden. Als Körners zu einer Landpartie eingeladen waren, blieb er zurück, um ungestört an seinem „Don Carlos" arbeiten zu können. Aber er hatte nicht mit dem Aufwand gerechnet, den eine große Wäsche, die während der Abwesenheit der Hausfrau veranstaltet wurde, verursacht. Anstelle „großer Dichtung" gelang ihm „nur" ein humorvolles Gelegenheitsgedicht:

„Unterthänigstes Promemoria an die Consistorialrath Körnersche weibliche Waschdeputatin, eingereicht von einem niedergeschlagenen Trauerspieldichter in Löschwitz.

(...)
Feur' soll ich gießen auf's Papier
Mit angefrornem Finger?
O Phöbus! Hassest du Geschmier,
so wärm auch deinen Sänger!

Die Wäsche klatscht vor meiner Thür;
Es scharrt die Küchenzofe,
Und mich – mich ruft das Flügelthier
Nach König Philipps Hofe.
(...)
Schon ruft das schöne Weib: Triumph!
Schon hör' ich – Tod und Hölle!
Was hör' ich – einen nassen Strumpf
Geworfen in die Welle.

Und weg ist Traum und Feerei!
Prinzessin, Gott befohlen!
Der Teufel soll die Dichterei
Beim Hemdewaschen holen!" [4]

Als die heimkehrenden Schwestern diese Zeilen lasen, mussten sie lächeln und fühlten sich gleichzeitig schuldig an des Dichters Niedergeschlagenheit. Vor dem Aufbruch zum nachbarschaftlichen Besuch hatte Minna alle Schränke und den Holzkeller zuschließen lassen, im Glauben Schiller fahre ebenfalls mit. Er blieb aber kurz entschlossen zurück und fand sich nun ohne das „Nöthige zu seiner Bequemlichkeit". Er hatte Hunger, Durst und fror erbärmlich in seinem dürftigen grauen Rock. Aber er dichtete sich in eine fröhliche Stimmung, die ihn die Misshelligkeiten vergessen ließ und wartete, spanischen Tabak schnupfend, auf die Rückkehr seiner Gastgeber.

Minna Körner äußerte sich über den ihr unangenehmen Vorfall: „Da sehen Sie, wie eng und kümmerlich ich unsern guten Schiller untergebracht hatte. Und wenn es nur noch ein ungestörter Aufenthalt gewesen wäre, er hatte über, um und neben sich nur störenden Lärm. Seine Nachbarin gegenüber war eine frischmilchende Kuh, welche das jammervollste Sehnsuchts-Gebrüll nach ihrem Kinde, von dem man sie getrennt hatte, bei Tag und bei Nacht vernehmen ließ. Daneben war die Küche, in welcher gebacken, gebraten und gesotten wurde, und, was für Schiller das allerwiderwärtigste war, von Zeit zu Zeit vier Weiber am Waschfaß standen und klatschten."[5]

Ende Oktober ging das Leben auf dem Weinberg zu Ende und das Kleeblatt zog mit dem Dichter wieder nach Dresden. Dora Stock wohnte bei ihrer Schwester und dem Schwager, Schiller wurde in einer eigenen Wohnung am Kohlmarkt einquartiert. Wenige Tage danach kam auch Huber nach Dresden; Körner hatte seine Beziehungen genutzt und versuchte, dem quasi

Schwager, der bei Schiller einzog, den Weg in den diplomatischen Dienst zu ebnen. Dora wollte bald heiraten. Für Minna war der Weg an der Seite Körners vorgezeichnet, sie lebte in gesicherter Existenz mit dem beruflich erfolgreichen Mann. Selbst die Sinnlosigkeit des „Heldentodes" ihres Sohnes Karl Theodor im August 1813, brachte ihre gerade Bahn nicht ins Wanken. Der junge Körner hatte sich als Kriegsfreiwilliger für den „Freiheitskrieg", zu dem der König von Preußen nach der vernichtenden Niederlage Napoleons in Russland aufgerufen hatte, gemeldet und war gefallen. Wenige Stunden vor seinem Tod hatte er ein „Schwertlied" verfasst. Hier die erste Strophe:

„Du Schwert an meiner Linken,
Was soll dein heit're s Blinken?
Schaust mich so freundlich an,
Hab' meine Freude dran.
Hurrah!" [6]

Der Vater ließ zum Andenken dessen patriotische Kriegslieder drucken, die den Sohn zur Symbolfigur vieler kriegsbegeisterter Jünglinge machte. Die Mutter konnte im Leid noch stolz auf den Sohn sein. Der Zeitgenosse Heinrich Laube schrieb über Theodor Körner. „Was die deutsche Dichtkunst an ihm verloren durch seinen frühen Tod – er stand erst in seinem zweiundzwanzigsten Lebensjahre – wer vermag das zu sagen! Seine erstaunliche Fruchtbarkeit in der Wiener Epoche von fünfzehn Monaten berechtigt zu dem Glauben, daß sein Talent sich außerordentlich ausgebildet haben würde, wenn ihm ein längeres Leben beschieden gewesen."[7]

Minna war die jüngere und ruhigere der beiden Schwestern, die eine „unvergleichliche" Figur und eine ausgezeichnete Grazie besessen haben soll. Als sie 1788 ihrem ersten Kind, einer Tochter, das Leben schenkte, schrieb Schiller an den stolzen Vater Gottfried: „Viel Glück und Freude, Papa, zu Deiner Emma, und eben soviel zu der überstandenen Gefahr Deiner Frau. Ich kann nicht leugnen, daß ich deshalb sehr unruhig war, aber nun ist Dein Glück und meine Freude doppelt. Daß es ein Mädchen ist, freut mich auch; die Minna muß ja auch etwas haben und der Junge wird zu seiner Zeit nicht ausbleiben. Du hast mir nicht geschrieben, ob die Minna selbst stillt; das ist ein Umstand, der mir nicht gleichgültig ist."[8] Der Dichter interessierte sich deshalb so sehr für diese weibliche Fähigkeit, weil er sich selbst ernsthaft mit dem Gedanken trug, bald eine Familie zu gründen. Seine patriarchalische Einstellung zum Verhältnis der Geschlechter kommt in diesen Glückwünschen fast nebenbei zum Ausdruck. Mädchen sind etwas für Mütter, und für Knaben sind die Väter zuständig.

Dora, die Künstlerin, im gleichen Jahr wie Schiller geboren, war die lebhaftere der beiden Schwestern, die auch die Sendung an den Dichter nach Mannheim angeregt hatte. Der Kupferstecher Stock, der zwanzig Jahre zuvor Goethe Unterricht im Ätzen und Radieren gab, erteilte auch der Tochter ersten Zeichenunterricht, obwohl Goethe dem Vater geraten hatte, er solle seine Töchter zu Köchinnen ausbilden lassen. Die Freundschaft zu dem großen Literaten hielt trotzdem lebenslang. Dora wurde eine ausgesprochene Porträtmalerin, die sich bei den Malern Adam Friedrich Oeser und Anton Graff ausbilden ließ. Die Qualität der kleinen Bildnisse, die in Mannheim angekommen waren, wurde von Schillers Umgebung in den höchsten Tönen gelobt.

Leider hatte sie mit dem Verlobten Huber nicht das Glück, das sie sich wünschte. Der Schriftsteller kam beruflich in Dresden nicht voran und ging nach Mainz, wo er sich in Therese Forster verliebte und nach deren Scheidung heiratete. Als Huber 1792 die langjährige Verlobung mit Dora Stock löste, wohnte diese schon sieben Jahre im Haushalt der Schwester und siedelte später mit deren Familie nach Berlin. Schiller und Körners solidarisierten sich nach der Lösung der Verlobung mit Dora und brachen den Kontakt zu Huber ab. Die Tiefenttäuschte wollte sich nicht mehr binden und konzentrierte sich ganz auf ihre Kunst, die von Novalis in seinem Gedicht „An Dora" gewürdigt wird. Sie nahm an zahlreichen Akademieausstellungen teil, zuletzt noch 1816 in Berlin. Wie eingeschränkt ihr Lebensraum auch schon zu Schillers Zeit in Dresden war, zeigt folgender Bericht: „Daß Dora Stock zumeist Pastelle schuf, mag daran liegen, daß sie, die bis zu ihrem Tod mit den Körners die Wohnung teilte, sich stets mit einem kleinen Schlafraum begnügen musste, den sie nicht als Atelier nutzen konnte. Ihre Staffelei stand in dem vielgerühmten literarisch-musikalischen Salon der Körners. Das bedeutete eine Beschränkung ihrer künstlerischen Freiheiten. Als sie ab 1797 in der Dresdner Galerie kopierte, hatte sie zwar mehr Platz zum Arbeiten, musste aber auch manche Störung hinnehmen ..."[9] Später schuf sie ein Pastellbild von Schiller nach einem Ölgemälde von Anton Graff.

Damals, im Herbst und Winter 1785/86 hatte der Dichter, der fast ganz auf den Freundeskreis beschränkt in Dresden lebte, viel Kontakt mit Dora Stock. Manchmal allerdings fühlte er sich „zum Erbarmen von Dorchen und Minna gequält", wenn die Schwestern zu oft seine Stube scheuerten. Auch versuchte er, Doras Verlobten zu einer gründlicheren Stellensuche zu bewegen, damit er heiraten konnte und sie aus den beengten Verhältnissen herauskam. Leider hat Körner das Talent seiner Schwägerin nicht in dem Maße gefördert, wie er es bei Schiller zu tun bereit war. Eines noch hatte der Konsistorialrat dem Dichter voraus, die Situation war ihm in den Schoß gefallen: Er lebte mit zwei Frauen in einem Haushalt, wie es das Genie später für sich gewünscht hätte.

Liaison Dangereuse

War Schiller nicht in geselliger Runde, arbeitete er am „Carlos", der wider Erwarten nicht so vorankam wie er und die Freunde sich das wünschten. Zudem trieb er ausgiebige historische Studien und belieferte Göschen mit Manuskripten für die „Thalia". Im April 1786 machten Körners und Huber Besuche in Leipzig und ließen den Dichter allein zurück. Sofort fing er an zu klagen er habe kaum eine Seite am Drama gearbeitet, sei seiner eigenen Gesellschaft überdrüssig und schrieb an die „Weiberchen": „O [ihr] lieben Kinder wie sehne ich mich nach euch. Wie sehr verstimmt mich diese freundelose Einsamkeit. In einer Wüste wollt ich mirs noch eher gefallen lassen, dort hätte ich wenigstens mehr Raum, euch in Gedanken um mich her zu versammeln. Möchtet ihr so vergnügt sein, als ich es nicht bin."[1] Schiller schien sich fast wie eine verlassene Mutter zu fühlen. Seine emotionale Verfassung drückt sich im Diminutiv aus, den er als Koseform gebraucht, um seine Zärtlichkeit für Minna und Dora auszudrücken. Das enthusiastisch kraft-genialische Gehabe der ersten Monate war deutlich weniger geworden. Er litt an mangelnder Stimulation, und die Arbeit am „Carlos" floss immer zäher. Die Sitzungen bei dem Maler Anton Graff brachten ihm Abwechslung und auch die geliebten Gespräche mit einem gebildeten Mann, aber für den Künstler wurde die Arbeit am Bild zum Stress. Der Dichter sei ein unruhiger Geist, habe kein Sitzfleisch, weshalb er gezeichnete Umrisse mehrmals habe auswischen müssen. Ein Ergebnis kam trotzdem zustande und wurde von den „Körnerschen Damen für sehr angemessen und ausdrucksvoll" erklärt.

Schiller begann sich innerlich von Dresden abzulösen, in dieser „schwankenden Verfassung" schrieb er Ende Mai an Wieland in Weimar und wollte sich in Erinnerung bringen. „Mein gutes

Graff begann Friedrich Schiller in Loschwitz und
Dresden zu porträtieren und vollendete das Bild fünf
Jahre später in seinem Atelier

Glück hat es bis jetzt noch nicht gewollt, daß ich den angeneh-
men Wunsch, Sie persönlich zu kennen, hätte realisieren können. ... Da es bisher noch nicht in meiner Gewalt gestanden,
über mein Schicksal unumschränkt zu verfügen, so bin ich
auch jetzt noch nicht ganz für die Zukunft bestimmt. Ich mache an mir selbst die ziemlich gewöhnliche Erfahrung, daß es,
wenn der Zufall es nicht getan hat, der Überlegung schwer
wird, einen Entschluß für das Leben zu fassen."²

Den Sommer über arbeitete Schiller weiter am „Don Carlos" und beendete den 3. Akt. Wieder spielte er mit der Möglichkeit, Theaterdichter zu werden und schrieb im Oktober an

den Direktor des Hamburger Schauspielhauses. Seinen Enthusiasmus für das Drama habe er in Mannheim verloren, jetzt fange er wieder an aufzuleben, aber ihm graue vor der schrecklichen Misshandlung seiner Stücke auf den Bühnen. Er sehne sich nach einer Spielstätte, wo er seiner Fantasie einige Kühnheit erlauben dürfe und den freien Flug seiner Empfindung nicht so gehemmt sehen müsse. Auf seine überschwängliche und anspruchsvolle Art und Weise bekennt er außerdem: „Ich kenne nunmehr die Grenzen recht gut welche bretterne Wände und alle notwendigen Umstände des Theatergesetzes dem Dichter verschreiben, aber es gibt engere Grenzen, die sich der kleine Geist und der dürftige Künstler setzt, das Genie des großen Schauspielers und Denkers aber überspringt. Von diesen Grenzen wünsche ich freigesprochen zu werden und darum ist der Gedanke mir so willkommen, durch eine genauere Verbindung mit Ihnen ein Ideal zu realisieren, das ich ohne Sie ganz verloren geben muß."[3] Schiller bot, im Fall einer Zusammenarbeit, dem Hamburger Theaterdirektor auch alle Aufführungsrechte für seine Stücke an. Ludwig Schröder, nun erst recht neugierig, lud den Dramatiker nach Hamburg ein. Aber die Aussicht auf eine Stelle als Theaterdichter hatte für Schiller mittlerweile wieder alle Anziehungskraft verloren, sodass er die Einladung absagte. Inzwischen stand das Weihnachtsfest und der Jahreswechsel bevor. Nur in Gesellschaft von Huber musste er die Feiertage verbringen, denn Körner war bis ins neue Jahr hinein mit seinen „zwei Frauen" in Leipzig. In völlig verdrießlicher Stimmung schrieb er ihnen hinterher: „Zu meinem Weben und Wirken seid ihr mir unentbehrlich worden. Ich bin sehr wenig oder nichts. Ich bin Hubern nichts und er mir wenig. Die Feiertage haben mich vollends verdorben. … Ich bin heute sehr traurig durch die Erinnerung an euch – an eine böse Schuld die ich euch noch nicht abgetragen zu haben fühle. Der schwarze Genius meiner Hypochondrie muß euch auch nach Leipzig verfolgen. Verzeiht mir das."[4]

Als die Freunde zurückkamen, sann die ihm zugetane Minna auf Abhilfe und wollte Schiller aus seiner trübseligen Stimmung befreien. Bald war Karneval und so kam sie auf den Gedanken eine Faschingsredoute zu besuchen. Der nüchterne Körner hielt nicht viel davon, aber für die anderen war das in Aussicht gestellte Maskenballvergnügen eine willkommene Abwechslung. Nur die Folge, wie Minna dem Dichter im Februar 1787 geholfen hatte, aus seiner Melancholie herauszukommen, war von ihr nicht beabsichtigt. Körner hatte mit seinen beiden Damen den Ball früher verlassen als Huber und Schiller, die sich offensichtlich ohne die moralische Instanz der Dreieinigkeit noch weiter amüsieren wollten. Was konnte einem Mann vom Wesen Schillers leichter zu guter Stimmung verhelfen, als sich frisch zu verlieben. Genau das geschah Schiller auf dem Ball. Von nun an verbrachte er die Abende nicht mehr bei Körners, sondern bei seiner neuen Eroberung. Eifersüchtig reagierte Minna darauf: „Von jetzt an fehlte Schiller jeden Abend an unserem Teetische; ich dachte es mir gleich, wo er seine Abende zubringe, und sagte es ihm auf den Kopf zu. Er machte kein Geheimnis daraus, gestand mir sogar zu, daß er sich in allem Ernst um die Hand der zweiten Tochter, der schönen Henriette, bewerbe. Da mir die Leichtfertigkeit der Mutter und ihrer Tochter nicht unbekannt war, ließ ich es an Warnungen nicht fehlen; es war vergeblich. Unser Freund war ganz toll und blind verliebt, und selbst nachdem ich ihm die Überzeugung verschafft hatte, daß er nicht der Alleinbegünstigte in jener Familie sei, ließ er sich nicht abwendig machen."[5]

Schiller hatte die 19-jährige Henriette von Arnim kennen gelernt, „ein reizendes Mädchen mit herrlichen blauen Augen und lockigem schwarzem Haar." Sie war mit ihrer Mutter und zwei Schwestern auf dem Ball erschienen und hatte in der Maske einer Zigeunerin dem Dichter aus der Hand gelesen. Angeblich hatte die Mutter, als sie erfuhr, dass der berühmte Dichter der Räuber anwesend war, die Tochter veranlasst, ihm „allerhand schmeichelhafte Prophezeiungen" zu sagen. Und Schiller war bereit, sich umgarnen zu lassen, er genoss es und wich nach den äußerst positiven Wahrsagungen nicht mehr von der Seite der koketten Schönen.

Die Mutter Friederike von Arnim war eine Witwe mit sechs Töchtern und vier Söhnen, die als Kammerdame am Dresdner Hof diente. Die drei jüngsten Töchter und ein Sohn lebten damals noch mit der Mutter zusammen. Es war in der Stadt bekannt, dass noch andere Freier in das Haus der Arnims gingen, was an sich ganz selbstverständlich ist, wenn eine Mutter noch drei hübsche Töchter unter die Haube bringen muss. Aber in den Augen Minnas war sie eine Kupplerin, vor der sie Schiller retten musste. Die Atmosphäre in deren Haus konnte für ihren Schützling nur schädlich sein. Er sei in einem Zustand leidenschaftlicher Aufregung, der ihn zu jeder Arbeit unfähig mache. Wahrscheinlich hat sie ihren Mann Gottfried massiv beeinflusst, den Dichter aus dem Verkehr zu ziehen, ihn quasi in die Verbannung zu schicken. Schiller fühlte sich wohl dem Freund verpflichtet, da er sich widerstandslos fügte und nach Tharandt, in ein malerisches Dorf bei Dresden zu einem vierwöchigen „Arbeitsurlaub" bringen ließ. Minna hatte eigenhändig seinen Koffer gepackt und ihr Mann sorgte im Ort für ein „leidliches Unterkommen" Schillers, dem ersten Haus am Platze, im „Gasthaus zum Hirsch", um ihn von der „verführerischen Armide" abzubringen.

Worauf Minna unter dem Deckmäntelchen der Moral so eifersüchtig war, beschreibt Sophie Albrechts Mann, sehr anschaulich. Das Ehepaar gehörte zu den wenigen Bekannten Schillers in Dresden, die in seine Liebesgeschichte eingeweiht waren. „In Dresden indessen überflügelte ihn auch der Gott der Liebe, der für die strahlende Schönheit spricht, und er stand da, in einem Anschauen verloren, welches mächtig auf ihn zurückwirkte. Ausgemacht war die Person, auf welche seine Leidenschaft fiel, wohl die schönste, damals in Dresden existierende Schönheit, ..."[6]

Nun saß der Dichter seit Mitte April auf dem Land. Von schönem Frühlingswetter keine Spur. Schnee, Hagel und Regen verdarben ihm die Laune. Hier sei alles Morast, er fühlte sich, als müsse er für vergangene Sünden büßen und richtete einen Hilferuf nach Dresden: „Schickt mir um Gotteswillen Bücher." Die leeren Stunden in der Frühe wolle er „verlesen", damit er nicht melancholisch würde. Gottfried und Minna Körner schickten solche Werke in die Verbannung, womit sie glaubten, den Dichter von seiner gefährlichen Liebschaft heilen zu können. „Die Leiden des jungen Werther" und „Les liaisons dangereuses". Die Anspielung verstand Schiller sehr wohl, allein das Buch des Franzosen unterhielt ihn bestens. Es sei allerliebst geschrieben und manches sei für die Bildung zu empfehlen. Am 24. April endlich bekam er Besuch von den Arnims. Wenn die Mutter auf einer besseren Partie für die Tochter bestanden hätte, wäre sie sicherlich in der Lage gewesen, diesen Besuch zu verhindern. So hat sie der Schicklichkeit wegen die junge Schönheit begleitet. Vier Tage später schrieb ihm Henriette den ersten Liebesbrief. Sie habe sich in den drei Monaten seiner Bekanntschaft sehr verändert, obwohl sie nie mehr habe lieben wollen. Ihr Herz machte bei ihm nun eine Ausnahme und sie offenbarte sich: „Der Gedanke an Sie ist jetzt der einzige der mir wichtig ist, ... Sie sind der einzige Mensch zu welchem ich einen so hohen Grad von Vertrauen habe, diese Geschichte umständlich zu erzählen, welche doch für mich von sehr großer Wichtigkeit ist ... ich werde nicht bei dieser Erzählung zu meinem Vorteil erscheinen. ... Darum werde ich auch ganz offenherzig ganz ohne Zurückhaltung sein, denn wenn Sie mich einmal genau kennen so können Sie dann auch urteilen wie sehr ich sie liebe, und mein größter Wunsch ist daß ihnen hierüber kein Zweifel mehr übrig bleiben möchte."[7]

Und wieder vier Tage später, am 2. Mai schrieb Schiller in das ihm von Henriette überlassene Stammbuch:

„An die Gräfin von K***
Ein treffend Bild von diesem Leben,
Ein Maskenball hat dich zur Freundin mir gegeben.
Mein erster Anblick war – Betrug.
Doch unsern Bund, geschlossen unter Scherzen,
Bestätigte die Sympathie der Herzen!
Ein Blick war uns genug;
Und durch die Larve, die ich trug,
Las dieser Blick in meinem Herzen,
Das warm in meinem Busen schlug!
Der Anfang uns'rer Freundschaft war nur – Schein!
Die Fortsetzung soll Wahrheit seyn.

In dieses Lebens buntem Lottospiele
Sind es so oft nur Nieten, die wir zieh'n.
Der Freundschaft stolzes Siegel tragen Viele,
Die in der Prüfungsstunde treulos flieh'n.
Oft sehen wir das Bild, das uns're Träume mahlen,
Aus Menschenaugen uns entgegenstrahlen,
Der, rufen wir, der muß es seyn!
Wir hoffen es – und es ist – Schein!
(...)
Ein Platz in deinem Herzen bleibe mein.
Spät führte das Verhängnis uns zusammen,
Doch ewig soll das Bündnis seyn.
Ich kann dir nichts als treue Freundschaft geben,
Mein Herz allein ist mein Verdienst.
Dich zu verdienen will ich streben –
Dein Herz bleibt mir – wenn du das meine kennst. "[8]

Nur drei Tage danach schrieb Henriette einen verzweifelten Brief an Schiller. Er hatte sich so unvorhersehbar schnell von ihr gelöst, weil ihr Lebenswandel ihm nicht gefiel, bzw. ihre Offenheit, einzugestehen, dass sie vor ihm schon geliebt habe. Ihr Ton klingt bitter: „Sie rechnen mir zum Versehen an was Sie sich doch auch schon vorzuwerfen hätten. Freilich sich selbst rechnen Sie nichts zum Vorwurf, was aber bei mir Staats Verbrechen heißt. Ihr Stolz heißt Ihnen von mir mehr Aufmerksamkeit fordern, als Sie mir beweisen. Denn jede Stelle Ihres Briefes beweist mir, daß bei Ihnen der Stolz noch sehr über die Liebe herrscht; denn so viel ich urteilen kann, so führt Liebe keine so bedächtlich ausgesuchte empfindliche Sprache. Denn das wissen Sie nur zu gut, daß Sie bei mir zu erst Liebe erweckt haben, und aus Gefälligkeit taten Sie vielleicht als wenn Sie auch etwas empfänden, nun aber sind Sie es überdrüssig, Ihre Zeit an ein so armseliges Geschöpf (wie ich in Ihren Augen sein mag) zu verschwenden, ... Ich wollte ich wäre auf einige Zeit der Flattergeist, oder das schale Geschöpf, wo für Sie mich halten, ich wäre vielleicht ruhiger. Da hätte ich Sie nicht geliebt und wäre weniger unglücklich als jetzt ... Sie haben sehr unrecht, wenn Sie das bloße Caprice nennen, wenn ich keinen Brief durch Körners bestellen will, ich weiß wie Körners gegen unser Haus und besonders gegen mich gesinnt sind."[9]

Die in ihrem ersten Brief angedeutete Liebesgeschichte machte Schiller anscheinend rasend eifersüchtig. Der schlechte Ruf, der dem Mädchen durch Körners angehängt worden war, schien sich durch eine Liebschaft, die sie vor ihm hatte, zu bestätigen. Er war nicht in der Lage klar zu empfinden, dass er mit zweierlei Maß urteilte. Er hatte Henriette gegenüber Charlotte von Kalb als seine Freundin bezeichnet, das Mädchen wollte die Frau kennen lernen mit der er so „entsetzlich geheimnisvoll" tat. Für sie waren seine früheren Liebschaften kein Grund ihn moralisch zu verdammen.

Schiller arbeitete in dieser Zeit an seinem Romanfragment „Der Geisterseher", das in Fortsetzungen in der „Thalia" erschien. Es war sein größter Publikumserfolg, weil er darin den gerade existierenden Trend nach Geheimbünden und Okkultismus befriedigte. Die Figur des Geistersehers geht zurück auf den damals berühmten Scharlatan Alexander Graf von Cagliostro, der Zutritt zu höchsten höfischen Kreisen erhielt. Den anderen politischen Verwicklungen im Roman liegen Ereignisse im Herzogtum Württemberg zugrunde. Schiller lässt daher Personen und Orte mit einem Anfangsbuchstaben beginnen und mit drei Sternchen enden, wie im Titel seines Gedichtes an Henriette von Arnim. Es ist anzunehmen, dass die Geheimnisse um die junge Frau ihn veranlasst haben, eben diese Form zu wählen. Im zweiten Teil des Romans begegnet dem darin vorkommenden freigeistigen Prinzen eine geheimnisvolle, fast überirdische Schönheit, die „schöne Griechin". Die Gemütslage dieses jugendlichen Helden, die Schiller schildert, dürfte seine eigene hinsichtlich Henriette von Arnims gewesen sein: „Er ist mit einer fürchterlichen Leidenschaft an Sie gebunden, die mit jedem Tage wächst. In der ersten Zeit wurden die Besuche sparsam zugestanden; doch schon in der zweiten Woche verkürzte man die Trennungen, und jetzt vergeht kein Tag, wo der Prinz nicht dort wäre. Ganze Abende verschwinden, ohne daß wir ihn zu Gesicht bekommen; und ist er auch nicht in ihrer Gegenwart, so ist sie es doch allein, was ihn beschäftigt. Sein ganzes Wesen scheint verwandelt. Er geht wie ein Träumender umher, und nichts von allem, was ihn sonst interessiert hatte, kann ihm jetzt nur eine flüchtige Aufmerksamkeit abgewinnen."[10]

Die Ähnlichkeit mit Minna Körners Bericht über Schillers Verhalten während seiner Beziehung zu Henriette von Arnim ist nicht zu übersehen. Aber seine eigene Inbrunst, mit der er im Roman die Figur der Schönen 1789 gestaltete, war längst verflogen und zu einer literarischen Figur geworden: „Mit unaussprechlicher Anmut – halb knieend, halb liegend – war sie vor einem Altar hingegossen – der gewagteste, lieblichste, gelungenste Umriß, einzig und unnachahmlich, die schönste Linie der Natur. Schwarz war ihr Gewand, das sich spannend um den reizendsten Leib, um die niedlichsten Arme schloß und in weiten Falten, wie eine spanische Robe, um sie breitete; ihr langes lichtblondes Haar, in zwei breite Flechten geschlungen, die durch ihre Schwere losgegangen und unter dem Schleier hervorgedrungen waren, floß in reizender Unordnung weit über den Rücken hinab ... Aber wo finde ich Worte, Ihnen das himmlisch schöne Angesicht zu beschreiben, wo eine Engelseele, wie auf ihrem Thronensitz, die ganze Fülle ihrer Reize ausbreitete?"[11]

Schiller war auch in dieser Affäre der Egoist, der sich durch die ihm entgegengebrachte Liebe inspirieren ließ, ohne den Gefühlen der Frau gerecht zu werden. Zu leichtfertig hatte er den Gerüchten um die Familie Arnim geglaubt. Was wirklich vorgefallen war zwischen ihm und Henriette und den Bruch verursacht hat, wir wissen es nicht. Aber ein Brief von Dora Stock an Schiller, bevor er Dresden verließ, kann einige Rückschlüsse auf Minnas Mitwirken am Scheitern dieser Liebe zulassen: „Liebster teuerster Freund, guter Herzens Schiller, lassen Sie meine Bitten etwas über sich vermögen, trennen Sie sich nicht von uns, wir können uns nicht von Ihnen trennen. Versprechen Sie mir nur, daß Sie gern zu einer Versöhnung die Hände bieten wollen, die uns alle glücklich machen wird, ich verlange nicht zu viel von Ihnen, ich weiß was Sie sich selbst schuldig sind. Teurer Freund sagen Sie mir wie ich es anfangen muß um Ihr Herz zu rühren, ich bin voll Kummer, dass ich nicht Worte finden kann. Minna wird ihr Unrecht gewiß einsehen – ich werde gestört – ach wenn doch Ihr Herz sich von meinem rühren ließ."[12]

Schiller ließ sich nicht mehr rühren, seine Abreise nach Weimar war für ihn beschlossene Sache. Ein Positives allerdings hatten die Freunde erreicht, Schiller hatte die letzten Seiten seines Manuskripts vom „Don Carlos" Ende Mai an den Verleger Göschen geschickt. Im Juni erschien es in Buchform. Das Drama war endlich fertig, die Freunde atmeten auf. Es sollte eine zeitweilige Trennung von Dresden sein, aber Schiller kam nur noch zweimal für einige Wochen zurück. Die Freundschaft zur Familie Körner hatte Bestand bis zu seinem Tod.

Zum Abschied hatte Henriette von Arnim dem Dichter ein Miniaturbild geschenkt. Sie heiratete einen ostpreußischen Gutsbesitzer und nach dessen frühem Tod seinen Onkel Erhard Alexander von Kunheim, der sie 1815 zum zweiten Mal zur Witwe machte. Immer noch sehr schön, zog sie wieder nach Dresden, wo sie 1847 starb. Schiller sei der Reichtum ihres Lebens gewesen und sein Bild habe immer in ihrem Schlafzimmer gehangen.

Der Weg nach Weimar im Juli 1787 führte den Dichter über die turmreiche Stadt Erfurt, wo er im Ursulinenkloster am Anger „die Schwester der alten Arnim" und das „jüngste Fräulein" der Arnims aufsuchte, um Grüße aus Dresden zu überbringen. Er hatte noch nie ein Frauenkloster von innen gesehen, es wurde ihm geöffnet und außer in den Schlafzellen konnte er überall umherschauen. „Es waren lauter fröhliche Gesichter, aber freilich der verdrehten Augen genug. Weil ich nach langer Zeit die erste junge Mannsperson war, die sich im Innern des Klosters sehen ließ, so wurde ich ziemlich angegafft und Nonnen wechselten mit Nonnen ..."[13] Nach einem Tag Aufenthalt und einer verbrachten Nacht im Gasthof „Zum Schlehendorn" reiste Schiller weiter. Seine Gedanken gingen zu Charlotte von Kalb, zu Wieland, Herder, Goethe, dem Herzog Carl August und er hoffte, sie alle zu treffen. Wie wir schon wissen, wartete die Kalb sehnlichst auf seine Ankunft. Es hatte sich eine Liebe entwickelt, vor der er, wie schon so häufig, wieder einmal die Flucht ergriff. Diesmal wurde sein Fliehen schicksalsbestimmend. Die Rolle des Minnesängers wandelte sich unter dem Einfluss der Lengefeld Schwestern in die eines Ehemannes.

Schneeweißchen und Rosenrot

 Schiller war nach fast fünf Monaten engem Kontakt zu Charlotte von Kalb überstürzt aus Weimar zu seiner Schwester nach Meiningen gefahren. Er hatte die Gelegenheit genutzt, als seine Freundin im November 1787 in Kalbsrieth auf dem Gutshof ihres Gatten weilte. Während seines Besuches bei Christophine und seinem Schwager Wilhelm Friedrich Reinwald traf er auch einen Leipziger Bekannten wieder. Es war der Maler Christian Reinhart, der seit einem Jahr in Meiningen wohnte. Sie freuten sich über das Wiedersehen und hatten sich viel zu berichten. Der zwei Jahre jüngere Reinhart, der in Leipzig vom Theologiestudium zur Malerei gewechselt hatte, traute sich nun zu, seinen alten Bekannten bildlich zu verewigen. Er zeichnete Schiller seitlich lässig auf einem Esel sitzend, mit Schlapphut und Pfeife. Warum gerade auf einem Esel, ist man geneigt zu fragen, da Schiller doch ein guter Reiter war und diesen Sport auch gerne ausübte. Als Lasttier versinnbildlicht der Esel die Armen und Schiller war noch immer knapp bei Kasse. Vielleicht hat der Maler, der zwei Jahre später für immer nach Rom ging, ihm auch symbolisch einen Goldesel wie im Märchen gewünscht.

Nach dem Abschied aus Meiningen, dessen Herzog ihm später den Titel eines Hofrates verlieh, folgte er noch der Einladung von Henriette von Wolzogen nach Bauerbach. Dort traf er seinen ehemaligen Mitschüler Wilhelm, der bald eine Reise nach Paris im Auftrag des Herzogs Carl Eugen antreten sollte. Schiller lud ihn nach Weimar ein, dort könne er wichtige Auskünfte über Beziehungen nach Paris erhalten. Der Freund willigte ein, und so trat er mit Wilhelm von Wolzogen den zweitägigen Ritt über den winterlichen Thüringer Wald in die Stadt an der Ilm an. Sie waren über Suhl und Königsee geritten, weil Wolzogen zwei Cousinen in Rudolstadt, im reizenden Saaletal gelegen, besuchen wollte. Wie eine Festung auf einer Anhöhe erbaut, überragte schon damals das mächtige Schloss Heidecksburg mit weithin sichtbarem Rokokoturm das kleine Städtchen. Die Schwarzburger Fürsten waren empfänglich für Kunst, sie hatten sich z.B. bei der Gestaltung des Schlosses und der Gärten von Künstlern, die am Dresdner Zwinger mitwirkten, beraten lassen. So wurde aus der höfischen Anlage ein wahres Schatzkästlein. Der zwanzig Jahre junge Erbprinz Ludwig Friedrich von Schwarzburg hat später als Regent Burg und Stadt weiter ausgebaut und mit antiken Elementen ergänzt. Als der Blick Schillers aus dem Tal hinauf auf den Berg zum Schloss wanderte, sah er eine märchenhafte Kulisse. Und auch die beiden jungen Frauen, die er besuchen wollte, waren sich in ihren Mädchenjahren wie verwunschene Prinzessinnen vorgekommen, die auf die Erlösung durch einen Prinzen warteten.

Dem fremden Besucher fiel der Wohlstand ins Auge, der an den Häusern und den Bewohnern des Ortes zu sehen war; alles war viel weniger bäuerlich als in Weimar. Durch die kunstsinnigen Fürsten angelockt, hatte sich allerlei Gewerbe angesiedelt. Eine bekannte Glockengießerei, eine Druckerei, Manufakturen für Wollzeug und im nahen Volkstedt die berühmte Porzellanfabrik. Schiller gefiel die kleine Residenz auf Anhieb. Noch vor wenigen Tagen hatte er einen anderen Ort und eine Familie kennen gelernt, deren Lebensweise ihn sehr beeindruckte: „Z.B. da ist auf einem Dorfe bei Hochheim eine edelmännische Familie von fünf Fräulein und zusammen von zehn Personen, die die alten Patriarchen und Ritterzeiten wieder aufleben läßt. Niemand in der Familie trägt etwas, was nicht da gemacht wird. Schuhe, Tuch, Seide, alle Meubles, alle Bedürfnisse des Lebens und fast alle des Luxus werden auf dem Gute erzeugt und fabriziert, vieles von den Händen des Frauenzimmers, wie die Prinzessinnen in der Bibel und in den Zeiten der Chevalerie zu tun pflegten. Die äußerste Reinlichkeit, Ordnung gefällt dem Auge; von den

Fräulein sind einige schön, und alle sind einfach und wahr wie die Natur, in der sie leben."[1]

Diese Bilder einer gänzlich autonomen Bewirtschaftung eines Gutshofs, auf dem auch die Frauen zur Produktion der Bedürfnisse beitrugen, hatte Schiller in seiner Vorstellung gespeichert, als er in Rudolstadt ankam. Er war ja schon seit längerem auf der Suche nach der passenden Frau. Mit vielen hatte er sich schon im Geiste verheiratet, aber dann doch die Flucht ergriffen. Nun allerdings sollte es ernst werden, denn: „Nach meinem dreißigsten Jahre heirate ich nicht mehr", hatte er an Körner geschrieben. Schiller, der kurz zuvor seinen achtundzwanzigsten Geburtstag gefeiert hatte, war jetzt in der Situation wie der Bär im Märchen, der an die Tür der Witwe klopft und Einlass wünscht, weil er von einer Frau erlöst sein will. Das beherztere Mädchen, Rosenrot, öffnet dem Bären die Tür. Er findet zwei reizende Schwestern, die verschiedener nicht sein konnten, temperamentvoll die eine, zurückhaltend die andere. Beide lieben den Bären und der Bär die beiden Mädchen. Sein Eindruck ist am Anfang der einer Welt paradiesischen Friedens. Die Disziplin und Selbstlosigkeit der Mutter ist so vollkommen und makellos, dass den Töchtern nichts anderes übrig bleibt, als danach zu streben, genauso zu werden. Auch die rechtschaffene Luise von Lengefeld wurde von ihren Töchtern als Instanz einer „chère mère" verehrt, über jeden Zweifel erhaben. Oberstes Gebot war Harmonie. Die Gegensätze von Rot und Weiß, die die Rosenbäumchen vor dem Haus verkörpern, sollen überwunden werden und in eine harmonische Einheit übergehen. Aber war es möglich „da der bestehende Gegensatz in ‚Schneeweißchen und Rosenrot' als weiblich vorgestellt wird, dass Sanftheit und Leidenschaft, dass Bewahrung und Hingabe, dass ‚Anmut und Würde', dass Anstand und Herzlichkeit einander nicht ausschließen?"[2]

Schiller wünschte sich eine Frau, die wie Rosenrot Begierde und Leidenschaft und wie Schneeweißchen Unschuld und Selbstverleugnung verkörpert. Die beiden Mädchen im Märchen sind die zwei Seiten einer Frau, die der verzauberte Prinz in seiner Vorstellung zu einer einzigen vereint und als Wunschbild einer vollkommenen Frau zu finden hofft. Als der Bär geht, verspricht er, im nächsten Jahr wiederzukommen. Beim Abschied ist Schneeweißchen ganz traurig, der Bär bleibt am Türhaken hängen und Schneeweißchen meint, es hätte Gold unter seinem Fell schimmern sehen; aber es ist sich seiner Sache nicht gewiss. So geblendet war auch Charlotte von Lengefeld von Schillers Genius und Charisma, als sie nach dem Besuch des Dichters über den Saaledamm schlenderte und über den abgereisten Gast nachdachte. Schiller sollte sie noch lange in Ungewissheit halten über seine wahren Absichten. Bis zum Hochzeitstag konnte er sich nicht zwischen Caroline und Lotte entscheiden und hätte am liebsten beide geheiratet.

An seinen Freund Körner in Dresden schrieb er zwei Tage nach seinem Besuch: „In Rudolstadt habe ich mich auch einen Tag aufgehalten, und wieder eine recht liebenswürdige Familie kennen gelernt. Eine Frau von Lengefeld lebt da mit einer verheirateten und einer noch ledigen Tochter. Beide Geschöpfe sind anziehend und gefallen mir sehr. Man findet hier viel Bekanntschaft mit der neuen Literatur, Feinheit, Empfindung und Geist. Das Klavier spielen sie gut, welches mir einen recht schönen Abend machte. Die Gegend um Rudolstadt ist außerordentlich schön. Ich hatte nie davon gehört, und bin sehr überrascht worden."[3]

Familie von Lengefeld

Als die beiden Reiter vor dem Haus der Wolzogenschen Verwandten hielten, fragte Wilhelm an, ob er seinen Reisegefährten am Abend bei ihnen einführen dürfe. Wie zu erwarten sagten die Damen zu, denn die winterliche Jahreszeit brachte nicht allzu oft Fremde in die kleine Stadt. So wurde dieser 6. Dezember 1787 ein anregender Abend für Madame Caroline von Beulwitz, Mademoiselle Charlotte von Lengefeld und die Mutter Luise. Caroline hatte Schillers „Räuber" gelesen und war beeindruckt von den Freiheitsgedanken, die bisher noch keiner zu sagen gewagt hatte. Sie fühlte mit dem Dichter die Empörung und den Aufruhr, den sein Drama verursachte. Hier wollte einer Bestehendes umstürzen. So erwartete sie einen Rebellen mit ungeschlachten Manieren im Salon, als ihr Cousin mit dem Freund ins Haus trat. Die Damen waren ebenso überrascht, wie zwei Jahre zuvor Minna und Dora Stock, nur einen blassen hohlwangigen jungen Mann zu erblicken. Die Schwestern sahen sich verstohlen an, fast ein bisschen enttäuscht, keinen strahlenden Helden zu erblicken. Aber dieser Eindruck verwischte sich schnell, denn die Damen fanden seinen Geist so interessant, dass sogar die schüchterne Charlotte mehr sprach als gewöhnlich. Der Abend verging wie im Flug und Schiller schrieb zwei Wochen später: „Ich kann nicht anders als Wilhelms guten Geschmack bewundern, denn mir selbst wurde so schwer, mich von diesen Leuten zu trennen, daß nur die dringendste Notwendigkeit mich nach Weimar ziehen konnte. Wahrscheinlich werde ich aber diese Nachbarschaft nicht unbenutzt lassen, und sobald ich auf einige Tage Lust habe, dort sein."[1]

Die Mutter Luise von Lengefeld, gerade vierundvierzig Jahre alt, war schon seit zwölf Jahren Witwe. Der Oberforstmeister Carl Christoph von Lengefeld hatte 46-jährig die blutjunge 18-jährige

Luise Juliane von Wurmb geheiratet. Sie sah darüber hinweg, dass der Leiter des fürstlichen Rudolstädter Forstwesens durch einen Schlaganfall am linken Bein und rechten Arm gelähmt war. Seine gesicherte Position garantierte der vermögenslosen Halbwaisen eine gute Versorgung. Ansprüche von Attraktivität, Gesundheit und Lebenslust an den Gatten musste die junge Frau zurückstellen. Luise von Lengefeld meisterte die Situation mit viel Selbstdisziplin und Loyalität. Sie wurde ihrem Mann eine solidarische Partnerin, die ihn bei seinen ausgedehnten Dienst- und Inspektionsreisen in die Wälder und Marken begleitete. Sie empfand es als angenehme Abwechslung ihres Hausfrauendaseins, die Umgebung und die Natur näher kennen zu lernen.

Am 3. Februar 1763, nach zwei Ehejahren, kam die erste Tochter Caroline zur Welt. Ungewollt hatte der Vater einige Unruhe verursacht, denn wenige Tage vor der Geburt hatte Friedrich II. von Preußen ihn nach Leipzig kommen lassen. Er bot ihm die Leitung des gesamten preußischen Forstwesens und ein Gehalt von 6000 Reichstalern an. Der König wollte den erfahrenen Mann unbedingt nach Berlin locken. Es ist gut möglich, dass Luise von Lengefeld, neben dem Fürsten von Schwarzburg, an der Entscheidung ihres Mannes, in Rudolstadt zu bleiben mitgewirkt hat. Der Forstmeister jedenfalls hatte bis zum Sommer mit sich gerungen und da erst die Unterhandlungen mit den Preußen abgebrochen. Nun konnte sich Luise von Lengefeld endlich auf ein dauerhaftes Bleiben im gewohnten Ort einrichten. Drei Jahre später, am 22. November, wurde die zweite Tochter Charlotte geboren. Die junge Mutter hatte noch eine Nichte im Haus, die die kleinen Mädchen mitbetreute, sodass sie auch weiterhin ihren Mann bei dessen Forstbesichtigungen begleiten konnte. War der Vater bei seiner Familie, hörten alle auf seine Anordnungen und die junge Luise überließ ihm alle nötigen Maßnahmen zur Erziehung ihrer Töchter. In ähnlicher Weise hatte sich auch Goethes Mutter den Erziehungsmethoden ihres

Charlotte von Lengefeld, gemalt von ihrer Patentante
Charlotte von Stein

Mannes für die Kinder gefügt. Charlotte erzählte als erwachsene Frau, wie sehr der Vater auch auf die Vermittlung der praktischen Anforderungen des Lebens geachtet hat: „Er hatte aus Liebe zur Ökonomie Felder gepachtet; da besah er wie jede Pflanzung stand, ließ Anstalten zur Ernte machen, kurz, er wies jedes Geschäft des Tages an. Es war uns eine Freude, die Ernte einfahren zu sehen, und an diese wiederkehrende Freude knüpften wir unsere Erinnerungen. Bald halfen wir die Gemüse aufzubewahren, bald das Obst für den Winter zu legen, bald halfen wir einmachen, Obst trocknen. Alles wurde uns wichtig und es wurde mit einer Art Wichtigkeit behandelt, wovon man nur in einer einfachen Lebensweise einen Begriff hat."[2] Diese hauswirtschaftlichen und organisatorischen Fähigkeiten sollten für Charlotte von Lengefeld in ihrer Ehe mit Friedrich Schiller und bei der schmalen Haushaltskasse noch einen überlebenswichtigen Wert erhalten.

Der Vater Carl Christoph von Lengefeld war trotz seiner Behinderung ein innerlich ausgeglichener Mensch. Die Mädchen vertrauten ihm, und er beachtete schon früh die Unterschiede in ihrem Wesen. Caroline fühlte sich mehr zur musischen Seite des Lebens hingezogen und Charlotte liebte die praktischen Dinge und die Natur. Die eine musste aus ihren Träumen zurück in den Alltag geholt und die andere zum Lernen angehalten werden. „Mit der französischen und englischen Sprache bekamen die Kinder schon frühe den Schlüssel zu den mannigfachsten Bildungsschätzen in die Hand. Schon 1772 schreibt der Bruder der Frau von Lengefeld: ‚Es freuet mich, daß die Möpsgens so schön Französisch lernen und daß Du überhaupt so große Sorge und Fleiß anwendest, das Glück dieser lieben kleinen Geschöpfe in ihrer Erziehung zu gründen.‘"[3] Von diesem Onkel, den ein Hauch Exotik umgab, er lebte zuletzt im fernen Batavia, erhofften sich die Nichten aus seinem Erbe ein kleines Vermögen. Als die Nachricht von seinem plötzlichen Tod in Rudolstadt eintraf, folgte die Enttäuschung bei der Testamentseröffnung. Die Forderungen, die aus dem Nachlass erfüllt werden mussten, waren so hoch, dass nicht mehr als ein Taschengeld für die Witwe und ihre Töchter übrig blieb. Als Schiller die Novelle „Eine großmütige Handlung, aus der neuesten Geschichte" in seiner Stuttgarter Zeit verfasste, ahnte er nicht, wie eng er einmal mit seinen beiden Helden der Erzählung verwandt sein würde. Die beiden Brüder, die darin vorkommen, sind Friedrich und Ludwig von Wurmb, die Geschwister von Luise von Lengefeld. Sie lieben beide die gleiche Frau, aber der Verzicht des einen ermöglicht dem anderen die Heirat mit dem geliebten Wesen. Friedrich war nach Batavia ausgewandert, um die Geliebte zu vergessen und Ludwig den Weg für eine Ehe frei zu machen. Von diesem unverheiratet gebliebenen fernen Bruder hatte sich die chère mère etwas finanzielle Unterstützung für die mittlerweile ins heiratsfähige Alter gekommene Charlotte erhofft.

Bis an eine Versorgung der Töchter durch eine gute Partie zu denken war, verging noch eine Weile. Neben den theoretischen Fächern wurde auch darauf geachtet, dass sie Musik-, Tanz- und Zeichenunterricht erhielten, wie es für junge Baronessen üblich war. Sie mussten in jedem Fall hoffähig „getrimmt" werden.

Bei schlechtem Wetter, wenn die kleine Charlotte nicht in der Natur herumtoben konnte, saß sie gern in einem Zimmerwinkel und „hörte Karolinen und Amalien zu, die eine Art dialogisierter Romane spielten, eine war immer eine Heldin des Stücks und statt zu erzählen wie es geschehen sei, dramatisierten sie die Geschichte. Dieses hatte unendlichen Reiz für mich. Ich saß dabei und hörte alles an und war begierig wie es enden würde. Wie alle Romane und Theaterstücke so endete sich dieses auch immer mit einer Heirat."[4]

An Heirat dachte natürlich auch Charlotte, vor allem seit die ältere Schwester durch die Ehe mit einem wirklich wohlhabenden Mann die Familie unterstützte. Nur glücklich war die junge Frau nicht.

Reise in eine neue Welt

Nach dem Tod des Vaters spürte die Mutter sehr schnell die sich verschlechternde wirtschaftliche Lage. Die Witwe wohnte mit ihren zwölf und neun Jahre alten Töchtern zunächst noch im Heisenhof, einer Immobilie des Weimarer Oberstallmeisters Josias von Stein. Dessen Frau, Charlotte von Stein, war eine enge Freundin der Lengefeldschen Familie. Aber so gut ging es den Steins auch nicht, dass sie auf die Pacht hätten verzichten können. Also entschloss sich Luise von Lengefeld in eine preiswertere Wohnung zu ziehen, um wegen der besseren Ausbildungsmöglichkeiten für ihre Töchter in Rudolstadt bleiben zu können. Das kleine ererbte Vermögen des Mannes war nach gut drei Jahren fast aufgebraucht und die finanzielle Zwangslage wurde drückender. Die 15-jährige Caroline war fast schon im heiratsfähigen Alter, vielleicht würde bald ein Freier kommen. Und in der Tat, für die geistsprühende, schwärmerische, überdurchschnittlich intelligente ältere Schwester interessierte sich ein 24-jähriger junger Mann aus dem gleichen Ort. Schon seit längerem war ihm das junge Mädchen aufgefallen, wenn er in den Ferien nach Hause kam. Als Caroline sechzehn Jahre alt war, wagte er, um sie zu werben. Der aus angesehener Rudolstädter Familie stammende Friedrich Wilhelm Freiherr von Beulwitz war der Mutter ein willkommener Bewerber zur rechten Zeit. Er hatte einen guten Ruf, war ehrgeizig, zuverlässig, reich und gesund. Letzteres war der Mutter besonders wichtig, mit all diesen Eigenschaften versehen glaubte sie, er könne als Schwiegersohn die Tochter doch sicherlich glücklich machen. Erst einmal machte sie der sehr unentschlossenen Caroline die Verbindung mit einer Verlobung schmackhaft; das Heiraten könne noch ein bisschen aufgeschoben werden. Beulwitz fügte sich und gab zu verstehen, dass er später Platz für die ganze Familie haben würde. Caroline willigte

116

ebenfalls in die Vorschläge der Mutter ein, froh darüber, sie dadurch vor Armut und Sorgen schützen zu können.

Für die jüngere Lotte hatte die Mutter auch schon einen Plan, sie sollte Hofdame der Herzogin Louise in Weimar werden. Charlotte von Stein, die Patin von Lotte, war bereit, die Beziehungen herzustellen. Nur sollten vorher die Französischkenntnisse für das Hofleben ein bisschen geschliffen werden, um die Chancen ihres Patenkindes zu erhöhen. Ein adliges Fräulein ohne Vermögen konnte am Hofe außerdem hoffen, einen passenden Ehemann zu finden. Die Plätze waren sehr begehrt, und es gab mehr Bewerberinnen als Stellungen für ein Hofdamenamt. Daher schlug die erfahrene ehemalige Hofdame von Herzogin Anna Amalia und „Goethes Erzieherin" Frau von Stein eine Reise in die französische Schweiz vor. Charlotte von Lengefeld wurde im Winter 1782/83 erst einmal in Weimar zum Probelauf eingeführt, und wie zu erwarten, waren alle von ihrer natürlichen Anmut, Sanftmut und Anpassungsfähigkeit begeistert. Was ihr für eine Stellung als Hoffräulein noch fehlte, war allein die Beherrschung der französischen Sprache. Daher wurde die Reise für den Frühling geplant. Als die Witwe Luise von Lengefeld die Kosten für ein solches Unternehmen aufstellte, kam sie schnell an die Grenzen des für sie Bezahlbaren. Aber Freiherr von Beulwitz hatte schon von den Reiseplänen gehört und wusste natürlich um die knappen Finanzen der Familie. Er erklärte sich bereit, die Familie im Rahmen einer so genannten Dienstreise in die Schweiz zu bringen, für ihre äußeren Verhältnisse zu sorgen und sie nach einem Jahr Studienaufenthalt wieder abzuholen.

Der Vorschlag wurde begeistert aufgenommen und das Lengefeldsche Trio begann umgehend mit den Reisevorbereitungen. Am 22. April 1783 war es dann endlich soweit. Über Coburg, Lichtenfels, Bamberg und Nürnberg kam die Gesellschaft nach elf Tagen in Stuttgart an. Die Stadt wurde besichtigt und auch die ehemalige Akademie Schillers. Charlotte hätte bestimmt genauer hingeschaut, wenn sie gewusst hätte in welche Beziehung sie einmal mit einem Studienabgänger treten würde. Durch Henriette von Wolzogen wurden sie außerdem in Schillers Elternhaus eingeführt. Der Dichter war in Mannheim und ahnte nicht, dass seine zukünftige Frau seine Eltern kennen lernte. Seine Schwester Christophine behielt den Besuch in guter Erinnerung, vor allem Charlottes „himmelblaues Jäckelchen". Das Schnittmuster für dieses Kleidungsstück hat sie ihrer Gastgeberin vor ihrem Abschied noch angefertigt.

Weiter ging die Reise über Schaffhausen, wo das Naturschauspiel des Rheinfalls enthusiastisch bewundert wurde, nach Zürich. Der bekannte Johann Kaspar Lavater wurde aufgesucht und ein Empfehlungsschreiben von Goethe abgegeben. Den Geheimrat hatte Lotte in Kochberg bei ihrer Patin Frau von Stein kennen gelernt. „Lavater schrieb sich ‚der glücklichen Mutter zwoer herzguter, innigedler Töchter' ins Stammbuch ein und blieb Jahre hindurch in einem zwar nicht regen aber innigen Briefwechsel mit der Familie."[1]

Nach zwei Tagen Aufenthalt fuhren die Reisenden weiter über Bern und Lausanne nach Vevey. Nach vier Wochen auf harten Sitzen in Postkutschen und fremden Betten in ungemütlichen Gasthöfen waren sie endlich am geplanten Ziel eingetroffen. Es war der 22. Mai, im Tal war aller Schnee geschmolzen, nur auf den Gipfeln glitzerte er noch in der hellen Frühlingssonne. Der Blick auf den Genfer See versprach vergnügliche Hochsommertage. In bester Laune wurden die Kisten und Mantelsäcke ausgepackt und das Quartier bezogen. Nur Carolines Stimmung war nachdenklicher, sie hatte ihren Verlobten während der vierwöchigen Reise beobachten können und nicht einen einzigen Zug von Enthusiasmus oder Begeisterungsfähigkeit an ihm wahrgenommen. Egal welch außergewöhnliche Eindrücke sie zu sehen bekamen, er blieb stets der nüchterne, gleichbleibend korrekte Freiherr von Beulwitz. Ihr wurde etwas bange beim Gedanken an eine endgültige Verbindung mit diesem zwar absolut zuverlässigen, aber, wie ihr schien, doch langweiligen Mann. Nur gut, dass er wieder abreiste und erst in einem Jahr wiederkam. Jetzt galt es, sich das Leben in der Schweiz einigermaßen vergnüglich einzurichten.

Ein Hauslehrer für die Sprachstudien war schnell gefunden, und vor allem Lotte war sehr eifrig darin, ihre Französischkenntnisse zu verbessern. Den Sommer über wurden auch Ausritte gemacht und im See gebadet, wobei sich Caroline durch zu langes Verweilen im kalten Wasser ein Nervenleiden zuzog. Vielleicht wollte sie sich durch Krankheit der bevorstehenden Ehe mit Beulwitz entziehen. Ein Zucken im Gesicht plagte sie später immer dann, wenn sie emotionalem Stress ausgesetzt war. Ihre Umgebung sprach dann vom „Zucken", das sie wieder einmal habe.

Die Tage der kühleren Monate wurden mit Zeichenstudien, Musik und geistreicher Geselligkeit ausgefüllt. Im Haus des Landvogts Lentulus traf man sich zu Kaffeenachmittagen und abendlichen Unterhaltungen im kleinen Kreis. Die Bekanntschaften erhielten sich noch lange nach der Abreise durch einen freundschaftlichen Briefverkehr. Für die ledige Charlotte fehlte auch die Liebe in der Schweiz nicht, zumindest können wir aus zwei Gedichten, die sie 1785/86 schrieb, darauf schließen, dass sie sich heftig verliebt hatte. Hier einige Zeilen:

> *„O wie oft erwacht in meinem Herzen*
> *Liebevoll dein Bild;*
> *Statt der Freude fühl' ich bittre Schmerzen*
> *Und mit Sehnsucht meine Brust erfüllt.*
> *Jener Stunde dacht' ich weinend immer,*
> *Da ich einst dich fand;*
> *Dachte dein beim sanften Abendschimmer*
> *Oft an meines blauen Flusses Strand."* [2]

Schnell fanden die Schwestern auch einen interessierten Kreis, mit dem die wunderschöne Umgebung erkundet wurde. Höhepunkte waren das Berner Oberland mit seinen Gletschern und die Insel Saint-Pierre im Bieler See, wo sie andächtig Rousseaus Zimmer besichtigten und ihre Namen einritzten. Gewiss kannte die belesene Caroline die wichtigsten Gedanken des anklägerischen Philosophen, der sich auch mit der „geistigen und sittlichen Erneuerung" der Menschen befasste. Sie vertrat ebenfalls die Ansicht, dass ein selbst bestimmter Mensch ein tüchtiger Mensch sei, und wer Verstand habe, solle ihn benutzen. Diese Ansichten stimmten mit denen von Schiller überein und trugen später viel zur geistigen Nähe zwischen Caroline und dem Dichter bei.

Jean Jacques Rousseau hatte im Jahr 1765 mehrere Wochen auf der Insel zugebracht. In das einzige, geräumige Haus auf der Insel, das der Steuereinnehmer der Berner bewohnte, hatte sich Rousseau zurückgezogen und haderte mit der Welt. Tannen- und Laubwälder bedeckten den hügeligen Inselrücken, Obstgärten zogen sich an den Hängen empor und das Ufer säumten saftige Wiesen. „So war das Asyl, das ich mir ausersehen hatte und wo ich, wenn ich das Tal von Travers verließ, mich niederzulassen entschlossen war. Diese Wahl entsprach so sehr meiner Friedensliebe, meinem Hang zur Einsamkeit und Muße, daß ich sie zu den süßen Träumereien rechne, für die ich mich am lebhaftesten begeistert habe. Mir schien, daß ich auf dieser Insel von den Menschen abgeschiedener wäre, vor ihren Kränkungen sicherer, mehr von ihnen vergessen, mit einem Wort, mehr Süße der Muße und des beschaulichen Lebens hingegeben."[3]

Nach einem Jahr Aufenthalt musste die Familie Lengefeld an Heimkehr denken, die im Mai 1784 angetreten wurde. Lotte wurde ebenso aus süßen Träumereien gerissen wie Caroline. Der älteren Schwester war klar, dass sie eine Entscheidung hinsichtlich ihrer Eheschließung mit Beulwitz treffen musste, und der jüngeren war bewusst, dass mit einem Eintritt in höfische Dienste die unbeschwerte Jugendzeit endgültig zu Ende ging. Aber Lotte hatte die Eindrücke ihrer Schweizer Reise so sorgfältig aufgezeichnet, dass später Friedrich Schiller in seinem „Tell" auf ihre Schilderungen zurückgreifen konnte, als er die Landschaftsbeschreibungen und die Charaktere der Menschen in seinem Stück gestaltete. „Lebenslang hat Charlotte das sehnsuchtsvolle Heimweh nach der Schweiz nicht ganz überwunden, und noch zwanzig Jahre später, als ihr Gatte die ersten Szenen seines „Tell" vorlas, brach sie, überwältigt von der Erinnerung an das geliebte Land, in Tränen aus."[4]

Ballsaison

Auf der Rückreise besuchten die drei Damen noch Sophie von La Roche in Speyer, die ihnen wärmstens ans Herz legte, unbedingt Schiller in Mannheim zu besuchen. Da sie gerade aus der Schweiz kamen, wollten die Schwestern natürlich endlich den Dichter kennen lernen, der im Kanton Graubünden keinen guten Ruf genoss, aber von allen, die ihn näher kannten, hymnisch gelobt wurde. Wie wir wissen, war die Begegnung mit dem Dichter schon vorüber ehe sie richtig begonnen hatte. Sie war zu kurz, um irgendeinen Eindruck von Bedeutung zu hinterlassen. So reisten die Lengefelds weiter in Richtung des heimatlichen Thüringen, aber einer neuen Lebensphase entgegen. Während Schiller noch ein Jahr in Mannheim blieb, sich aber mehr mit unangenehmen äußeren Umständen quälte, als zu geistvollem Poetisieren zu kommen, stand im September Carolines Hochzeit bevor. Sie hatte sich nicht gewehrt, den von ihrer Frau Mama so verehrten Freier zu heiraten. Die Aussicht auf die glänzende Versorgung durch den Hofrat Friedrich Wilhelm von Beulwitz hatte gesiegt. Wie er versprochen hatte, richtete er neben dem Haus der Mutter und seiner kleinen Schwägerin Lotte in der Neuen Gasse sein Quartier ein. Er entlastete die chère mère finanziell, indem er ihr auch seine Equipage zur Verfügung stellte. Da Beulwitz beruflich viel unterwegs war, schaute Caroline fast täglich bei der jüngeren Schwester vorbei, oder Lotte hielt sich im Haus der frisch vermählten Ehefrau auf und schloss sich noch enger der großen Schwester an, als sie es bisher schon getan hatte. Es fehlte an nichts in diesem Haushalt, und Lotte bewunderte den geschmackvollen Wohlstand mit dem sich die Schwester umgeben konnte. Die junge Frau von Beulwitz hatte nun die nötigen Mittel, im beschaulichen Rudolstadt des Öfteren Gesellschaften zu geben, die ihr elegantes Haus füllten.

Der Herr Gemahl machte keine Einwände, wortkarg wie er sich gab, war er froh, wenn seine junge gesellige Frau sich gut unterhielt und bei Laune blieb.

Die Visite bei Sophie von La Roche hatte Caroline auch genutzt, um Kontakte mit der Schriftstellerin zu knüpfen, die die Zeitschrift „Pomona, für Teutschlands Töchter" herausgab. Sie war bereit, Carolines Bericht über die Erlebnisse während des Schweizer Jahres herauszubringen. Als das Exemplar mit ihrem Beitrag in Rudolstadt eintraf, fühlte sich Caroline zu weiteren schriftstellerischen Arbeiten ermutigt. Das lenkte sie von Grübeleien über ihre unbefriedigende Ehe ab. Nachdem sie einige Geschichten veröffentlicht hatte, wagte sie sich an einen Roman, ein Versuch, der immer wieder durch die Pflichten des eigenen Hausstandes unterbrochen wurde. Außerdem machten ihr der Cousin Wilhelm von Wolzogen und der Coadjutor Carl Theodor von Dalberg den Hof. Letzterer bat sie ab und an zu Schlittenfahrten oder Diners im kleinen Kreis. Er schätzte das kluge Gespräch mit Frauen, aber von den häuslichen Freuden einer Ehe wollte er nichts wissen.

Für Lotte brachte der Aufenthalt im Steinschen Hause in Weimar etwas Abstand zu ihrer Schwester. Der Kontakt zu Herzogin Louise durfte nicht abbrechen; ihre Anwesenheit sollte daran erinnern, dass sie auf eine frei werdende Stelle wartete. Den Winter über tanzte sich die lebenslustige Beinahe-Hofdame von Fest zu Fest, von Ball zu Ball, von einer Lustbarkeit zur nächsten und gewann das Wohlwollen von Herzog Carl August und Goethe. Gut, dass Schiller noch nicht in ihr Leben getreten war, er hätte ihr sonst ein schlechtes Gewissen bereitet, was den festlichen Wirbel anging. Die Weimarer, die an einem Ball teilgenommen hatten, kamen kaum vor Sonnenaufgang nach Hause, weil bei Hoffesten erst gegen Mitternacht soupiert wurde und die Bälle sich meist bis zum Morgengrauen ausdehnten. Lotte hatte ihren Spaß, besonders wenn sie einen Fächer mit Gucklö-

*Caroline von Beulwitz geb. von Lengefeld, die tempera-
mentvolle Schwester von Lotte Schiller*

chern zur Hand hatte, hinter dem sie ungestört die Festgäste beobachten konnte. Im Jahr ihrer Bekanntschaft schreibt er:

„So haben Sie mir also den Ball wohlbehalten zurückgelegt!
Es ist mir ordentlich lieb, daß er vorbei ist. So sehr ich das Vergnügen meiner Freunde liebe, so wünsche ich Sie doch so selten
als möglich auf Bällen. Ich weiß nicht warum – aber ich habe aus
eigener Erfahrung (erkannt), daß ein Vergnügen, das das Blut so
unordentlich erhitzt, und das die bessern Menschen den armse-
ligen so nahe bringt und mit ihnen vermischt, die feinen Gefühle
und die edlern Genüsse des Geistes gern auf eine Zeitlang hin-
wegschwemmt ...“[1] Schiller spielt hier auf den Maskenball in
Dresden und seine Bekanntschaft mit der Arnim an. Als er Lot-

te und Caroline später näher kannte, hat er ihnen von dieser abenteuerlichen Redoute erzählt.

Es waren zwar sehr lustige Wintermonate, die Lotte 1784/85 in Weimar zugebracht hatte, aber eine Hofdamenstelle war für sie nicht frei geworden. Das hieß Zurückkehren ins stille Rudolstadt. Die Sommermonate waren in der ländlichen Natur eine genussvolle Angelegenheit, aber der Gedanke, den kommenden Winter nur unter sich in der Abgeschiedenheit zubringen zu müssen, hatte etwas Deprimierendes. Bei Lotte machte sich zum ersten Mal ein Augenleiden bemerkbar und auch Caroline und die Mutter kränkelten. Um die trübe Stimmung nicht überhand nehmen zu lassen, wurde ein Kuraufenthalt für den kommenden Sommer in Karlsbad geplant. Im Juli 1786 trafen sie dort wie verabredet Frau von Stein und Goethe. Gemeinsam mit dem Paar verbrachten die drei Frauen erholsame und kurzweilige Kurwochen und kehrten mit seelisch aufwärts strebendem Stimmungsbarometer nach Rudolstadt zurück.

Caroline von Beulwitz begann wieder zu schreiben, die Mutter ging ihren Diensten nach und Lotte, die im November zwanzig Jahre alt wurde, bemerkte, dass ein Mann sie hartnäckig anhimmelte. Es war bei einer Geselligkeit ihrer Patentante auf dem Schlossgut Kochberg. Das tat ihrem Selbstwertgefühl gut; nur konnte sie diesen Verehrer nicht ausstehen, er war ihr einfach zu alt, trotz all seiner Bildung und guten Umgangsformen. Aber der 42-jährige Major Carl Ludwig von Knebel, der ehemalige Prinzenerzieher von Herzog Carl Augusts jüngerem Bruder Constantin, ließ sich nicht entmutigen. Da er wusste, wie sehr die Bürgerinnen von Rudolstadt nach Abwechslung lechzten, besuchte er Lotte mit zwei jungen Schotten im Gefolge, die er in Jena kennen gelernt hatte. Die Literatur begeisterten Herren wurden nicht abgewiesen und Lotte, die gut Englisch sprach, plauderte angeregt meist mit dem jüngsten Gast, einem Kapitän Henry Heron. Es stellte sich heraus, dass man die gleichen

Schriftsteller gelesen hatte. Lotte kannte die englischen Dichter Samuel Richardson und Alexander Pope, der eine hatte erfolgreich psychologische Briefromane geschrieben und der andere preziöse Schäferdichtung. Die sonst so schüchterne Lotte taute auf und war in ihrem Element, der Gesprächsstoff ging ihr nicht aus. Rechtzeitig, Knebel war ein höflicher Gast, verabschiedeten sich die Herren, als die Kaffeetafel beendet war. Lotte wünschte sich zweifellos ein Wiedersehen mit ihrem interessanten Gesprächspartner. Der Zufall kam ihr entgegen. Frau von Stein lud ihr Patenkind nach Weimar ein. Von Neujahr 1787 an verbrachte Lotte die ganze Karnevalszeit in der feierfreudigen Stadt. Zusammen mit einer Freundin, Friederike von Holleben, begann sie die Ballsaison, und bald schon traf sie Henry Heron auf einem dieser Feste wieder. Ungefähr 18 Tanzabende fanden während der Wintersaison statt, und sie endeten für die Besucher meist erst kurz vor dem Morgengrauen. Kostümierung war Pflicht, so konnten Adel und Bürgertum zwangloser miteinander feiern. Ohne feste Verabredung wusste der Schotte es so einzurichten, dass er auf allen Assembleen, Redouten und Veranstaltungen auftauchte, auf denen Lotte mit ihrer Freundin erschien. Frisch verliebt, entdeckte er seine Angebetete immer sofort unter den maskierten Gästen. Ehe sie sich versah, war Heron ihr Dauertanzpartner, der sie durch weltmännische Gewandtheit und seine sicheren höfischen Umgangsformen tief beeindruckte. Lotte hatte sich ernsthaft verliebt, interessanterweise fast zeitgleich wie Friedrich Schiller, den ebenfalls zur Karnevalszeit 1787 in Dresden der Pfeil Amors in Gestalt der Henriette von Arnim traf.

Als die Fastenzeit begann, reiste Lotte zurück nach Rudolstadt, aber Herzog Carl August hatte bemerkt, was sich auf seinen Festen angebahnt hatte. Er wollte die zurückhaltende Lotte necken und schickte ihr einen ausgestopften Reiher (englisch: heron) in Kapitänsuniform für ihre „englische Gartenanlage". Für sie war das gar nicht lustig, denn sie hatte wirklich Feuer gefangen und solche Belustigungen auf ihre Kosten kränkten sie. Sie sandte ihre Billets an Henry und er schrieb zurück an seine Lotte. Um sich die Zeit angenehm zu gestalten, spielte der Schotte auch den Sprachmeister für einige Mitglieder der Weimarer Gesellschaft. Das Englische war Mode geworden, nicht nur in den Gartenanlagen, sondern ebenso als gesprochene Sprache und als Dichtung. In das französisch geprägte Hofleben wollte die jüngere Generation einmal eine andere Stilrichtung als Abwechslung einführen.

Am zweiten Osterfeiertag kam Heron überraschend nach Rudolstadt hinausgefahren, um Lotte zu besuchen. Ihre Familie lernte den Schotten kennen und fand in ihm einen passablen Freier. Als Henry mit dem Mädchen auch einmal unter vier Augen reden wollte, ging das Paar am Saaleufer spazieren. Wie sie im Stillen gehofft hatte, gestand er ihr seine Liebe und spürte, dass sie erwidert wurde. Schweigend gingen sie weiter, und während sich Lotte eine schöne gemeinsame Zukunft mit Henry ausmalte, blieb er plötzlich unvermittelt stehen und riss sie aus ihren romantischen Visionen. Zutiefst traurig eröffnete er ihr, dass sein Militärdienst ihn nach Ostindien rief, und er seine Pflicht erfüllen müsse. Lotte blieb stumm, was sollte sie auch darauf erwidern, langsam gingen sie zum Haus zurück. Heron hatte sein Abschiedsgeschenk schon vorbereitet, es lag gut verpackt im Entree, wo er es bei seinem ersten Eintreten ins Haus abgelegt hatte. Er überreichte Lotte das Päckchen, und zum Vorschein kam eine Ausgabe der Werke Alexander Popes. Sie freute sich sehr darüber, aber sie wusste auch, dass der künftige Lesegenuss dieser Schriften immer mit der traurigen Stimmung des Abschieds verbunden sein würde. Sie lief in ihr Zimmer, um ihre Erschütterung zu verbergen und kam nach einer Weile mit einem kleinen Scherenschnitt von ihrem Profil zurück, das Henry sorgsam liebevoll in seine Rocktasche steckte. „Ich habe eine kleine schwarze Gefährtin: sie wird beständig meine Gespielin sein. Ihr ruhiges, heiteres Aussehen wird manche schwermütige

Stunde erleichtern, und in der Betrachtung derselben werde ich mich belebt fühlen durch einige der reinen Gedanken, die das Urbild beseelen."[2]

Lotte erhielt noch einen letzten Brief aus Rotterdam am 2. August, aber ihre Antwort, die sie nach London sandte, blieb unerwidert. Ein Jahr später erhielt Knebel aus Madras ein letztes Lebenszeichen des Kapitäns. Diesen Brief schenkte er Lotte 1804. Sie selbst blieb in jenem Jahr ihrer ersten großen Liebe untröstlich und vertraute ihrem Tagebuch ihre trüben Gedanken bis in den Sommer 1788 an. Obwohl der Minnesänger Schiller schon aufgetaucht war, hatte er die Liebeskummer-Dämonen noch nicht vertreiben können. „O warum ist doch unser Geist in so enge Schranken gebannt, warum können wir die Winde nicht durchschneiden, die Meere in einem Augenblick überfliegen, daß das Herz die Nähe einer freundschaftlichen Seele deutlich fühlen könnte. So wallen wir immer in einer ängstigenden Ungewissheit. Wenn wir vergessen könnten! Tis sure the hardest science to forget! Nein, nicht vergessen sollen wir, sondern stark die notwendigen Übel der Trennung tragen! Denn sie ist hoffentlich nicht ewig!"[3]

„Nicht ewig", Lotte hoffte also noch auf ein Wiedersehen mit ihrem Kapitän vom anderen Ende der Welt.

Die Titanide

 Auf der letzten Etappe von Rudolstadt nach Weimar genoss Schiller die schöne Landschaft, um sie bald in den höchsten Tönen zu loben. Der Jahreswechsel 1787/88 stand bevor und er musste allmählich sein Verhältnis mit Charlotte von Kalb klären, die in ihrer Wohnung in der Windischengasse 8 wahrscheinlich schon auf ihn wartete. Seine im Spätherbst begonnene Arbeit an der „Geschichte des Abfalls der Niederlande", die ihm eine Professur für Historik an der Uni Jena einbringen soll, musste unbedingt weitergeführt werden, damit er wenigstens seine Existenzgrundlage sichern konnte. Sein Lebensplan begann sich zu ändern, die Rückkehr nach Dresden trat mehr und mehr in den Hintergrund, und an eine gemeinsame Zukunft mit Charlotte von Kalb dachte er auch nicht mehr. Einer der engsten Freunde der Kalb in Weimar war Knebel, der von Lotte abgewiesene Verehrer. Er hatte gern Frauen um sich, aber leider gestanden sie ihm lieber ihre eigenen Herzensangelegenheiten, als ein Geheimnis des Herzens mit ihm zu haben. Er schätzte besonders Charlotte von Stein und die emotional „reichere und wärmere" Charlotte von Kalb. Der Liebeskummer beider Frauen war ihm bekannt, so konnte er als Seelentröster häufig in ihrer Nähe sein. Zur Taufe von Herders sechstem Sohn Alfred traf er die von ihm so verehrten Damen wieder, die eine hatte den Geliebten noch in Italien und die andere wartete auf ein Zeichen der Aussprache.

Lotte von Lengefeld fuhr für ein paar Wochen nach Weimar, um sich von ihrem Liebeskummer abzulenken. Was war da geeigneter, als in der Karnevalszeit einige Redouten zu besuchen. Viele machten ihr den Hof, aber Schiller, den sie zu ihrer Freude wieder traf, war so zielstrebig, dass die Weimarer Gesellschaft bald anfing zu tuscheln. Er hoffte, dass sie den Schotten bald ein wenig vergessen hatte und erneuerte klug sein Versprechen, den

Sommer in der Nähe von Rudolstadt zu verbringen. Um jeden Verdacht aus der Gerüchteküche bei der Kalb zu zerstreuen, brachte er ihr unbekümmert Lottes Stammbuch, in das die Ahnungslose die bedeutungsvollen Verse eintrug:

„Da nimm die Hand! Am Lebensufer blühen
Uns spät noch Blümchen und kein bittrer Schmerz
Soll unsern Glanz mit Wolken überziehen,
Nichts trüben unser Herz.

Wann spät am Abend uns die Händ' entsinken,
Und kühle Grabeslüfte um uns wehn,
Dann laß uns sterbend noch einander winken:
Uns drüben bald zu sehn!"[1]

Charlotte von Kalb glaubte noch an eine Zukunft mit Schiller, denn nach dem Rudolstädter Sommer war er häufig bei ihr zu Gast. „Charlotten besuche ich noch am meisten; sie ist diesen Winter gesünder und im ganzen auch heiterer als im vorigen; wir stehen recht gut zusammen; aber ich habe, seitdem ich wieder hier bin, einige Prinzipien von Freiheit und Unabhängigkeit im Handeln und Wandeln in mir aufkommen lassen, denen sich mein Verhältnis zu ihr wie zu allen übrigen Menschen blindlings unterwerfen muß. Alle romantische Luftschlösser fallen ein, und nur was wahr und natürlich ist, bleibt stehen."[2] Während der Dichter sich emotional mehr und mehr von ihr distanzierte, wurde der Gedanke, sich von Heinrich von Kalb scheiden zu lassen immer entschiedener. Sie bat ihren Dichterfreund um Rat und besprach mit ihm öfter diese „geheime Angelegenheit", die bald so geheim gar nicht mehr war. Alle ihre Freunde wussten von ihren Plänen, besonders Schiller, der überzeugt dafür plädierte, den Trennungsschritt zu wagen. „Sie verlangte, und konnte es auch mit allem Recht von mir verlangen, daß ich nach Weimar zu ihr kommen und über diese neue Lage der Dinge mit ihr beratschlagen solle."[3] Er bestärkte sie in ihrem Wunsch aus ihrer Ehe auszubrechen. Lange musste sie um die Modalitäten kämpfen, denn Johann August von Kalb sah mit der Scheidung der reichen Schwägerin seine Pfründe dahinschwinden. Endlich stimmte die Familie einer Scheidung zu, wollte ihr aber das Sorgerecht für den Sohn Fritz entziehen. Das war zu viel Verlust für sie, denn mittlerweile hatte Schiller sich zu Lotte von Lengefeld bekannt, sich verlobt und den Hochzeitstermin bestimmt. Er war nicht fair mit Charlotte von Kalb umgegangen, hatte sie völlig im Unklaren über seine Gefühle gelassen und die Lengefeld-Schwestern sogar dazu gebracht, seine eigene Einstellung ihr gegenüber zu übernehmen und sie zu verleumden. „Eine Frau, die ein vorzügliches Wesen ist, macht mich nicht glücklich."

Schiller hatte das Kritikvermögen der Frau von Kalb nicht ausgehalten. Kurz vor ihrer Hochzeit traf Lotte die ehemalige Freundin ihres zukünftigen Mannes bei ihrer Patentante und berichtet an den Bräutigam: „Gestern waren wir bei der Stein. Die Kalb ließ sich melden. Du hast keinen Begriff wie sie aussieht und tut … Sie sah aus, wie ein rasender Mensch, bei dem der Paroxysmus vorüber ist, so erschöpft, so zerstört, das Gespräch wollte gar nicht fort. Der ganzen Familie fiel es auf, daß sie noch nie so gewesen wäre. Sie klagte über den Kopf; sie saß unter uns wie eine Erscheinung aus einem anderen Planeten, und als gehörte sie gar nicht zu uns. Ich fürchte wirklich um ihren Verstand. Sie ist mir sehr aufgefallen, und hätte sie nicht wieder die unverzeihlichen Härten und das Ungraziöse in ihrem Wesen, sie könnte mein Mitleid erregen. Aber so stößt mich so vieles zurück. Ich beklage sie wohl, aber sie rührt mich nicht."[4] Lotte kostete ihren Sieg aus, den Dichter ganz für sich gewonnen zu haben und die tief enttäuschte Rivalin verbrannte bald darauf ihren Briefwechsel mit Schiller.

Die leidende Frau von Kalb schloss sich enger der Frau von Stein an, die Goethe ebenfalls für immer an die sinnliche, lebenslustige und unprätentiöse Christiane Vulpius verloren hatte. Bei Frau von Stein fand die verlassene Charlotte das nötige Verständnis für ihre zerbrochene Dichterliebe. Die Freundschaft der beiden war in dieser Phase des beieinander Trostsuchens so eng geworden, dass Lotte schon ein Komplott gegen sich witterte. Charlotte von Kalb fügte sich wieder einmal ins unvermeidliche Schicksal und ordnete ihr Leben neu, nur leider in der alten Weise. Sie versöhnte sich mit ihrem Mann und schenkte im September 1790 einer Tochter das Leben, die sie auf den Namen „Rezia" taufte. Sie hat den Namen aus Wielands Versdrama „Oberon" übernommen, der die darin vorkommende überirdisch schöne Sultanstochter Rezia nannte. Eine schwere Hypothek für das Kind, das, als es den hochgesteckten Erwartungen der Mutter nach elfengleichem Aussehen nicht entsprach, sich selbst Edda nannte. Wirtschaftlich gesehen waren die rosigen Zeiten auch vorbei. Heinrich von Kalb hatte durch die Revolution seine Stellung verloren, sich verspekuliert und der Schwager steckte den letzten Rest des Familienvermögens in dubiose Gerichtsprozesse, die er alle verlor. Ohnmächtig musste Charlotte von Kalb zusehen, wie ihre finanzielle Zukunft und die ihrer Kinder ruiniert wurde.

Trotz aller negativen Erfahrungen verlor sie nichts von ihrem Idealismus. Sie verehrte Goethe, schwärmte für Hölderlin, der ein Jahr als Hofmeister ihren Sohn Fritz unterrichtete, und 1796 stürzte sie sich wieder in eine euphorische Liebesbeziehung mit einem Dichter: Jean Paul Friedrich Richter. Diese neue Liebe machte es ihr wohl auch möglich, im Juli zu Lotte nach Jena zu fahren und ihr sowie Schiller zur Geburt des zweiten Sohnes Ernst zu gratulieren. „Das erstemal kam die Kalb hin mit der kleinen Rezia. Frau von Kalb hab ich oft bey der Schiller getroffen, die fortfährt sich wohl zu befinden."[5] Über diese Annäherung der früheren Freundin an seine Familie berichtet uns Caroline Schlegel. Es war Charlotte von Kalbs Versuch, dem ehemaligen Geliebten auf eine unverfängliche Weise nahe zu sein. Selten hat sich Schiller aus seiner Dichterklause herausbewegt, um an häuslichen Geschäftigkeiten teilzunehmen, so überließ er allein seiner Lotte den Umgang mit ihrer ehemaligen Rivalin. Das gleiche Muster verfolgte die verzweifelte Charlotte von Kalb auch später bei Jean Pauls Familie.

Ihre neue Dichterliebe war der Modeautor der gehobenen Gesellschaft und wurde besonders von den Damen gern gelesen. Sein Roman „Hesperus" hatte ihn plötzlich berühmt gemacht. Victor, der Held des Romans durchlebt alle Facetten des Gefühls, zu denen ein Mensch nur fähig sein kann. Ähnlich wie die Wirkung von Goethes „Werther", war auch die von Jean Pauls „Hesperus" auf die Leser und vor allem Leserinnen. Der Roman war das Kultbuch des Jahres 1795. Die Damen träumten von einem Mann wie Victor, und die Herren wollten sein wie er. Gefühlsseligkeit wechselte mit revolutionärem Geist, und damit traf der Dichter genau den Nerv der Zeit. Brieflich gab Charlotte von Kalb im Februar ihrer Bewunderung Ausdruck, lobte sein Werk und lud ihn nach Weimar ein. Im fernen Bayern, im kleinen Ort Hof, wo sich noch nicht einmal die Füchse Gute Nacht sagten, öffnete Jean Paul ihr Schreiben und las: „In den letzten Monaten wurden hier ihre Schriften sehr bekannt; sie erregten Aufmerksamkeit, und vielen waren sie eine sehr willkommene Erscheinung. Mir gaben sie die angenehmste Unterhaltung, und die schönsten Stunden in dieser Vergangenheit verdanke ich dieser Lektüre, bei der ich gern verweilte, und in diesem Gedankentraume schwanden die Bildungen Ihrer Phantasie gleich lieblichen Phantomen aus dem Geisterreiche meiner Seele vorüber. Jetzo ist es nicht mehr die einsame Blume der Bewunderung, die ich Ihnen übersende, sondern der unverwelkliche Kranz, den Beifall und Achtung von Wieland und Herder ihnen wand!"[6] Im Mai wurde sie drängender, zwei Drittel des Frühlings seien schon vorüber, die Bäume noch unbelaubt, er noch nicht hier, alle Zeichen des Frühlings blieben aus. Vier Wochen später kam Jean Paul nach Weimar. Er war schon seit zwei Tagen zu Fuß unterwegs, aber am 11. Juni war er mit einer Extrapost vor dem

Hotel zum „Erbprinzen" am Markt vorgefahren, weil sonst die Wirte kein anständiges Zimmer anboten. Die Herzoginmutter Anna Amalia wusste schon Bescheid, wer da angekommen war. Sie selbst hatte ja die Order erteilt, dass ihr alle durchreisenden Fremden sofort gemeldet werden sollen.

Im Vergleich zu seinem Heimatdorf Hof kam Jean Paul die kleine Residenzstadt mit ihren Läden um den Marktplatz fast städtisch vor, allerdings nicht so fürstlich wie er es sich vorgestellt hatte. Aber er war am Ort der Musen, und das ließ ihn alle anderen Unzulänglichkeiten erst einmal übersehen. Noch in Reisekleidern schickte er sofort eine Nachricht an Charlotte und bat „mit zitternder Freude um eine einsame Stunde", die sie ihm am nächsten Tag um 11 Uhr gewährte. „Ich hatte mir im Billett eine einsame Minute zur ersten ausbedungen, ein Coeur à Coeur. Sie hat zwei große Dinge, große Augen, wie ich noch keine sah, und eine große Seele. Sie spricht gerade so wie Herder in den Briefen der Humanität schreibt. Sie ist stark, voll, auch das Gesicht ..., wobei sie die großen fast ganz zugesunkenen Augenlider himmlisch in die Höhe hebt, wie wenn Wolken den Mond wechselweise verhüllen und entblößen ... Ach hier sind Weiber! Auch habe ich sie alle zum Freunde, der ganze Hof bis zum Herzog liest mich."[7] Unverhohlener Stolz schwingt mit in seinem Brief an den Freund Christian Otto, der in Zukunft alle Korrespondenz der „Ostheim", wie er sie nennt, zu lesen bekam. Skrupellos wurden ihre Gefühle preisgegeben und im dichterischen Universum für ein kommendes Werk gespeichert. Für drei Wochen war Jean Paul die Sensation in Weimar und wurde von Charlotte von Kalb bei allen wichtigen Personen eingeführt. Wie schon Friedrich Schiller, nahm auch Jean Paul diese Vermittlungen als selbstverständlich hin. Er schwelgte die ersten Tage in rauschhaftem Zustand, genoss die Bewunderung, die ihm entgegengebracht wurde, und ernährte sich „fast nur von Wein und englischem Bier." Als er wieder abreiste, war er ernüchtert und verglich die Stadt „mit einer Erdkugel, die nur dem fernen

Betrachter als glänzender Mond erscheint". Zwei lange Jahre war Charlotte wieder in eine spannungsvolle Erwartungshaltung versetzt. Der Dichter nutzte sie als Vorbild seiner weiblichen Charaktere in seinem Werk, hörte auf ihre Ansichten, diskutierte mit ihr – bis sie ihn eines Tages durch ihre berechtigte Kritik in Angst und Schrecken versetzte. Ihre Korrespondenz wurde zur Auseinandersetzung zwischen den Geschlechtern. „Männern wollen nur die Überzeugung, sie könnten uns Freunde sein; und wir betrügen uns über Euch bis ans Ende ... nur aus Bedürfnissen suchen sie uns; übrigens sind wir ignoriert. Weh uns, wenn wir gar Göttinnen werden! Dann müssen wir wie diese unsichtbar sein."[8]

Dass Jean Paul das Urteil der Kalb schätzte, beweist die Tatsache, dass er ihr seine Erzählung „Die Mondfinsternis" geschickt hat, in der er sein ganzes geniales sprachliches Können zur Verteidigung der weiblichen Keuschheit einsetzt. Die Schlange wird darin zur Verführerin und die Religion zur Beschützerin von Mädchentugend. Die lebenserfahrene tolerante Charlotte reagierte empört: „Ach, ich bitte, verschonen Sie die armen Dinger und ängstigen Sie ihr Herz und Gewissen nicht noch mehr! Die Natur ist schon genug gesteinigt ... Ich verstehe diese Tugend nicht und kann um ihretwillen keinen heilig sprechen ... Alle unsere Gesetze sind Folgen der elendsten Armseligkeit und Bedürfnisse, selten der Klugheit. Liebe bedürfte keines Gesetzes. Die Natur will, daß wir Mütter werden sollen; – vielleicht nur, damit wir wie einige meinen, Euer Geschlecht fortpflanzen! Dazu dürfen wir nicht warten bis ein Seraph kommt – sonst ginge die Welt unter. Und was sind unsere stillen, armen, gottesfürchtigen Ehen? ... unter Millionen ist nicht einer, der nicht in der Umarmung die Braut bestiehlt."[9] Jean Paul war beeindruckt, aber geändert hat er nichts an seinem Werk. Er empfand es als Einmischung in sein „ästhetisches Leben".

Trotz dieser grundlegenden Meinungsunterschiede scheute sich Charlotte von Kalb nicht dem Dichter im Dezember 1798, er war seit Oktober wieder in Weimar, einen Heiratsantrag zu machen. „Liebe mich und kein anderes Wesen so wie mich", forderte sie ihn auf. Wie zu erwarten wiederholte sich die Tragödie ihres Lebens. Jean Paul schrieb fast befreit an seinen Freund Otto: „Jene Frau – künftig heiße sie Titanide ... will mich heiraten und sich scheiden ... O, ich sagte der hohen heißen Seele einige Tage darauf: Nein! Und da ich eine Größe, Glut Beredsamkeit hörte wie nie: so bestand ich eisern darauf ... ich sehe die hohe genialische Liebe – aber es passet nicht zu meinen Träumen."[10] Unversehrt ging der Autor aus dieser Liebe hinaus. Er hatte genug Stoff gesammelt, jetzt konnte er den „Titan machen", sie wurde die Romanvorlage seiner Linda, und er bekannte, Charlotte von Kalb habe mehr für seine Bildung getan als alle übrigen Weiber zusammen. Später heiratete Jean Paul das Bürgermädchen Karoline Mayer, die den Grad von Emanzipation der Charlotte von Kalb noch nicht erreicht hatte.

Sie versuchte die Trümmer ihrer Liebe in eine Freundschaft mit dem Ehepaar Richter zu retten und bekam bald nur noch aus Mitleid Post von seiner Frau. 1799 erhielt sie noch einmal einen Brief von Schiller, nachdem sie ihm zur Aufführung seines Dramas „Wallensteins Tod" gratuliert hatte. „Ihr Andenken, theure Freundin, wird seinen vollen Werth für mich behalten. Damals trugen Sie das Schicksal meines Geistes an Ihrem freundschaftlichen Herzen und ehrten in mir ein unentwickeltes, noch mit dem Stoffe unsicher kämpfendes Talent. Ist es mir jetzt gelungen, Ihre damaligen Hoffnungen von mir wirklich zu machen, und Ihren Antheil an mir zu rechtfertigen, so werde ich nie vergessen, wie viel ich davon jenem schönen und reinen Verhältnisse schuldig bin."[11] Im gleichen Jahr verließ sie Weimar und zog sich auf ihr Familiengut zurück. Als Trost konnte sie das Gefühl mitnehmen, von ihrem früheren Freund anerkannt zu sein. Charlotte schrieb an ihrem Roman „Cornelia" weiter, dessen erste Kapitel sie noch Schiller und Jean Paul mitteilte, um ihn später ohne deren Kommentare zu vollenden. Wie viele Frauen ihrer

Zeit, zeigte sie sich in ihren Schriften so, wie sie als Schriftstellerin sein zu müssen glaubte: weiblich dilettantisch. „Die ‚Cornelia' zeigt Grundübel und Irrtümer weiblicher Schriftstellerei in hypertrophierter Form, was nicht wundert, bedenkt man Charlottes Misstrauen, ihre Angst vor Selbstpreisgabe schon in ihren privaten Beziehungen. Ihre Heldin ist eine Heilige ohne gute Werke, aber mit großer Seele, ein Spiegel göttlicher Liebe und göttlicher Hoheit, Licht ohne Schatten, fremd auf dieser Erde, erfüllt von der Sehnsucht nach der ‚himmlischen' Heimat."[12] Ihr eigentümlich pathetischer Stil, mit dem sie in ihren Briefen an die Dichter das tatsächlich Gefühlte berichtet, wurde von ihnen als natürliche Ausdruckskraft bewundert. Das Konstruierte ihres Romans oder ihrer später diktierten „Erinnerungen", die erst nach ihrem Tod von der Tochter veröffentlicht wurden, waren für die Kritik nur gänzlich misslungene Produkte.

Verarmt zog sie 1804 mit der Tochter Edda nach Berlin, die dort eine Stelle als Hofdame bekam und die blinde Mutter im Alter bei sich aufnahm. Zuvor hatte Charlotte von Kalb noch versucht, sich dem Philosophen Fichte zu nähern und ihn als ihren Lehrer zu gewinnen. Aber auch da gewann sie nicht den Mann allein, sondern wurde eine Freundin der Familie. Heinrich von Kalb, von dem sie nie geschieden wurde, der aber schon lange mit einer anderen Frau drei Kinder hatte, erschoss sich 1806, als das Familienvermögen endgültig verloren war. 1825 erschoss sich auch ihr 31-jähriger Sohn August, dem sie immer fremd geblieben war. Die berühmte Berliner Saloniere, Rahel Varnhagen, die Schillers Laura-Gedichte so gerühmt hat, urteilte 1828 über Charlotte, die oft ihren Salon besuchte: „Frau von Kalb ist von allen Frauen, die ich je gekannt habe, die geistvollste; ihr Geist hat wirklich Flügel, mit denen sie sich in jedem Augenblick, unter allen Umständen, in alle Höhen schwingen kann; dies ist ein absolutes Glück, und sie fühlt sich dadurch so frei, daß sie nach dem erhabensten oder tiefsten Geistesblick öfters lacht, ... flugs nimmt ihr Geist eine andre, öfters entgegengesetzte Richtung, und thut da wieder Wunder."[13] Charlotte von Kalb nahm bis zu ihrem Tod 1843 am literarischen Geschehen in Berlin teil. Die Tochter Edda las ihr die neuesten Berichte aus dem Kulturteil vor oder erzählte von den aktuellen Ereignissen mit denen sich die Gesellschaft in Schloss und Stadt befasste. An ihrem 79. Geburtstag meinte sie, sie müsse wohl einen Schutzgeist haben, denn es sei ungewöhnlich, blind, arm und dennoch zufrieden zu sein.

In ihre ehemalige Weimarer Wohnung waren 1799 die Schillers eingezogen. Lotte war froh, dass ihre Vorgängerin alle Spuren verwischt hatte und nichts mehr an sie erinnerte.

Volkstedter Sommer

 Die Vorliebe für das Englische, die gerade in der Weimarer Gesellschaft grassierte, hatte Schiller natürlich bemerkt. Da er wusste wie sehr Lotte die englischen Dichter liebte, wollte er seinen Einfluss bei ihr geltend machen und zeigen, dass er davon ebenfalls etwas verstand. Er ging in die Bibliothek, um sich die Werke auszuleihen, von denen er meinte, sie habe sie noch nicht gelesen. Bald schon ergab sich eine Gelegenheit, ihr die Bücher zu bringen. An Ostern 1788, das Fest war schon am 23. März, war er zu einem Treffen mit Lotte im Haus der Frau von Imhoff verabredet. Schon seit Januar wohnte sie bei der Schwester ihrer Patentante. Er brachte ihr Robertsons „Geschichte von Schottland" mit. Vielleicht wollte er Lottes Reaktion testen, die genau ein Jahr zuvor ihren geliebten Schotten Heron zum letzten Mal gesehen hatte. Schnell legte er das zweite Buch in ihre Hände, Henry Fieldings „The History of Tom Jones", das der Filou wohl mit Absicht ausgesucht hatte, denn die Heldin des Romans „Sophie Western" ist ohne Rücksicht auf Stand und Familie ein Vorbild unbeirrbarer Liebe. Schiller wusste, dass er für das adlige Fräulein von Lengefeld nur ein Bürgerlicher war, aber sein Wünschen ging natürlich dahin, in ihr endlich das Wesen zu finden, das für ihn alle Barrieren überwand. „Ich muß ein Geschöpf um mich haben, das mir gehört, das ich glücklich machen kann und muß, an dessen Dasein mein eigenes sich erfrischen kann. Ich bedarf eines Mediums, durch das ich die anderen Freuden genieße. Freundschaft, Geschmack, Wahrheit und Schönheit werden mehr auf mich wirken, wenn eine ununterbrochene Reihe feiner wohltätiger häuslicher Empfindungen mich für die Freude stimmt und mein erstarrtes Wesen wieder durchwärmt."[1] Diese Gedanken hatte er im Januar seinem Freund Körner nach Dresden geschrieben, der nach wie vor der Meinung war, Schiller solle eine reiche Frau heiraten. Wenn er auch verschuldet war, sein Selbstbewusstsein gegenüber Frauen hatte noch nie darunter gelitten. Trotzdem war er sich klar darüber, dass er bei seiner Werbung um Lotte als stellungsloser Poet behutsam vorgehen musste. Nach der Kaffeetafel suchte Schiller noch die Ostereier, die Lotte zuvor versteckt hatte. Beim Abschied vergaß er sie wohl vorsätzlich und konnte nun im nächsten Billet ankündigen, dass er sie bald abholen werde. Lotte war „seine liebste Gesellschaft" geworden.

Schiller hatte ganz geschickt taktiert. Nachdem die ahnungslose Frau von Kalb Anfang März der jungen Lotte ihre Verse ins Stammbuch geschrieben hatte, ließ der Dichter einige Wochen verstreichen und schrieb am 3. April auf die Rückseite ihrer gefühlvollen Zeilen sein eigenes Gedicht. Lotte hat sich nie dazu geäußert ob sie gekränkt war, dass er seine Verse auf ein Blatt mit einer Liebeserklärung von der Kalb geschrieben hat. Vielleicht wollte er ihr dadurch beweisen, dass die andere keine Bedeutung mehr für ihn hatte. Es sind die einzigen Verse, die Schiller je unmittelbar an Lotte von Lengefeld gerichtet hat. Sie wurden später in leicht geänderter Form unter der Überschrift: „Einer jungen Freundin in's Stammbuch" in sein Werk aufgenommen. Hier die Stammbuchversion:

> *„Ein blühend Kind, von Grazien und Scherzen*
> *umhüpft – so, Lotte, spielt um Dich die Welt,*
> *Doch so, wie sie sich malt in Deinem Herzen,*
> *in Deiner Seele schönen Spiegel fällt,*
> *So ist sie doch nicht! – Die Eroberungen,*
> *die jeder Deiner Blicke siegreich zählt,*
> *Die Deine sanfte Seele Dir erzwungen,*
> *die Statuen, die – Dein Gefühl befreit,*
> *Die Herzen, die Dein eignes Dir errungen,*
> *die Wunder die Du selbst getan,*
> *Die Reize, die Dein Dasein ihm gegeben,*

die rechnest Du für Schätze diesem Leben,
für Tugenden und Erdenbürgern an.
Dem holden Zauber nie entweihter Jugend,
der Engelgüte mächtigem Talisman,
Der Majestät der Unschuld und der Tugend,
den will ich sehn – der diesem trotzen kann!
Froh taumelst Du im süßen Überzählen
der Glücklichen, die Du gemacht, der Seelen,
die Du gewonnen hast, dahin.
Sei glücklich in dem lieblichen Betruge,
nie stürze von des Traumes stolzem Fluge
ein trauriges Erwachen Dich herab.
Den Blumen gleich, die Deine Seele schmücken,
so pflanze sie – nur den entfernten Blicken,
betrachte sie – doch pflücke sie nicht ab!
Geschaffen, nur die Augen zu vergnügen,
welk werden sie zu Deinen Füßen liegen,
je näher Dir – je näher ihrem Grab."[2]

Schiller hatte Lotte mit seinem elegischen Minnesang erobert. Zwei Tage später, am 5. April 1788, hieß es Abschied nehmen. Sie musste zurück nach Rudolstadt. „Die Hoffnung, Sie bei uns zu sehen, macht mir den Abschied leichter; kommen Sie sobald sie können. – Leben Sie wohl! Recht wohl, wenn ich Sie hier nicht mehr sehen soll, und denken Sie meiner, ich wünschte, daß es oft geschehe. Kommen Sie doch so bald als möglich zu uns. adieu. adieu."[3]

Wieder zu Hause, berichtete Lotte ihrer Schwester Caroline vom Treffen mit Schiller. Fast ein wenig neidisch erinnerte diese sich an den charismatischen Dichter und die unterhaltsamen Stunden mit ihm im vergangenen Dezember. Wenig später schon traf der erste umfangreiche Brief von Schiller in Rudolstadt ein, den er noch am Abend von Lottes Abreise geschrieben hatte. Er werde bald in ihrer Seele lesen und freue sich auf die

Entdeckungen, die er darin machen werde. Im nächsten Brief einige Tage darauf, erinnerte er an den versprochenen Aufenthalt, und dass sie alle seine Träume, die er sich für den Sommer gemacht habe, erfüllen könne. Am Schluss wurde er ähnlich prosaisch wie damals, als er den Dresdner Aufenthalt plante. Lotte las: „Haben Sie indessen meiner auch wegen einer Wohnung gedacht? … Aber die notwendigen Meubles müsste ich auch dabei haben wenn es nur irgend möglich ist. Alsdann auch, wenn es angeht, die Kost; doch diese soll den Handel nicht rückgängig machen, wenn es damit Schwierigkeiten hätte, weil ich sie mir aus der Stadt würde holen lassen können. Noch einmal, bestes Fräulein, verzeihen Sie mir den Mißbrauch Ihrer Güte. Es soll der letzte Auftrag dieser Art sein. Den Ihrigen sagen Sie recht viel Schönes von mir. Leben Sie recht wohl und erinnern sich zuweilen meiner.“[4]

Während Lotte sich mit Unterstützung ihrer Schwester auf die Suche nach einem geeigneten Quartier machte, belustigte sich Schiller in Weimar über ein Schreiben, das er vor einigen Wochen aus Schweinfurt erhalten hatte. Immer noch schmunzelnd berichtete er erst jetzt dem Freund Körner, man habe ihm in der fränkischen Reichsstadt eine Ratsherrenstelle mit leidlichem Gehalt, verbunden mit einer Frau von einigen tausend Talern Mitgift, die an geistigen und äußerlichen Vorzügen seiner nicht unwert sei, angeboten. Außerdem würde ihn die Stellung nur zwei oder drei Stunden Zeit wöchentlich kosten. Solch ein Ansinnen konnte bei Schiller nur ein süffisantes Lächeln und amüsiertes Schulterzucken hervorrufen, keinesfalls Empörung. Er sah das Ganze als Spaß, der das alltägliche Einerlei etwas bunter färbte. Kurz darauf hielt er Lottes Brief in Händen, die sich zuverlässig um eine Unterkunft für ihn bemüht und sie in Volkstedt, nur eine halbe Stunde entfernt, gefunden hatte. „Ich denke diese Gegend wird Ihnen lieb sein, mir brachte sie gestern einen Eindruck von Ruhe in die Seele, der mir innig wohltat. Die Stube die ich für Sie bestimmte, ist nicht sehr groß, aber reinlich, auch die Stühle sind nicht ganz ländlich, denn sie sind beschlagen, eine Kammer daneben, wo das Bette stehen kann, und auch eine für den Bedienten nicht weit davon. Für Betten will der Schulmeister sorgen, dem das Haus gehört, auch wohnt eine Frau darin, die Ihnen Kaffee machen, und auch bedienen könnte, zur Not auch kochen, wenn das Wetter zu böse wäre, um es sich aus der Stadt holen zu lassen."[5]

Überglücklich bedankte sich Schiller bei Lotte, dass sie für ihn eine passende Wohnung gefunden hatte. Im Haus des Kantors Unbehaun richtete man unterdessen alles für den Sommergast her. Nach einer Übernachtung am 19. Mai im Gasthof „Zur Güldenen Gabel" in Rudolstadt, besuchte er am nächsten Tag die informierte Familie von Lengefeld. Die Schwestern erwarteten ihn schon sehnlichst, aber er war nur kurz zu Gast, es drängte ihn zum neuen Quartier in Volkstedt. Er fand alles auf das Vortrefflichste nach seinen Wünschen hergerichtet. Nachdem er seine wenige Habe in den neuen Räumen untergebracht, sich den Schreibtisch ins beste Licht gerückt, und die ersten Spaziergänge mit Lotte und Caroline gemacht hatte, war er überzeugt, dass ihm ein angenehmer Sommer bevorstand. Dies fühlte er bald auch dadurch bestätigt, dass ihm zwei junge Mädchen des Dorfes während er einen Spaziergang machte, einen Maibaum ins Zimmer stellten, auf dass er sich bald eine Braut suche.

Glücklich berichtete er dem Freund Körner, wie gut er es angetroffen habe. Er wohne in einem neuen Haus, das in lieblicher Umgebung stehe und habe in den Familien Lengefeld und Beulwitz den angenehmsten Umgang. Doch wolle er sich davor hüten, sich zu nahe an eine einzelne Person aus diesem Kreis anzuschließen. „Beide Schwestern haben etwas Schwärmerei was Deine Weiber nicht haben, doch ist sie bei beiden dem Verstande subordiniert und durch Geisteskultur gemildert."[6] Körner wusste, dass bei seinem begeisterungsfähigen und schnell entflammbaren Freund solche Zeilen genau das Gegenteil bedeuteten und ließ es an Warnungen nicht fehlen. Schiller beirrte das wenig. Meist versuchte er, an schönen Nachmittagen die beiden Schwestern zu erholsamen anregenden Spaziergängen zu treffen, bis er „seinen Genius wieder fühlte". Das Saaleufer erschien ihm wie der „Hain der Diana" und Caroline und Lotte waren seine wohltätigen „Göttinnen". Er liebte die Saale „wie der Inder seinen Ganges". Caroline von Beulwitz beschrieb diese idyllischen Volkstedter Monate sehr anschaulich: „Wie ein Blumen- und Fruchtgewinde war das Leben dieses ganzen Sommers mit seinen genussreichen und bildenden Tagen und Stunden für uns alle. Schiller wurde ruhiger, klarer, seine Erscheinung, wie sein Wesen, anmutiger, sein Geist den phantastischen Ansichten des Lebens, die er bis dahin nicht ganz verbannen konnte, abgeneigter. Meiner Schwester ging neue Lebenshoffnung und Freude im Herzen auf, und ich wendete mich wieder mehr zum Genuß des Lebens im Glück einer neubeseelenden Freundschaft. Alles, was uns umgab, genoß und teilte diesen freundlichen Zauber."[7]

Es kann kein Zweifel darüber bestehen, dass Schillers Anwesenheit die trüben Gedanken der Schwestern vertrieb. Die eine dachte nicht mehr so oft an ihre unglückliche Ehe und die andere nicht mehr so häufig an den fernen Schotten. Besonders gern wurden Ausflüge und Besuche zu viert unternommen, wenn Wilhelm von Wolzogen dabei war und seiner Cousine den Hof machen konnte. Das Quartett schaute auch bei Ludwig Prinz von Schwarzburg vorbei, der sehr angetan war von der Persönlichkeit Schillers. Gemeinsam stiegen sie den Schlossturm hinauf, und stolz zeigte ihm der zukünftige Landesherr die schönsten Ausblicke auf die Umgebung. In der anziehenden Begleitung der Schwestern „entwischte ihm manch schönes Stündchen", das der Dichter lieber am Schreibtisch zugebracht hätte, aber er wollte keine Freude mehr allein genießen. Lotte war noch vorsichtig, was den neuen Verehrer anging und plante ihn besser nicht in ihre Zukunft ein, um sich neues Liebesleid zu ersparen. Aber besuchen sollte er sie einmal: „Mein Stübchen erwartet Sie, und mein Schreibtisch, es ist mir lieb daß Sie auch in meinem Eigentum einmal leben, es wird mir eine freundliche Erinnerung geben, wenn wir nicht mehr zusammen sind!"[8] Auch Schiller sprach nicht über seine Absichten, was die Zukunft betraf, da er sich über die finanzielle „Bedenklichkeit seiner ganzen Lage nicht täuschte". Heiraten kostete viel Geld und die Standesverhältnisse waren noch sehr streng voneinander geschieden.

Mit seinem Arbeitspensum konnte der Dichter aber durchaus zufrieden sein. „Ich bin fleißig und arbeite wie ein Vieh", die in Weimar begonnenen Werke hatte er intensiv fortgesetzt. Besonders die „Geschichte des Abfalls der vereinigten Niederlande" wollte er bald beenden; danach am „Geisterseher" weiterschreiben, die „Don-Carlos-Briefe" und den „Menschenfeind" in Angriff nehmen. Daneben entstand noch ein humoristisch-satirisches Gedicht „Die berühmte Frau. Epistel eines Ehemanns an einen anderen", in dem Schiller die schriftstellerischen Ambitionen einer Frau verspottet.

> *„(...)*
> *Kaum ist der Morgen grau,*
> *So kracht die Treppe schon von blau*
> *und gelben Röcken*
> *Mit Briefen, Ballen, unfrankierten Päcken,*
> *Signiert: an die berühmte Frau.*
> *Sie schläft so süß! – Doch darf ich sie nicht schonen.*
> *‚Die Zeitungen, Madam, aus Jena und Berlin!'*
> *Rasch öffnet sich das Aug' der holden Schläferin:*
> *Ihr erster Blick fällt – auf Recensionen.*
> *Das schöne blaue Auge, – Mir*
> *Nicht einen Blick! – durchirrt ein elendes Papier!*
> *Laut hört man in der Kinderstube weinen:*
> *Sie legt es endlich weg und fragt nach ihren Kleinen.*
> *(...)*
> *Was hab' ich nun? – Beweinenswerther Tausch!*
> *Was ist von diesem Engel mir geblieben?*

Ein starker Geist in einem zarten Leib,
Ein Zwitter zwischen Mann und Weib,
Gleich ungeschickt zum Herrschen und zum Lieben;
Ein Kind mit eines Riesen Waffen,
Ein Mittelding von Weisen und von Affen!
Um kümmerlich dem stärkern nachzukriechen,
Dem schöneren Geschlecht entfloh'n;
Herabgestürzt von einem Thron,
Des Reizes heiligen Mysterien entwichen,
Aus Cythereas gold'nem Buch gestrichen
Für – einer Zeitung Gnadenlohn.«[9]

Vielleicht war das Gedicht als kleiner Seitenhieb auf Caroline gedacht, die schon viele Artikel in Sophie von La Roches „Pomona" veröffentlicht hatte und ihrer Schreib- und Lesepassion keinen Zwang antat. Niemals würde sie sich von solchen Zeilen ab-
halten lassen, ihr Talent zu nutzen. Was die Männer nur gegen
das Schreiben hatten? Wenn es Gulden einbrachte, nahmen sie
diesen Umstand gern in Kauf, sprachen aber nicht öffentlich darüber. Auch Lotte nutzte Jahre später die Gelegenheit, ein paar Taler zum schmalen Haushaltsgeld hinzuzuverdienen. Ihre Erzählungen „Die Nonne", „Die neue Pamela", „Autun und Manon",
„Der Prozeß" und „Die heimliche Heirat" hatte sie nicht nur aus
Freude, sondern auch aus pekuniären Gründen für Cottas „Flo-
ra. Teutschlands Töchtern geweiht", geschrieben. Ihr Gemahl
hatte keine Einwände.

Die Schwestern und der junge Poet sahen sich in jenem Sommer
fast täglich, jede zog ihn auf ihre Weise an. Die anregende und
kluge Caroline, der die Gespräche mit Schiller ein lustvolles Le-
benselexier waren, das er zu gerne immer wieder auffrischte, und
die ruhige, aber durchaus kokette Charlotte, bei der sich sein
lebhafter Geist entspannen konnte. Bald brauchte er beide wie
die Luft zum Atmen. Caroline machte aus ihrer unglücklichen

Ehe keinen Hehl und zog den Dichter in ihren Bann. Sie sprach mit Schiller auch über Goethe, da ihn „wenige Sterbliche so interessierten", aber Caroline sagte, dass ein Treffen mit ihm gut vorbereitet werden müsse. Er war ja gerade erst aus Italien zurückgekommen, und jedermann in Weimar wollte den Heimkehrer sehen. Da war es sinnvoller, den Sommer über nicht zu stören. Außerdem zog Schiller Ende August nach Rudolstadt, um dem Lengefeldschen Haus näher zu sein. Im Roßschen Anwesen am Schlossaufgang nahm er Quartier und schrieb an Lotte: „Mein Logis hätte gar keinen Fehler, wenn es Ihnen gegenüber wäre. Ich brächte einen Spiegel in meinem Zimmer an, daß mir Ihr Bild gerade vor dem Schreibtisch zu stehen käme, und dann könnte ich mit Ihnen sprechen, ohne daß es ein Mensch wüsste."[10]

Caroline hatte sich in der Zwischenzeit bemüht, ein Treffen zwischen Goethe und Schiller zu arrangieren. Anfang September lud sie ihn und andere Gäste zu einem Mittagessen in ihre Villa. Die Dichter saßen sich nicht direkt gegenüber, aber doch so platziert, dass sie die Physiognomie des anderen in Ruhe studieren konnten. Schiller kam der Gast etwas niedergedrückt vor, so als trauere er der heiteren Atmosphäre des Südens nach. Das Wetter war noch angenehm warm, sodass die Gesellschaft nach Tisch im Garten zusammensitzen konnte, aber auch hier ging die Zurückhaltung des Italienfahrers gegenüber Schiller nicht in ein vertrauliches Gespräch über. Einige Tage später schrieb er dem gespannt auf seinen Bericht über Goethe wartenden Freund Körner: „Im ganzen genommen ist meine in der Tat große Idee von ihm nach dieser persönlichen Bekanntschaft nicht vermindert worden; aber ich zweifle, ob wir einander je sehr nahe rücken werden. Indessen schließt sichs aus einer solchen Zusammenkunft nicht sicher und gründlich. Die Zeit wird das weitere lehren."[11] Der Graben zwischen dem Weimarer Dichtertitan und dem jungen Schwaben war so gewaltig, dass Schiller noch ein halbes Jahr später seine Enttäuschung über die missglückte Annäherung nicht überwunden hatte und meinte, wenn er öfters um Goethe sei, würde ihn das unglücklich machen, er sei an nichts zu fassen.

Die wenigen Wochen, die er noch in Rudolstadt war, verbrachte Schiller mit seinen beiden Freundinnen und richtete auch größtenteils seine Briefe an beide Schwestern. „An Lotte und Caroline – Wie glücklich bin ich durch Ihren Umgang, und wie viel wird er mir mit jedem Tage. Es ist auch viel Mannigfaltigkeit in unserem Zirkel, die sich dann wieder in eine Übereinstimmung auflöst – Ich kann mich gar nicht mit der Idee versöhnen, daß ich Sie einmal verlassen soll, und jeden Morgen und jeden Abend projektiere ich mit mir selbst, wie ich dieser Notwendigkeit entfliehen kann."[12] Seinen Geburtstag am 10. November 1788 feierte er noch gemeinsam mit den jungen Frauen, die ihm ein schönes Fest im Lengefeldschen Haus ausgerichtet hatten, damit „der Tag ihm vor vielen anderen merkwürdig blieb." Ausgestattet mit Geschenken, hatten sie den Dichter gedrängt, die seit Wochen geplante Abreise nicht zu verschieben. Sie fuhren am 12. November nach Erfurt zur Freundin Caroline von Dacheröden, und er bestieg am gleichen Morgen die Postkutsche nach Weimar, ganz verwundert darüber, was in einem Jahr alles geschehen war. Lotte hatte ihm zum Abschied noch eine Geranie, die sie eigens aus dem Garten ausgegraben hatte, in die Hände gedrückt, damit er ein Stück Rudolstadt in Weimar habe.

Entscheidungen

Kaum zurück, stürzte sich Schiller in seine weitere Beschäftigung mit historischen Themen. Er schlug Einladungen zu Diners und Soupers aus und blieb für die Weimarer Gesellschaft fast unsichtbar. Nur zehn Tage später, am 22. November, wurde Lotte zweiundzwanzig. Er hatte ihren Geburtstag nicht vergessen, hoch gestimmt nutzte er den Anlass, eine Arbeitspause einzulegen, ihr zu gratulieren und von seinen süßen, dichterischen Träumen zu berichten, die ihr Ehrentag bei ihm ausgelöst habe. Sie saß derweil beim Geburtstagskaffee, den sie dem ewigen Tee vorgezogen hatte. Die Patentante hatte sie auf das illustre und exotische Getränk aufmerksam gemacht, das bei den jungen Damen als besonders modern galt. Als der Gesprächsstoff anfing auszugehen, spielten die Schwestern mit ihren Freundinnen Friederike und Lina von Holleben Taroc. Abends lasen sie zusammen die aktuellsten Romane und schwärmten für die Helden. Die gemeinsame Lektüre von Büchern war damals eine beliebte Beschäftigung, sich an langen Winterabenden die Zeit zu vertreiben. Neben der Unterhaltung kam noch der bildende Effekt hinzu. Aber auch alleine las Lotte sehr gern, was ihrer mehr introvertierten und Schillers besitzergreifenden Art entgegenkam. „Daß Sie einsam leben freut mich; denn eigentlich möchte ich gern allen Menschen Ihre Gesellschaft nicht gönnen."[1]

Sein Buch über den „Abfall der Niederlande" war Ende Oktober erschienen und verkaufte sich so gut, dass noch im gleichen Jahr die zweite Auflage gedruckt wurde. Dies verschaffte ihm eine weithin wahrgenommene vorteilhafte Reputation, sodass sich Anfang Dezember ein Regierungsrat von Herzog Carl August nach seiner Bereitschaft für eine unbesoldete Professur für Geschichte an der Uni Jena erkundigte. Caroline warnte ihn, über der vielen Historie nicht das Dichten zu vergessen, aber er ent-

Das Griesbachsche Haus in Jena, in dem Schiller seine Antrittsvorlesung hielt

gegnete, die Geschichte sei nur ein Magazin für seine Phantasie und nahm das Angebot an. In seiner Vorstellung verband er eine feste Anstellung als ersten Schritt, um eine eheliche Existenz zu sichern. Wer auch immer seine Frau wurde, er wollte ihr auf ewig treu sein. An Lotte und Caroline schrieb er einen Tag vor Weihnachten: „Also die schönen paar Jahre von Unabhängigkeit die ich mir träumte sind dahin, mein schöner künftiger Sommer in Rudolstadt ist auch fort; und dies alles soll mir ein heilloser Katheder ersetzen! Das beste an dieser Sache ist doch immer die Nachbarschaft mit Ihnen. Ich rechne darauf, daß Sie mir diesen Sommer eine himmlische Erscheinung in Jena sein werden, weil ich das erste Jahr zuviel zu tun und zu lesen habe, um noch etwas Zeit für die Wünsche meines Herzens übrig zu behalten ..."[2] Am 21. Januar 1789 erhielt Schiller das Reskript zur Ernennung als Professor und drei Monate später ernannte man ihn noch zum Magister der Künste und Ehrendoktor der Philosophie. Bald schon wünschte er die akademischen Würden zum Teufel, weil sie ihm einen Taler nach dem anderen aus der Tasche zogen. Die Einführung an der Universität kostete 6 und der „Magisterquark" über 30 Taler und brachte ihm nichts als Papier. Wütend

150

schrieb er im März an Körner und hatte anscheinend seine „himmlische Erscheinung" vergessen: „Könntest Du mir innerhalb eines Jahrs eine Frau von 12000 Talern verschaffen, mit der ich leben, an die ich mich attachieren könnte, so wollte ich Dir in fünf Jahren – eine Frideriziade, eine klassische Tragödie und weil Du doch so darauf versessen bist, ein halbes Dutzend schöner Oden liefern – und die Akademie in Jena möchte mich dann im Asch lecken."[3]

So schnell wie sein Frust gekommen war, hatte er sich wieder verflüchtigt, und er wünschte sich nach einem anstrengenden Arbeitstag die Gesellschaft der Schwestern, um in ihrem Kreis „den bessern Teil seines eigenen Wesens aufschließen und genießen zu können." Zum besseren Teil seines Wesens gehörte auch sein Pflichtbewusstsein. Am 11. Mai zog Schiller nach Jena, um dem Ort seines neuen Amtes nahe zu sein. Allerdings war er froh, nur an zwei Tagen hintereinander lesen zu müssen und die übrigen Tage für seine eigenen schriftstellerischen Arbeiten zur Verfügung zu haben, mit denen er seinen Lebensunterhalt bestritt. Er hatte sich eine eigene Schreibkommode anfertigen lassen, die nun neben den anderthalb Dutzend roten Plüschsesseln in der neuen Wohnung bei den Jungfern Schramm in der Jenaergasse stand. Ein Mittagessen für zwei Groschen bekam er auf sein Zimmer gebracht.

Nach seiner glanzvollen Antrittsvorlesung „Was heißt und zu welchem Ende studiert man Universalgeschichte" am 26. Mai, waren die finanziellen Opfer schnell vergessen und der Stolz auf seine Leistung überwog. Der Raum, den ihm Professor Reinhold zur Verfügung stellte, war zu klein, um den Andrang der Studenten zu fassen, und so zogen bald alle, die Schiller hören wollten durch die Stadt zum Grießbachschen Auditorium, das 300 bis 400 Menschen Platz bot.

„Ich zog also durch eine Allee von Zuschauern und Zuhörern ein und konnte den Katheder kaum finden, unter lautem Pochen, welches hier für Beyfall gilt, bestieg ich ihn und sah mich einem

Amphitheater von Menschen umgeben. Meine Vorlesung machte Eindruck, den ganzen Abend hörte man in der Stadt davon reden und mir widerfuhr eine Aufmerksamkeit von den Studenten, die bey einem neuen Professor das erste Beispiel war. Ich bekam eine Nachtmusik und Vivat wurde 3mal gerufen."[4] Dies war ein Erfolg, von dem Schiller nicht zu träumen gewagt hätte. Manchmal las er sogar vor 500 Menschen, aber die Professur wurde nicht entlohnt, und die Einkünfte aus den Kollegiengeldern waren sehr gering, sodass die Euphorie bald wieder verflogen war. Er war sich durchaus bewusst, dass viele Studenten nur die Neugierde getrieben hatte, den spektakulären Dichter zu sehen. Jetzt begann die eigentliche Knochenarbeit für ihn, er musste die Hörer mit interessantem Stoff in seine Kollegien locken, denn nur dort konnte er etwas verdienen. Die Aussicht auf einen eigenen Hausstand mit einer geliebten Frau tröstete über den Mangel der „Musen" hinweg und ließ ihn an diesem Posten festhalten.

Die bedächtige Lotte hingegen hatte schnell erkannt, wie wichtig diese Professur war, wenn sie ihrer Mutter den Dichter als neuen Freier schmackhaft machen wollte. Luise von Lengefeld, seit März im Schloss wohnend, um die Töchter des Erbprinzen zu erziehen, wachte trotzdem aufmerksam über jeden Schritt ihrer Tochter. Sie fand den armen Poeten zwar charmant, gebildet, unterhaltsam und durchaus anziehend, aber unstandesgemäß als Ehemann für Lotte. Vielleicht könnte eine feste Anstellung und ein guter Ruf an der Alma mater sie versöhnlicher stimmen, ihre Tochter einen Bürgerlichen heiraten zu lassen. Lottes Briefe in die „Schrammei", wie Schiller sein Domizil in Jena nannte, waren ein verständiges Anschreiben gegen die Bedenken, die er diesem neuen Beruf und seinem Habitus als „pedantischer Mensch", der er werden könnte, entgegenbrachte. Seine „Weisheit", wie er sie im letzten Sommer getauft hatte, blieb hartnäckig und konnte seine Einwände gegen die Position eines „ernsthaften Herrn Professors" zerstreuen. „Daß die Lage auch Unannehmlichkeiten hat, weiß ich wohl, aber ich als Weisheit sage, daß diese in jede Lebensweise verwebt sind. – Wie schön können Sie nicht wirken, und wie vielen sichtbaren Nutzen nicht um sich her verbreiten."[5]

Die Schwestern waren allein in Rudolstadt, nicht nur dass die chère mère die meiste Zeit im Schloss verbrachte, auch Beulwitz war seit dem Frühjahr mit den beiden Prinzen auf Kavalierstour in der Schweiz. Ohne den „Ursus", wie sie ihn unter sich nannten, hatten sie noch mehr Freiheit in ihrem Alltag. Unternehmungslustig planten sie sofort für den Sommer einen Kuraufenthalt in Lauchstädt. Als Schiller Mitte Juni für zwei Tage zu ihnen nach Rudolstadt kam, hatte er gerade wieder einmal eine hartnäckige Erkältung überwunden und ließ sich gerne verwöhnen. Aber die entscheidenden Worte, dass er Lotte heiraten wolle brachte er nicht über die Lippen. Zu sehr hatte er sich durch ihre scheue Zurückhaltung in seiner Absicht, sich ihr zu erklären, irritieren lassen. Die „kleine Dezenz", wie Lotte im engeren Kreis manchmal spöttisch genannt wurde, hatte nicht über ihren Schatten springen können; auch sie war dem Dichter nicht entgegengekommen. So trösteten sich „Lolo und Line" mit einem Wiedersehen in Jena, da sie ihn auf ihrer Reise nach Lauchstädt dort besuchen wollten. Unter den Erlen vor der Stadt sollte er sie am 10. Juli nachmittags erwarten und zu Pferd zu Griesbachs Grundstück begleiten, denn dort müssten sie übernachten, da sie mit der Familie befreundet seien. „Schiller warnt, die Damen möchten doch versuchen, den ‚Fängen' der Frau des Professors Griesbach zu entgehen, die, hat sie sie erst in ihrer ‚Gewalt', sprich im Netz ihrer überaus mitteilsamen Gesprächigkeit, so brauche er sich gar nicht mehr sehen zu lassen, denn dann hätten sie nichts von einander."[6]

Was Schiller schon im Voraus geahnt hatte traf ein, das Rendevous stand unter einem schlechten Stern. Er hatte die Schwestern, die vergeblich nach einem heransprengenden Reiter Ausschau hielten, nicht getroffen und war erst am späten Abend bei

Griesbachs erschienen. Dort war das Haus voller Gäste, auch Goethe und Knebel hatten sich bei der Kirchenrätin eingefunden und unterhielten sich angeregt mit den Rudolstädterinnen. Goethes sonores Organ, das Lotte die schönste ihr bekannte Stimme nannte, schlug sie in Bann. Zwischendurch blickten beide verstohlen umher und als Caroline und Lotte Friedrich Schiller endlich unter der Besucherschar entdeckten, waren sie zwar erleichtert, aber nicht so recht froh, denn er hatte sie unter den Erlen im wahrsten Sinne des Wortes bestellt und nicht abgeholt. So etwas war ihnen noch nie passiert. Entsprechend befangen war die Stimmung als man sich begrüßte und auch nur belanglose Worte wechselte. Er gab keine Erklärung ab, was ihn gehindert hatte, zum vereinbarten Treffen zu erscheinen, und auch ein gemeinsamer Abschied von den Gastgebern war nicht möglich, da Frau Professor die beiden jungen Damen in ihrem Gartenhaus nächtigen ließ. Am nächsten Vormittag zur Abreise der Schwestern nach Burgörner, um Caroline von Dacheröden abzuholen, die mit ihnen zur Kur nach Lauchstädt fuhr, kam Schiller geritten, um sie ein Stück zu begleiten. Spät mittags hielten sie an, denn Schiller musste den Weg nach Jena wieder zurückkreiten und durfte nicht in die Dunkelheit geraten. Es war ein trauriger Abschied, nur aufgehellt von seinem vagen Versprechen, sie auf seinem Weg zu Körners, die er in Leipzig treffen wollte, in Lauchstädt zu besuchen.

Untröstlich schrieb Lotte drei Tage später vom Gut der Dacherödens: „Guten Morgen, lieber Freund, ich muß Ihnen hier ein Wort sagen, daß sie sehn daß ich Ihrer denke, und dann sollen Sie auch unsere Wohnung in Lauchstädt wissen, denn ich möchte herzlich gern bald von Ihnen hören; ich wollte in Jena so vieles von Ihnen hören, und wissen, und da nun das böse Schicksal es nicht so wollte, habe ich so wenig mit Ihnen reden können. Ich darf nicht daran denken, wie die Freude in Jena Sie recht viel zu sehn vereitelt worden ist."[7]

Die nächsten Tage litt Schiller Qualen der Ungewissheit, denn die Post von Lotte kam nicht an, weil, wie sich später herausstellte, das Felleisen mit Briefen verloren gegangen war. Er atmete auf, als er den ersten Brief aus Lauchstädt in den Händen hielt und antwortete umgehend. Am 24. Juli gingen zwei Briefe ab. An beide Schwestern gerichtet beklagt er ihre Abwesenheit und dass der weibliche Charakter zu seiner Glückseligkeit so notwendig sei. Seine schönsten Stunden verdanke er ihrem Geschlecht und bitte sie, bald zurückzukommen und ihn wieder zum Menschen zu machen. Er schrieb noch von Göttern und Göttinnen, von Musen und Freiheitssinn. An Lotte alleine adressiert klang sein Brief weniger philosophisch überfrachtet. Es fehle seinem Herzen ganz und gar an Nahrung, an einer beseelenden Berührung und kündigte seinen Besuch für Anfang August in Lauchstädt an.

Als er am 2. August um die Mittagszeit ankam, traf er nur Caroline in der Pension an, die sich hocherfreut für einen Moment in seine Arme warf. Längst wusste sie Bescheid über Lottes wahre Gefühle zu Schiller, die sie so hartnäckig hinter ihrer distanzierten Fassade verbarg. Caroline nutzte die Gunst der Stunde, um den Freund darüber aufzuklären, machte ihm Mut, sich endlich Lolo gegenüber zu offenbaren, niemals würde sie ihn abweisen. Bei diesen Worten breitete sich ein Lächeln auf seinem Gesicht aus, und Caroline spürte, dass er sich entschieden hatte. Aber als Lotte hinzukam, blieb seine Haltung ihr gegenüber seltsam förmlich. Bis zu seiner Abreise am nächsten Morgen, wo ihn nur die ältere Schwester verabschiedete, hatte er nichts geklärt. Er wollte lieber alles, was er schon so lange mit sich herumtrug, mit der Feder aufs Papier bringen, da kannte er sich aus, da fühlte er sich sicher, und so schrieb er am 3. August noch in der Postkutsche: „Ist es wahr teuerste Lotte? Darf ich hoffen, daß Caroline in Ihrer Seele gelesen hat und aus Ihrem Herzen mir beantwortet hat, was ich mir nicht getraute, zu gestehen? O wie schwer ist mir dieses Geheimnis geworden, das ich, solange wir uns kennen, zu bewahren gehabt habe! Sie konnten ohne mich glücklich sein – aber durch mich nie unglücklich werden. Dieses fühlte ich lebendig in mir – und darauf baute ich meine Hoffnungen. Sie konnten sich einem andern schenken, aber keiner konnte Sie reiner und zärtlicher lieben, als ich. Keinem konnte Ihre Glückseligkeit heiliger sein, als sie es mir war und immer sein wird. Sagen Sie mir, daß Sie mein sein wollen, und daß meine Glückseligkeit Ihnen kein Opfer kostet. Ich gebe alle Freuden meines Lebens in Ihre Hand. Ach, es ist schon lange, daß ich Sie mir unter keiner anderen Gestalt dachte, als unter ihrem Bilde. Leben Sie wohl, meine Teuerste."[8] Nun waren sie heimlich verlobt.

Was wir längst wissen: Es kostete Lotte kein Opfer, sich als Braut von Schiller zu fühlen, als sie seinen Brief in Händen hielt. Die Freunde in Leipzig waren weniger begeistert über den Gefühlsüberschwang, mit dem ihnen Schiller von seiner Gewissheit erzählte, von Lotte wiedergeliebt zu werden. Besonders Körner reagierte pikiert und überrascht, dass ihn der Freund nicht in seine Pläne einer Verlobung eingeweiht hatte. Trotzdem empfing er Caroline und Lotte wenig später in Leipzig und machte sie mit seinem Kreis bekannt. Eine Vertrautheit zwischen allen, wie sie sich Schiller gewünscht hatte, stellte sich nicht ein. Schon am nächsten Tag nahmen die Schwestern eine Kutsche nach Lauchstädt begleitet von Schiller, der noch zwei Tage mit ihnen im Kurort verbrachte ehe er am 10. August zurück nach Jena fuhr. Neun Tage später, nach Beendigung ihrer Kur, besuchten sie den Dichter in Jena. Zwei ungestörte Tage für die Brautleute, von Caroline abgeschirmt, schlossen sich an. Als Lotte ihren ersten Brief nach der heimlichen Verlobung aus Rudolstadt schrieb, konnte sie endlich das trauliche „Du" an ihren Geliebten richten. „Morgen kommt endlich der sehnlich erwartete Brief von Dir, ach ich kann den Morgen kaum erwarten! Ich möchte immer diesen Tagen gebieten können, daß sie schneller als die andern wiederkämen, wie trüb und leer ist das Leben ohne Dich! Es ergreift mich so oft ein inniges Weh, daß ich meine ich müßte fort, müßte zu Dir. Gut nur daß ich Dir es jetzt sagen kann, wie oft ergriffen mich diese Gefühle, ehe wir uns näher kamen, und ich durfte sie Dir nicht sagen."[9]

Während Lotte in schönsten Zukunftsbildern der Gemeinschaft mit ihrem Friedrich schwelgte, las Caroline den Brief, der von Wilhelm von Wolzogen aus Paris angekommen war und einen solch spektakulären Bericht enthielt, dass sie ihn wieder und wieder lesen musste. Sie hielt die Beschreibung des Beginns der Französischen Revolution in Händen und die Schilderung der Erlebnisse, in die der Cousin durch die dramatischen Ereignisse in der Stadt verwickelt war. Als sie ein wenig vom historischen Ausmaß des Geschehens begriffen hatte, stürzte sie sofort zu Lotte, um ihr das Geschriebene vorzulesen. Die Schwester fand „die Auftritte in Paris recht interessant". Niemand in Rudolstadt hatte zu diesem Zeitpunkt die Tragweite der Ereignisse wirklich erkennen können, so gingen nach kurzer Diskussion auch die beiden Frauen wieder zur Tagesordnung über.

Der Herbsturlaub von Schiller in Volkstedt wurde geplant und wieder bei Kantor Unbehaun Quartier gemacht. In der Hoffnung, solch schöne gemeinsame Tage wie im letzten Jahr zu verbringen, genossen sie die Vorfreude bis zu seiner Ankunft. „Ich sehe Euch, ich werde Euch öfter sehen, ich werde Euch an mein Herz schließen können. Adieu, Ihr lieben freundlichen Engel, adieu."[10]

Kaum hatte er sein Gepäck beim Kantor abgeladen, eilte er in die „Neue Gasse", um seine „Doppelliebe" zu treffen, wie allgemein gemunkelt wurde. Auch eine Melodie über ein Dreiecksverhältnis hatten die Spatzen schon von den Dächern gepfiffen. Lotte war irritiert. Mit dem Gedankenaustausch über gelesene Bücher und vor allem mit der Erörterung seiner zukünftigen Tätigkeit war seine Freizeit mit den Schwestern wenig „bräutlich" ausgefüllt. Caroline hatte den „Goldschatz", wie der Erfurter Koadjutor Karl Theodor von Dalberg in der Familie genannt wurde, gebeten, etwas für Schillers berufliche Laufbahn zu tun.

Er versprach, bei passender Gelegenheit daran zu denken. Überhaupt schien sich die ältere Schwester über Gebühr für den Verlobten der „kleinen Lolo" einzusetzen, da sie sich auch verpflichtet hatte, die chère mère über das Verlöbnis einzuweihen und bei Herzog Carl August um Unterstützung für das junge Paar zu bitten.

Caroline sprühte vor Aktivität, und ihr Esprit steckte auch Schiller an. Nach seiner Abreise blieb Lotte nachdenklich zurück, Zweifel nagten an ihren Gefühlen. War Schiller aufrichtig? Konnte sie der Schwester vertrauen? Verzweifelt schrieb sie an die Freundin Li Dacheröden, die sich in Gefühlsverwirrungen auskannte und erhielt am 3. November die Antwort: „Dank, daß du das Schweigen gebrochen. – Vielleicht ist es nur anscheinend so verworren, meine Schwester, und ein neues lieblicheres Licht wird in deiner Seele nach dieser Dämmerung aufgehen. Mein Herz ist voll dieser süßen Hoffnung. Es ist eine enge, irrige Vorstellung, meine Liebe, wenn wir glauben daß es nur einen Ausdruck für daßelbe Gefühl gebe, es nüanziert sich anders in jedem Individuum und für jedes Individuum und diese geistigen Gestalten vervielfältigen sich ins Unendliche bei Menschen wie Schiller. Ich begreife sehr gut wie Schiller dich anders liebt, wie Linen, um dich zu lieben wie sie müstest du der getreue Abdruck ihres Wesens sein, und wo fändest du in der Welt zwei ähnliche Geschöpfe, aber er liebt dich darum nicht weniger – deine stille Anhänglichkeit, dein sanfter Sinn, dein ganzes Wesen gleichsam aufgelöst in zarte Liebe, – Weiblichkeit, Lotte, dies Wort wird ewig eine Scheidewand zwischen uns und die Männer sezzen. – Um dieser Weiblichkeit willen die der schönste Ausdruck deines Wesens ist, liebt dich Schiller gewiß unendlich."[11]

Ein wenig erleichtert atmete Lotte auf, als sie diese Zeilen der Freundin gelesen hatte. Als Schiller spürte, dass der Stachel ihres Misstrauens noch nicht geschwunden war, versuchte er, seiner Verlobten vierzehn Tage später seine Seelenlage zu erklären. Ziemlich hölzern und gepaart mit großer Anspruchshaltung kommen seine Worte daher. „Caroline ist mir näher im Alter und darum auch gleicher in der Form unsrer Gefühle und Gedanken. Sie hat mehr Empfindungen in mir zur Sprache gebracht als Du meine Lotte – aber ich wünschte nicht um alles, daß dieses anders wäre, daß Du anders wärest als Du bist. Was Caroline Dir voraus hat, musst Du von mir empfangen; Deine Seele muß sich in meiner Liebe entfalten, und mein Geschöpf musst Du sein, Deine Blüte muß in den Frühling meiner Liebe fallen. Hätten wir uns später gefunden, so hättest Du mir diese schöne Freude weggenommen, Dich für mich aufblühen zu sehen …"[12]

Vertrauensvoll ließ sich Lotte in ihre Liebe zu Schiller fallen. „Ich möchte daß Du in jedem Moment Deines Lebens die Nähe meines liebenden Herzens fühltest."[13]

Der Verlobte begann, auf seine optimistische Art mit Talern zu rechnen, die er einnehmen würde und kam auf 700 im Jahr, das würde für die erste Zeit reichen. Er wollte nur ein Zimmer für Lotte in der Schrammei dazu mieten und noch keine eigene Küche einrichten. Umgehend schrieb er an Luise von Lengefeld, an seine Eltern, an die Dresdner Freunde und an Christophine, um sie über seine Heiratspläne in Kenntnis zu setzen. Die Schwester schrieb zurück: „Die Nachricht Deiner nahen Verbindung mit Frl. von Lengefeld … war mir aus Deinem Munde bestätigt desto angenehmer, und ich wünsche Dir von ganzer Seele tausend Glück und Segen zu dieser Wahl. Ich habe hier sehr viel zum Vorteil Deiner Geliebten gehört, und wenn ich mich nicht irre, so kenn' ich sie auch von Person, denn vor einigen Jahren war eine Frau von Lengefeld aus Rudolstadt mit ihren zwei Frl. Töchtern … hier bei uns auf der Solitüde. Die eine von den Fräuleins war klein und blond und die andere schlank und brünett, wenn mir recht ist; gewiß ist diese Deine Geliebte, wenn ich Deinen Geschmack noch kenne?"[14]

Noch vor Weihnachten erhielt Schiller die Zustimmung seiner künftigen Schwiegermutter zur Eheschließung. Die Tochter hatte ihr klargemacht, dass es leichter für sie sei, auf ihren Adel zu verzichten, als auf den geliebten Mann. Wie ein Geschenk des

Himmels im rechten Moment kam noch ein Angebot von 400 Talern seines Verlegers Göschen hinzu, in dessen „Historischem Kalender für Damen" seine „Geschichte des Dreißigjährigen Krieges" zu veröffentlichen, ebenso wie ein Hofratstitel aus Meiningen. Der Dichter fühlte sich nun mit allem ausgestattet, was für das Abenteuer Ehe notwendig war. Nach einem ziemlich hektischen Weihnachts- und Neujahrsfest, das Caroline, Lotte und Schiller gemeinsam mit Wilhelm von Humboldt und Caroline von Dacheröden in Weimar verbrachten, trennten sich die Freunde in die verschiedenen Richtungen, um wieder ihren Aufgaben nachzugehen. In den kommenden Wochen einigte sich das Brautpaar nach vielem hin und her auf das Hochzeitsdatum. Der 22. Februar 1790 sollte sie für immer zusammenbringen. Kurz zuvor waren die Schwestern in Erfurt zu Besuch. Schiller holte beide zusammen ab und brachte sie am Sonntag Abend nach Jena, in eine von ihm besorgte kleine Wohnung. Am nächsten Tag war die Trauung.

> *„Hochzeitsgedicht*
> *Heil dir, edler deutscher Mann!*
> *Heil zum ew'gen Bunde!*
> *Heute geht dein Himmel an.*
> *Sie ist da die Stunde!*
> *Sprich der blassen Missgunst Hohn,*
> *Und dem Kampf der Jahre!*
> *Großer Tugend großer Lohn*
> *Winkt dir am Altare.*
> *(...)* "[15]

In der kleinen Dorfkirche zu Wenigenjena wurde der Fürstlich-Sächsisch-Meiningische Hofrat Friedrich Schiller mit Charlotte von Lengefeld am frühen Abend getraut. Außer dem Brautpaar nebst dem Diakon waren nur die Mutter und die Schwester anwesend. Die winterliche Abendröte war schon geschwärzt, als die Eheleute aus der Kirche traten. Den Abend verbrachten sie „still und ruhig bei Tee" mit Mutter und Schwester in Schillers Wohnung. Bald verabschieden sich die Verwandten und gehen in das nahegelegene Quartier, in dem gestern noch Lotte die Nacht vor ihrer Hochzeit verbracht hatte. Ein großes Zimmer und eine Kammer hatte der Dichter für ein halbes Jahr gemietet. Nach dem die Mutter abgereist war, zog Caroline dort ein, um den Jungvermählten, vor allem Schiller, näher zu sein.

Lotte zog in seinen Hausstand, den er nicht viel verändern musste: „Ich behalte meine gegenwärtige Wohnung und miete auch die übrigen Zimmer auf derselben Etage. Meine Hausjungfern wollen sich dazu verstehen, den Tisch zu besorgen, und ich komme wohlfeiler weg als bei eigner Menage. So brauche ich zu unsrer Bedienung niemand als eine Jungfer für Lottchen. Da ich alle Meubles zu Hause habe, so brauche ich mich auch nicht einzurichten; welches überhaupt nicht ratsam wäre, eh ich weiß, wie lange ich bleibe. Das schwerste also, der Anfang, wird mir ziemlich leicht."[16]

Wenige Wochen nach der Eheschließung jubelt er euphorisch über seine neue Existenz. „Alle meine Wünsche von häuslicher Freude sind in ihre schönste Erfüllung gegangen. Wir führen miteinander das seligste Leben, und ich kenne mich in meiner vorigen Lage nicht mehr."[17]

Caroline von Wolzogen

Noch immer hieß sie von Beulwitz und war mit dem „Ursus" verheiratet. Sie hatte doch längst bemerkt, dass ein Mann wie Schiller viel besser zu ihr gepasst hätte. Sie hatte zugunsten ihrer Schwester verzichtet, obwohl ihr der Schwager noch vergangenen Dezember unmissverständlich seine Liebe gestand. Er schrieb den Brief an sie alleine, nicht an beide, wie er es meist bis zu seiner Hochzeit getan hatte.

„Habe ich Dich erraten meine Liebe? Ich war Dir diesmal zu wenig. Gesteh es immer, denn dies ist ein Vorwurf, den ich so leicht widerlegen kann. Ach wenn Du erfahren wolltst wie sehr ich Dich liebe, so müßtest Du mir eine neue Sprache und ein unsterbliches Leben geben. Wenn der Zwang außer uns erst hinweg sein wird, wenn unser Leben endlich unser ist, und Gegenwart und Zukunft in großen weiten Räumen vor uns ausgebreitet liegen, dann kann auch die Liebe alle ihre Reichtümer zeigen und sich mit immer neuen und immer schöneren Blüten überraschen."[1]

Um den Schmerz des Verzichts zu mildern hat sich Caroline weiterhin in die Aktivitäten einer Ehestifterin gestürzt. Als Mitglied des „Tugendbundes", in den sie Wilhelm von Humboldt und Caroline von Dacheröden aufgenommen hatten, um sich gegenseitig alle Gefühlsregungen zu offenbaren, war sie zu ihrer Erfurter Freundin gefahren. Diese hatte sie um Hilfe gebeten, weil sie nicht mehr wusste zwischen welchen Männern sie sich entscheiden sollte. Dort braute sich eine ähnliche Entwicklung zusammen, die sie selbst gerade unter umgekehrten Vorzeichen durchgemacht hatte, dem musste Einhalt geboten werden. Also riet sie der Freundin, sich für Wilhelm von Humboldt zu entscheiden und nicht für Carl von La Roche, der anscheinend nicht in der Lage war, um seine Li zu kämpfen. Die Dacheröden und Humboldt verlobten sich im Dezember 1789. Kaum war diese Beziehung geklärt, versuchte Frau von Beulwitz zwischen dem „Papa", Kammerrat Friedrich von Dacheröden und ihrer Mutter Luise von Lengefeld eine Ehe zu stiften. Die älteren Herrschaften gingen einem solchen Ansinnen wohlweislich aus dem Weg.

Wilhelm von Humboldt, der durch die gemeinsam verbrachten Tage mit Schiller zur Jahreswende 1789/90 erlebt hatte, wie sich der Umgang des Dichters mit den Schwestern gestaltete, geriet allmählich in Zweifel, ob der Freund die richtige Frau heimführte. Nun, mit Caroline von Dacheröden offiziell verlobt, war er mutig genug, seiner Braut gegenüber seine Bedenken zu äußern. „Wenn ich Caroline ansah, über ihn hingebeugt, das Auge schwimmend in Tränen, den Ausdruck der höchsten Liebe in jedem Zuge, – ach ich kanns Dir nicht schildern, wie mirs dann ward. … Vielleicht wirds in Jena anders. Lotten gibt auch die Liebe kein Interesse; sie war an seiner Seite wie fern von ihm. Er gegen beide? Hast Du ihn nie Caroline küssen sehen und dann Lotten?"[2] Wenige Tage später hielt er die Antwort auf seinen Brief in Händen: „Ich bin sehr traurig um Carolinen. … Eine Unerklärbarkeit bleibt mir in Schiller. Hat er nie Carolinens Liebe empfunden, wie konnte er mit Lotte leben wollen? Hat er sie gefühlt, so nahm er die Verbindung mit Lotte nur als Mittel an, mit jener zu leben. – O, möge die Zeit dies freundlich lösen!"[3] Wie wir aus Schilderungen von Zeitgenossen wissen hat „die Zeit dies freundlich gelöst." Schiller hat sich zwangsläufig für Lotte entschieden, nur sie konnte seine Frau werden. Vor allen anderen Frauen „mit Erfahrung", die er kannte, hat er die Flucht ergriffen.

Nach der Hochzeit ihrer Schwester wurde es einsamer um Caroline von Beulwitz. Die Besuche bei Lotte und dem Schwager in Jena blieben anregend wie eh und je, besonders wenn Schiller, der sich gerade viel mit Kant beschäftigte, sie an seinen Gedanken teilhaben ließ. Sie war im Logis geblieben, das der Schwager gemietet hatte, war nicht mit in die Schrammei gezogen, wie er es ursprünglich gewünscht hatte. Aber allmählich spürte sie, trotz der räumlichen Trennung, die Widerstände von Lotte gegen eine „Doppelehe". Sie akzeptierte die Gefühle ihrer Schwester und kehrte im April in ihr Haus in Rudolstadt zurück. Nun allerdings war ihr klar geworden, dass sie sich von Beulwitz scheiden lassen wollte. Schiller schätzte diesen Mann, der sich nichts vorzuwerfen hatte, was sein Verhältnis zu Caroline anging. Als er vom Entschluss seiner Schwägerin hörte, wurden seine Briefe an sie kühler, keine Spur mehr von Schwärmerei und sehnsüchtigen Liebesbeteuerungen. So konnte nur jemand reagieren, der eifersüchtig war, etwas zu verlieren was er zu besitzen glaubte. Schiller wusste, wem sich Caroline nach einer Scheidung zuwenden würde: ihrem Vetter Wilhelm von Wolzogen, dann war sie für ihn verloren. Noch einmal kamen sie sich nahe; während Schillers schwerer Erkrankung 1791 unterstützte sie ihre Schwester bei seiner Pflege, und auch nach der Kur in Karlsbad war sie wieder bei ihm. Der Dichter genoss es sichtlich, von der Schwägerin verwöhnt zu werden, aber auch sie glaubte sich unentbehrlich. Im Oktober schrieb Caroline an ihre Freundin in Erfurt: „Mit Schillers Gesundheit geht's nicht so als ich wünschte – Wahre, wahre Kinder sind die Genies und Schiller vor allen, immer nach dem Entferntesten greift er als nach goldenen Äpfeln. Wenn er nicht in Jena ist träumt er sich's schön, und wenn er da ist vergeht er vor langer Weile. Ich fühle ihn einsam, denn so innig Lotte ist, so ists doch ein toter Umgang –."[4] Trotz dieser harschen Meinung über ihre Schwester ließ sie sich aber nicht umstimmen. Was Schiller befürchtete, trat ein. Im Frühjahr 1793 reiste Caroline nach Württemberg auf ein Landgut in Gaisburg, um der Familie keine Unannehmlichkeiten zu bereiten, während sie mit aller Energie ihre Scheidung von Beulwitz betrieb und in Cannstatt das Bad genoss. Während Schillers Aufenthalt in Heilbronn im gleichen Jahr besuchte ihn auch die Schwägerin. Während der Ludwigsburger Zeit des Dichters wohnte sie mehrere Monate bei seiner Familie. Vertrauensvoll erzählte er ihr von seiner Arbeit am „Wallenstein", den er in Prosaform begonnen hatte und sie riet ihm, den Stoff in Jambenverse umzugestalten. Ihr „lebendiger Umgang" tat seine Wirkung, der Dichter nahm den Rat an. Im Gegenzug rät er ihr nun doch zu einer Scheidung von Beulwitz, nachdem er einsehen musste, dass es keinen anderen Weg mehr gab. „Es ist gewiß das Beste, ein Verhältnis ganz aufzugeben, das so wenig Bestand in sich hat und eine Quelle so vieler Verdrießlichkeiten ist."[5]

Im September 1794 konnte Caroline endlich Wilhelm von Wolzogen heiraten. Sie ließen sich auf seinem Gut Bauerbach trauen, und im Familienkreis wurde sie nun „die Frau" genannt. Sie zog mit ihrem Mann nach Burg bei Stein am Rhein, und genau ein Jahr nach der Hochzeit wurde dort der Sohn Adolf geboren. Das junge Familienglück war nur etwas getrübt durch die unsichere berufliche Lage Wolzogens, der auf eine Stellung am Hof von Baden Württemberg gehofft hatte, wie sie einem Absolventen der Akademie unter Herzog Carl Eugen zustand. Diese Aussicht hatte sich aber durch dessen Tod im Oktober 1793 zerschlagen. Durch die Vermittlung Charlotte von Steins, die den Herzog in Weimar auf die Qualitäten Wilhelms aufmerksam machte, bekam er ein Amt am dortigen Hof. Nach der langen Abwesenheit aus der Heimat freute sich Caroline, endlich wieder die Familie zu sehen. Stolz zeigten sich die Schwestern ihre Söhne und waren froh, wenn die Kinder in Jena oder Weimar zusammen spielen konnten. Dem Kammerherrn und Geheimen Rat von Wolzogen wurde ein größeres Anwesen in Weimar zur Verfügung gestellt, und seine Gattin konnte wie ehemals in Rudolstadt ein gastfreundliches, offenes Haus führen.

Caroline nahm ihre schriftstellerische Tätigkeit wieder auf und beendete einen Roman. Sie hoffte bei seiner Verbreitung auf die Unterstützung ihres Schwagers, der seit dem Ende der „Thalia" die Monatsschrift „Die Horen" herausgab. Schiller wollte in dem neuen Magazin die besten Dichter Deutschlands veröffentlichen, um die allgemeine Flachheit der Literatur zu durchbrechen. Drei Jahre konnte sich die anspruchsvolle Zeitschrift halten. Als Caroline ihm ihre „Agnes von Lilien" vorlegte, hielt das Manuskript seinen hoch gesteckten künstlerischen Kriterien stand. Ende 1796 erschienen die ersten Seiten des Romans.

„Im letzten Stück der Horen steht eine Agnes von Lilien, die ich Dir doch schickte, wenn sie schon vollendet wäre, aber es kommen noch 8 Bogen nach, und dann wirst Du Gelegenheit haben, wiederum den Reichthum und die Anmuth eines großen Geistes zu bewundern."[6] Diese Zeilen schrieb die seit einigen Monaten verheiratete und in Jena wohnende Caroline Schlegel an eine Freundin, in der festen Überzeugung, der Text stamme von Goethe. Nicht nur sie, auch andere Zeitgenossen hielten den anonym veröffentlichten Roman der Frau von Wolzogen für ein Produkt von Goethe. Erst das Buch, verlegt 1798 bei Unger, lüftete das Geheimnis. Ganz Weimar bewunderte die neue Schriftstellerin und kommentierte ihr erstes Werk. Wieland beispielsweise meinte, Agnes von Lilien „könnte ein klassisches Buch der Nation geworden seyn, wenn nicht die Verfasserin im Verfolg des Buches auf einmal in Schillers mystischer Metaphysik zu sprechen gelüstet hätte."[7] Die Damen in Weimar und Umgebung lasen die Neuerscheinung besonders eifrig; Charlotte von Stein gleich dreimal hintereinander. Allerdings schien sie erhebliche Vorbehalte gegen weibliche Schriftstellerinnen zu hegen, nicht wegen mangelnden Talents, sondern wegen ihrer gesellschaftlichen Einordnung in Familienpflichten, die Vorrang haben vor künstlerischer Selbstverwirklichung. Sie schrieb im November 1798 an Lotte: „Ich kann über unser Geschlecht nicht so bescheiden sein, wie Sie sind. Ich glaube, dass, wenn ebenso viel Frauen Schriftstellerinnen wären, als Männer es sind, und wir nicht durch so tausend Kleinigkeiten in unsrer Haushaltung herabgestimmt würden, man vielleicht auch einige gute darunter finden würde, denn wie wenige gute gibt es nicht unter den Autoren ohne Zahl. Die Organisation ist wohl einerlei und wohl gar unsre feiner zum Denken, aber es ist nun einmal unsre Bestimmung nicht; darin bin ich, mein liebes Lollochen, ganz Ihrer Meinung."[8]

Auch Herzogin Anna Amalia und ihre Schwiegertochter Louise waren vom Inhalt angetan. In verschlüsselter Form hatte die Wolzogen sich selbst beschrieben, aber für die, die sie kannten, war es nicht schwer zu erraten, wer hinter ihrer Heldin Agnes steckte. Es ging um ihre Jugendzeit, ihre Heirat mit Beulwitz, ihr Verhältnis zu Schiller und ihre Heirat mit Wolzogen. Genug Stoff, um einen zweibändigen Roman zu füllen. Die Gegenspielerin von Agnes ist Amalie, als Vorbild diente die Schwester Lotte. Der Held, Graf Nordheim, wurde aus der Idealmischung von Wilhelm von Humboldt und Schiller gestaltet. Der Roman vermittelt ein Bild der Zeit, beobachtet und beschrieben durch die Augen einer Frau. „Die Ketten, die ihr die gesellschaftlichen Konventionen, die Festschreibung der Frauenrolle und die Tabuisierung des Sexuellen anlegen, sprengt Agnes nur in ihren Traumversionen. In ihnen durchlebt sie, in Symbole eingekleidet, eine freiere Existenz und eine befreite Sexualität. Doch wagt sie im realen Leben keinen Ausbruch aus der vorgeschriebenen Bahn (… und fällt damit hinter die Verhaltensweisen Sophie von Sternheims zurück, die aktiver und selbstbewusster als Agnes und in ihren Aktivitäten dem Frauenbild ihrer Zeit weit voraus ist.)"[9]

Durch den Erfolg des Buches angeregt, legte sich Caroline ein „Livres de Plans" zu, in das sie alle Ideen eintrug, die sich literarisch weiter verarbeiten ließen. In den Jahren 1826 und 1827 erschienen zwei Bände Erzählungen und 1837 erschien ihr zweiter Roman „Cordelia", der aber nicht mehr das Aufsehen hervorrief wie „Agnes von Lilien". Ihr idealistisches Gedankengut war nicht mehr gefragt, die geistige Atmosphäre des klassischen Weimar war längst einer neuen Zeit gewichen. Ihr Nachruhm erhielt sich in erster Linie durch ihr Werk „Schillers Leben", das sie zum fünfundzwanzigsten Todestag des Schwagers 1830 herausbrachte. Ihre zahlreichen Vorarbeiten für eine Biografie über den von ihr verehrten Carl Theodor von Dalberg und viele andere Pläne, die sich in ihrem Nachlass fanden, zeugen von der regen Schaffenskraft bis ins hohe Alter.

Als die Familie Schiller 1799 nach Weimar zog, konnte Lotte wieder mehr mit ihrer Schwester zusammen sein. Manchmal war es wie früher, vor allem wenn Wolzogen auf Reisen war. Kontakte für seinen Herrscher knüpfen war seine vornehmste Aufgabe, zum großen Leidwesen von Caroline, die nun abermals niemanden hatte, mit dem sie am abendlichen Kamin Gespräche führen konnte. Wilhelm von Wolzogen war von Carl August nach Russland geschickt worden. Er sollte um die Zarentochter Maria Paulowna werben, man wollte sie als Gemahlin für den Kronprinzen Carl Friedrich gewinnen. Wolzogens heikle Mission war erfolgreich verlaufen. Als er zurückkehrte wurde er reich belohnt, aber auch mit der Heimführung der Prinzessin 1804 nach Weimar beauftragt. Dies bedeutete für Caroline erneut monatelange Einsamkeit, ganz zu schweigen von der ruinierten Gesundheit mit der ihr Gemahl zurückkehrte. Nie wieder sollte er sich von den Strapazen richtig erholen und starb schon 1809 während einer Kur in Wiesbaden. Welche Parallelen zu ihrer Schwester! Beide waren fünfzehn Jahre verheiratet, als sie ihre Männer weit vor deren fünfzigstem Lebensjahr verloren. Ein weiterer Schicksalsschlag holte Caroline ein, als ihr Sohn Adolf bei einem Reitunfall in Bösleben am 10. September 1825 tödlich verunglückte. Er wollte auf die Jagd gehen. Sie selbst hatte ihm noch die Flinte gereicht, aus der sich später beim Sturz die tödliche Kugel löste.

Es war ein kleines Gut, auf das sie sich nach dem Tod von Wilhelm von Wolzogen zurückgezogen hatte, um ihr Schriftstellerinnendasein besser verwirklichen zu können. Alles hatte sie vorbereitet für den dreißigsten Geburtstag des Sohnes, es sollte ein schönes Fest mit ihm und seinen Freunden werden. Am Nachmittag des so froh begonnenen Tages brachte man ihr die entsetzliche Nachricht. Mehr als zwanzig Jahre hatte sie ihren Sohn überlebt, als sie am 11. Januar 1847 starb.

In ihren Erinnerungen können wir nachlesen, was sie über die Zeit nach Schillers Hochzeit schrieb: „Seiner Frau suchte er eine angenehme Geselligkeit zu bereiten. Schiller liebte sehr die Musik, und hatte sie gern in einem Nebenzimmer, wenn er in seiner Arbeitsstube auf und ab ging und sich einer dichterischen Stimmung überließ. Dies bewog meine Schwester, noch weiteren Unterricht im Klavierspielen zu nehmen. Das Lied von Gluck: Einen Bach, der fließt, brachte ihm immer die angenehmsten Phantasien zu. Wanderungen in die so mannigfaltige freundliche Gegend, Reisen nach Rudolstadt zu meiner Mutter und mir, gaben dem Leben Abwechslung und Heiterkeit."[10]

Junge Ehe

Lotte war selbstbewusster geworden. Sie hatte ihre Stellung erfolgreich verteidigt, seitdem sie alleinige Besitzrechte als Ehefrau an Schiller geltend machen konnte. Der vierwöchige Osterurlaub nach der Hochzeit bei ihrer Mutter und Caroline aktivierte zwar wieder den alten Dreierbund zwischen den Schwestern und dem Dichter, aber Lotte behauptete sich, und Caroline akzeptierte das harmonische Zusammenspiel des jungen Paares. „Die große Frau", wie Schiller Caroline auch in seinen Briefen nannte, blieb bei ihrem Verzicht.

Zurück in Jena, genoss Lotte unbelastet von mütterlichen Pflichten das einfache und noch unkomplizierte Leben mit ihrem Professor. In jeder seiner freien Stunden umsorgte sie ihn und servierte seinen Studenten abends den Tee. Im Juli, gerade fünf Monate verheiratet, fuhr Lotte für einige Tage allein nach Rudolstadt, um den Geburtstag der Mutter zu feiern. Sehnsuchtsvoll schrieb er an seine geliebte Lolo: „Was wird die liebe kleine Frau jetzt machen? Ich kann es mir noch immer nicht recht glauben, daß sie fort ist, und suche sie in jedem Zimmer. Aber alles ist leer und ich finde sie nur in Sachen, die sie mir zurückgelassen hat. Was ich von ihr sehe, alles was mich an sie erinnert, gibt mir unbeschreiblich viel Freude."[1] Ein klein wenig plagte sie das Gewissen, dass sie ihm ihre Fürsorge entzogen hatte, denn sie wusste wie viel Schiller arbeiten musste, um den kleinen Hausstand und seinen Hang, elegant zu leben, zu erhalten. Die Spannweite seiner Vorlesungen war breiter geworden; Römische Geschichte, die Zeit Karls des Großen, die Geschichte der Kreuzzüge und die neuere Geschichte über Friedrich II. von Preußen füllten sein Programm. Sein Angebot an Lehrstoff war umfassend, trotzdem gingen die Hörerzahlen zurück. Da die Kolleggelder, die er einnahm, gering waren, musste er unaufhörlich nebenbei arbeiten, schreiben, publizieren, manchmal bis zu vierzehn Stunden am Tag. Dazu kamen noch seine intensiven Studien der Philosophie Kants.

Ahnungsvoll schrieb ihm Charlotte aus ihrem Kurzurlaub: „Um unsrer Liebe willen strenge Dich nicht zu sehr an, mein Einziger Lieber, arbeite nicht zu viel, es kann mir so angst werden, daß Du Dir wirklich schaden könnest."[2] Anfang August kehrte sie nach Jena zurück und fand ihren Mann in einem jämmerlichen Zustand, den sie auch durch aufopferndste Pflege so schnell nicht bessern konnte. Er hatte so anhaltende Zahnschmerzen, dass er sich selbst vernachlässigte und eine ziemlich unleidliche Figur abgab. Unverhofft brachte Professor Reinhold eines Vormittags den dänischen Dichter Jens Baggesen mit seiner Frau Sophie ins Haus, die den Verfasser von „Don Carlos" kennen lernen wollten. Der Däne schrieb am 5. August 1790 in sein Tagebuch: „Ich wusste nicht, wie es mir war, was ich tat, woher und wohin, als wir in Schillers Stube hereintraten, wo seine schöne, nette, sanfte, graziöse, runde, liebenswürdige Frau mit Lächeln uns entgegenschwebte und Sophie mit Frau Reinhold zum Sofa brachte. ... Wir nahmen endlich Abschied und beklagten gegenseitig, ihn in so fatalen Umständen vorgefunden zu haben."[3]

Durch Reinhold hörte der Däne wie schlecht es um Schillers Finanzen bestellt war, dass er arbeiten müsse wie ein Pferd, um seine wachsenden Schulden tilgen zu können. Diese Sorgen und sein schlechter gesundheitlicher Zustand erklärten auch den schroffen Ton, den die Gäste an ihm gegenüber seiner Frau wahrnahmen. Lotte aber hatte durch gleichbleibende Freundlichkeit die Launen ihres Genies ignoriert und die Besucher nicht vergrault. Noch einmal kamen die Dänen zu dem von ihnen so verehrten Dramatiker und seiner Frau zu Besuch. Bei Schiller begann allmählich das Eis zu tauen und das ebenfalls jung verheiratete Paar gefiel ihm so gut, dass man einen Briefwechsel beschloss und er zum Abschied in Baggesens Stammbuch schrieb:

„In frischem Duft, in ew'gem Lenze
Wenn Zeiten und Geschlechter fliehn,
Sieht man des Ruhms verdiente Kränze
Im Lied des Sängers unvergänglich blühn.
An Tugenden der Vorgeschlechter
Entzündet er die Folgezeit.
Er sitzt, ein unbestochner Wächter,
Im Vorhof der Unsterblichkeit.
Der Kronen schönste reicht der Richter
Der Taten – durch die Hand der Dichter. "[4]

Er ahnte nicht, dass er einem Menschen Lebewohl gesagt hatte, der sich zukünftig wirklich für ihn einsetzen sollte, um seine Geldsorgen zu beseitigen und eine Schillerfeier in Dänemark für den nächsten Sommer plante.

Bald waren wieder Herbstferien, die Schiller in Rudolstadt verbrachte. Seine Lotte war schon vorausgefahren und er hatte eine Kiste mit Obst nachgeschickt, die der „kleinen Frau und der großen Frau ein lieblicher Anblick" sein werden. In drei Tagen werde er bei ihnen sein und es sich wohl sein lassen. Diesmal wollte er sich nur erholen, kein selbstauferlegtes Arbeitspensum sollte den Prozess des Ausspannens verhindern. Die vierzehn tägige Ruhepause wurde in vollen Zügen genossen, nur mit „Essen, Trinken, Schach- oder Blindekuhspielen" vertrieb er sich die Zeit. Die letzten Tage stöhnte er gar, so lange könne er den Müßiggang nicht ertragen. Zurück in Jena stellte sich heraus, dass seine angegriffene Gesundheit noch nicht völlig wiederhergestellt war. Mit eiserner Disziplin überspielte er seine Erschöpfung und ließ seine Lebenskerze weiter an beiden Enden brennen. Als Carolines Einladung eintraf, Silvester und einige Tage danach mit Lotte in Erfurt zu verbringen, freute sich Schiller auf ein paar Tage Abwechslung aus seinem Arbeitsjoch. Am Abend des 31. Dezember kamen die Schillers dort an. Mit Li von Dacheröden und der Schwägerin wurde das neue Jahr euphorisch begrüßt. Caroline, die inzwischen im Statthalter von Erfurt einen anregenden Ersatz für den entbehrten Umgang mit Schiller gefunden hatte, stellte dem Schwager eine gutbezahlte Stelle an der Mainzer Universität in Aussicht. Carl Theodor von Dalberg wollte bei seiner Ernennung zum Mainzer Kurfürsten dort einen Musenhof einrichten und Schiller mit einem Salär von 4000 Goldgulden ein sorgenfreies Leben ermöglichen. Daher riet Caroline dem Dichter, seine freundschaftlichen Kontakte zum „Goldschatz" genannten Statthalter zu vertiefen.

Am 3. Januar 1791 nahm Schiller zusammen mit Dalberg an einer feierlichen Sitzung der „Kurfürstlichen Akademie nützlicher Wissenschaften" teil und wurde auch als neues Mitglied aufgenommen. Anlass war der Geburtstag des noch sehr agilen derzeitigen Kurfürsten von Mainz. Bestimmt wäre den Freunden eine Trauerfeier lieber gewesen. Im Anschluss an den Festakt fand ein Konzert im Redoutensaal des Ratskellers statt. Mitten im Konzert wurde Schiller von Fieberschauern geschüttelt und musste in einer Sänfte in sein Quartier „Lange Brücke" gebracht werden. Mehrere Tage hütete er das Bett, während er von den beiden Carolinen und Lotte umsichtig gepflegt und von Dalberg mehrmals besucht wurde. Am 9. Januar war er scheinbar soweit wieder hergestellt, dass er sich die Rückreise nach Jena zutraute. Wilhelm von Humboldt konnte in einem Brief von seiner Braut lesen: „Vor einer Stunde sind Schiller und sein Lollochen abgereist. Wir brachten den Morgen noch im Schlehendorn zu und erheiterten die Stunden des Abschieds durch schöne Hoffnungen und lichte Aussichten in die Zukunft."[5] Schillers fuhren über Weimar, wo sich der Dichter seiner Frau zuliebe offiziell bei Hof vorstellte. Lotte blieb noch ein paar Tage bei ihrer Patentante Frau von Stein. Er fühlte sich gut und reiste allein nach Jena weiter, um seine Vorlesungen zu halten.

Wieder hatte er seine Kräfte überschätzt und seinem Körper zu viele Strapazen zugemutet, der Rückfall in die Krankheit kam unvermeidlich und hat ihn hart getroffen. Sechs Tage nach den „lichten Aussichten" ging sein Notruf in Weimar ein, sie möge so schnell wie möglich zurückkommen, es gehe ihm sehr schlecht. Herzog Carl August schickte sechs Flaschen Madeira und erließ ihm die Verpflichtungen für das Sommersemester. Der Jenaer Arzt, Professor Johann Christian Stark behandelte den Patienten mit Aderlässen, Brechmitteln, Blutegeln und Klistieren. Aber vor allem ist es Lottes und der Schwägerin aufopfernder Pflege zu verdanken, dass er die Krise überstand. Die Nachtwachen hielten auch manchmal seine Studenten, wenn die Frauen zu erschöpft waren. Friedrich von Hardenberg, der sich wenig später Novalis nannte, wurde der bekannteste Hüter von Schillers fiebrigen Phantasien. Nur auf einen Stock gestützt, konnte der Genesende das Bett verlassen. Ein Erholungsurlaub in Rudolstadt sollte Besserung bringen. Der Arzt Schiller blieb skeptisch. Am 10. April 1791 schrieb er seinem Freund Körner, ihm sei, als müsse er die Beschwerden behalten. Kaum vier Wochen später kam der dritte Rückfall, der ihn an den Rand des Todes brachte. Weitere Anfälle wechselten sich ab mit Hoffnungen auf Genesung, bis sich das Gerücht in Erfurt verbreitete, Schiller sei gestorben. Am 8. Juni meldete die „Oberdeutsche Allgemeine Literaturzeitung" der Liebling der deutschen Musen, Herr Hofrat Schiller sei in Jena gestorben.

Im fernen Dänemark wollte sich Baggesen im Juni in Hellebeck mit Schillerverehrern treffen, um zu Ehren des Dichters aus seinen Werken vorzulesen. Als er die Todesnachricht von Charlotte Gräfin von Schimmelmann erfuhr, traf sich am vorgesehenen Ort mit seinen Freunden zur Totenfeier. Alle stimmten ein in das Lied „An die Freude", und der Däne dichtete ergänzend:

> *„Unser todte Freund soll leben!*
> *Alle Freunde stimmet ein!*
> *Und sein Geist soll uns umschweben*
> *Hier in Hellas Himmelhain. "[6]*

Charlotte von Schimmelmann hatte dem mittellosen Studenten Baggesen weitergeholfen, als dieser bei ihrem Gatten, dem dänischen Finanzminister Ernst Heinrich Graf von Schimmelmann, um finanzielle Unterstützung bat. Sie lud ihn auch ein in ihren Kreis von Intellektuellen, in dem der dänische Prinz Friedrich Christian von Augustenburg mit seiner Gemahlin, der Kronprinzessin Luise Auguste, verkehrte. Der Prinz war Geheimer Staatsminister von Dänemark und interessierte sich sehr für Kunst und Philosophie. Für ihn war die Entwicklung von Wissenschaft und Kultur Voraussetzung für gesellschaftlichen Fortschritt. Er leitete eine Kommission zur Reform des dänischen Bildungswesens und hatte das Patronat der Universität in Kopenhagen übernommen. Begabung musste unbedingt gefördert werden, daher protegierte er seit 1788 den jungen Jens Immanuel Baggesen. 1790 schickte er ihn auf eine Erholungs- und Informationsreise nach Deutschland. Weimar war natürlich Pflichtprogramm, und Wieland vermittelte ihn an seinen Schwiegersohn, den Kantspezialisten Karl Leonhard Reinhold, der bei Schillers ein- und ausging. Kaum hatten Jens Baggesen und seine Frau Sophie „Deutschlands Shakespeare" kennen gelernt, waren sie treue Anhänger seiner Werke. Zurück in Dänemark berichteten sie voller Begeisterung über Schillers Dichtung und seine schwere persönliche Lage und planten eine Lesung ihm zu Ehren. So kam es, dass zur vermeintlichen Totenfeier der Prinz, der Graf und Baggesen mit ihren Gemahlinnen am Strand von Dänemark, „am donnerrollenden Nordmeer" zusammenkamen und um Schiller trauerten. Charlotte von Schimmelmann hatte zuvor an den Prinzen geschrieben, dass das Ausmaß des Verlustes für Deutschland unermesslich sei.

Nachdem der Irrtum aufgeklärt war, traf „am 13. Dezember 1791 ... in Jena ein Schreiben ein, in dem Friedrich Christian dem kranken und arbeitsunfähigen Dichter des ‚Don Carlos' ein dreijähriges Stipendium von tausend Reichstalern jährlich anbot. Diese Pension, später um zwei Jahre verlängert, rettete Schillers

Existenz. ‚Zwey Freunde, durch Weltbürgersinn miteinander verbunden, erlassen dieses Schreiben an Sie, edler Mann! Beyde sind Ihnen unbekant, aber beyde lieben Sie.'"[7]

Die Freunde waren der Prinz und der Graf, aber der Impuls zu Schillers Rettung kam ohne Zweifel von der Gräfin. Charlotte von Schimmelmanns Aufgeschlossenheit jungen Talenten gegenüber und ihr Zuspruch beim Finanzminister hatten die Kontakte nach Deutschland erst ermöglicht. Ähnlich wie die Rettung, die aus Leipzig kam, durch Dora Stock auf den Weg gebracht worden war, kam die Initiative für Schillers Unterstützung indirekt über die Gräfin zustande. Nomen est Omen, wieder hieß eine gute Fee Charlotte. Mit der Gräfin blieb der Dichter in fortgesetztem Briefkontakt und reger geistiger Verbindung.

Schiller überlebte die furchtbaren Krankheitsattacken. Im Juli fuhr er mit Lotte und der Schwägerin zur Kur nach Karlsbad. Nur um einen Tag verpasste er den dänischen Prinzen, der kurz nach seiner Ankunft abfuhr. Friedrich Christian fuhr über Jena zu Reinhold und der Professor schilderte noch einmal eindringlich Schillers Notlage. Sofort schrieb der Prinz an den Finanzminister, er wolle Schiller mit einer Berufung nach Kopenhagen aus der Not helfen, denn auf nichts sei er so geizig als auf wirklich große Männer und Gelehrte. Er hatte Schillers Gedicht „Die Künstler" gelesen und teilte seine Gedanken zur Entwicklung des Menschengeschlechts.

„(...)
Der Menschheit Würde ist in eure Hand gegeben,
Bewahret sie!
Sie sinkt mit euch! Mit euch wird sie sich heben!
Der Dichtung heilige Magie
Dient einem weisen Weltenplane;
Still lenke sie zum Oceane
Der großen Harmonie!
(...)"[8]

Während man sich in Kopenhagen Gedanken machte, wie dem Dichter zu helfen sei, verbrachten Lotte und Schiller noch knapp sechs Wochen in Erfurt zur Nacherholung, da Karlsbad nicht ausgereicht hatte, seine Kräfte wieder herzustellen. Zurück in Jena fand sie ein Schreiben von Herzog Carl August vor, der für sein „liebes Lottchen" hoffte, dass der Krankheitszustand ihres Mannes nicht von Dauer sei, da seine Finanzlage im Moment so desolat wäre, dass er keine Gehaltserhöhung gewähren könne. Lotte wurde leichenblass, hatten die Krankheit und die Kur doch 1400 Taler verschlungen. Woher nur sollte das Geld zu nehmen sein? Schiller führte unter Aufbietung aller seiner ihm noch zur Verfügung stehenden körperlichen Reserven das dritte Buch des „Dreißigjährigen Krieges" zu Ende, damit es im Oktober 1792 erscheinen konnte. Fast gleichzeitig erreichte den Prinzen die Nachricht, dass Schiller sich nur erholen könne, wenn er eine gewisse Zeit von jeglicher Arbeit freigestellt wäre, dass er nur genesen könne, wenn er sich schonte. Diese Nachricht kam in Dänemark an wie das Signal eines Schiffbrüchigen, man handelte sofort. Als Schiller zwei Monate später vom Geschenk des fernen Gönners hörte, war er vor Glück drei Tage krank, als er sich erholt hatte, bestellte er sich in Leipzig Kants „Kritik der reinen Vernunft".

Wie krank Schiller wirklich war, davon hatte Lotte keine Ahnung. Sie wusste nichts von seiner schweren Malaria-Erkrankung in Mannheim und von seinem ausgeprägten Leiden an Wetterfühligkeit. Fortan bestimmte das Leben der Eheleute Schillers anfällige Gesundheit, die im Grunde ein vierzehnjähriges Sterben war. Nach seiner Obduktion wunderte sich der Leibmedikus Wilhelm Ernst Christian Huschke, wie bei der miserablen Verfassung der inneren Organe, wo nur die Blase und der Magen noch in einem natürlichen Zustand waren, der arme Mann so lange hat leben können.

Französischer Staatsbürger

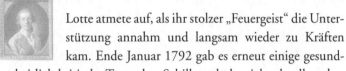

Lotte atmete auf, als ihr stolzer „Feuergeist" die Unterstützung annahm und langsam wieder zu Kräften kam. Ende Januar 1792 gab es erneut einige gesundheitlich kritische Tage, aber Schiller erholte sich schnell, sodass Lotte riskieren konnte, im Februar einige Tage ohne ihn in Weimar zu verbringen. Hatte Schiller ihre Abwesenheit genutzt, einen seiner närrischen Einfälle auszubrüten? Er war auf die Idee gekommen, sich ein eigenes Pferd zu kaufen, um durch die Erschütterung des Reitens seine Unterleibskrämpfe zu heilen! Er meinte das bringe ihn weiter als die Apotheke in zwei Jahren und wollte es sogar zu einem geplanten Besuch bei Körners mitbringen, um seine tägliche Bewegung auch in Dresden fortsetzen zu können. Dem Freund schrieb er: „... ich wünschte, daß Du Dich auch entschließen könntest, diese Spazierritte mitzumachen. So würden wir manche Stunde fürs Gespräch gewinnen, und Deine Gesundheit würde sich wohl dabei befinden."[1]

Ob diese Art Therapie seinem Körper etwas genützt hat, darüber hat sich der Dichter nicht ausgelassen. Aber ein Augenzeuge dieser Ausritte berichtet: „Auf was er verfiel, das trieb er mit Heftigkeit und Übermaß. Er hatte sich ein Pferd gekauft, und nun ritt er alle Tage, und zwar von Hause im Galopp, und kam oft im Karrière zurück, daß er das Pferd nicht halten konnte und sich nur dadurch rettete, daß das Tier seine Heimat wusste und zum Glück eine Straße ohne Durchgang bei seinem Hause war, wo das Pferd doch stehen musste."[2] Arme Lotte, nun war zur Erkältungsanfälligkeit ihres Gatten auch noch die Angst hinzugekommen, er könne durch seinen Leichtsinn vom Pferd fallen. Aber was hielt sie nicht alles aus, damit ihr Genie zufrieden war. Der gleiche Augenzeuge lässt uns noch ein wenig hinter die Kulissen schauen: „Der Umgang im Innern der Familie Schiller hat für den, der darin eingeweiht war, etwas äußerst Anziehendes und wird jedem, der ihn genossen hat, unvergesslich sein. Sie möchte ich die personifizierte Lieblichkeit, die keinen andern Willen hat als den des Mannes und an seiner Größe hinaufstaunt, und die holde Scham nennen. ‚Es schickt sich nicht' war ihr höchstes Gebot ...",³ an dem sie ein Leben lang festhielt. Wegen dieses Charakterzuges, der keineswegs aufgesetzt oder eine Rolle war, die sie spielte, wurde sie von Schiller „die Dezenz" genannt. Wenn er mit Freunden abends noch beim Wein zusammensaß, weil er im ersten Jahr in Jena „mit erstaunlicher Leidenschaft ans L'homre" geraten war, zog sie sich rechtzeitig zurück, um nicht zu sehen und zu hören, „was sich nicht schickt". Diese ihre zweite Natur stand ihr auch im Weg, als es später darum ging, Goethes Lebensgefährtin Christiane zu tolerieren. Während der fruchtbarsten künstlerischen Zusammenarbeit zwischen Goethe und Schiller blieben sich die beiden Frauen spinnefeind.

Ob durch das Pferd oder Lottes Pflege, wahrscheinlich durch beides, Schiller kam wieder zu Kräften. Und so konnte endlich der lang versprochene Besuch bei Körners in Dresden in Angriff genommen werden. Im April fuhren sie zuerst nach Leipzig, um den Verleger Göschen und seine Frau zu besuchen. Zwei Tage wurden sie von dem Ehepaar verwöhnt. Lotte war recht beeindruckt von den weltstädtischen Bürgern der alten Messemetropole, die sich der feinen Lebensart und den geistigen Genüssen verschrieben hatten. Als sie abreisten, freute sich Lotte sehr auf Dresden. Jetzt hatte sie Stadtluft eingeatmet und wollte noch mehr von diesem unverwechselbaren Flair genießen, das ihr Rudolstadt nie hatte bieten können. Gemeinsam mit Minna und Dora ging sie am Elbufer spazieren oder sie spielte mit dem acht Monate alten Nachwuchs der Körners, dem Söhnchen Karl. Neugierig fragte Lotte die junge Mutter nach ihren Erfahrungen über Schwangerschaft und Geburt. Sie ließ sich gern Mut machen, ebenfalls ein Kind zu bekommen. Bisher verursachte ihr der Gedanke an Nachwuchs mehr Panik als Freude, besonders wenn ihr Genie Friedrich kränkelte und sie ihn pflegen musste wie ein Kind. Auch hier in Dresden plagten ihn öfter Unpässlichkeiten, die ihren Einsatz forderten, wenn sie die Gastgeber nicht allzu sehr belasten wollte. Aber die Frauen hatten Verständnis und unterstützten sie, wo es nur ging. Sie kannten ja „ihren Schiller" und erzählten Lotte manche Anekdote über seine früheren Befindlichkeiten.

Körner war seinem Freund ein aufmerksamer Gastgeber und wartete geduldig bis sich dessen Leidenstage wieder in Freudentage wandelten. Dann konnten sie ausgiebig die seit langem ersehnten Gespräche über philosophische und künstlerische Themen führen und sich „etliche Stunden nacheinander ungestört genießen". Dankbar erinnert sich der Dresdner: „Für mich ist ein solches Beisammensein eine Art von geistiger Badekur – ein Pyrmonter, der mich wieder stärkt, wenn ich mir durch schofle Nahrung den Magen verdorben habe."[4] Die Wochen des Besuchs waren für alle Beteiligten so harmonisch verlaufen, dass die Freunde sich gegenseitig versicherten, sich künftig wenigstens zu den Messen in Leipzig zu treffen.

Zurück in Jena, versuchte Schiller mit Lotte den Sommer zu genießen. Neben seiner Pflichtarbeit „juckt ihm die Feder nach dem Wallenstein" und quälte ihn in immer kürzeren Abständen sein leidiger Katarrh. Die lange Krankheit ihres Friedrichs hatte Lotte aus ihrem Honigmond gerissen. Ein banges Gefühl vor der Zukunft beschlich sie, das sie ihrer Patentante Charlotte von Stein anvertraute, die sie mit einem Brief zu trösten suchte: „Daß Sie die Welt nicht mehr wie ehemals im schönsten Glanze sehen und das Glück, das Sie sich durch so viel Widersprüche dennoch errungen hatten, nicht genießen können, fühl' ich innigst mit Ihnen; denn jede Fassung und Ergebung in das Schicksal beraubt uns auch der neben herumliegenden Freuden. Doch wenn man jung ist wie Sie sind, und der Weg noch lang, bringt das Erdreich mit sich, daß einem noch hie und da Blumen begegnen."[5]

Statt seiner Frau „Blumen" zu streuen, belastete Schiller die Gedanken von Lotte mit Blut, denn ihn schreckte Anfang September 1792 die Nachricht von den Morden in Paris aus seinen poetischen Träumen. 1600 Menschen, angebliche Feinde der Revolution, waren umgebracht worden. Und ihn hatte ein Gesetz am 26. August zum Bürger Frankreichs gemacht. Es stand in den Zeitungen und er wunderte sich, wie er zu dieser Ehre kam. Hatte er doch nie, wie z. B. Klopstock, ausdrücklich für die Revolution Partei ergriffen. Der französische Schriftsteller Marie Joseph Chénier hatte die Nationalversammlung aufgefordert, allen Ausländern, die durch ihre Schriften die Ziele der Revolution unterstützt hätten, das französische Bürgerrecht zu verleihen. Auf der Liste fehlte Schiller, aber ein Abgeordneter stellte den Antrag, dass „Herr Gille, deutscher Publizist", in das Verzeichnis aufgenommen wurde. Es war ein Elsässer, der in seiner Jugend „Die Räuber", „Fiesko" sowie „Kabale und Liebe" auf der Bühne erlebt hatte. Die revolutionären Bildungseindrücke, die von diesen Dramen ausgingen, hatten den Abgeordneten geprägt und ihn zu einem Anhänger der Revolution gemacht. Außerdem waren in Paris „Die Räuber" mit großem Erfolg aufgeführt worden, zwar in gekürzter und geänderter Form, aber immer noch mit genügend Sprengstoff. Nun sah Chénier in seinem Vorschlag, den Dichter in die Liste aufzunehmen, eine Möglichkeit, ihm zu einer Ehrung zu verhelfen. So kam Schiller zu dem Titel eines französischen Staatsbürgers. Die Ernennungsurkunde erreichte ihn allerdings erst sechs Jahre später. Vielleicht hätte er sie zerrissen, wenn er sie früher erhalten hätte, denn über die Hinrichtung Ludwigs des XVI. am 21. Januar 1793 war er entsetzt. Das Volk, das als neue Macht aufstrebte, musste zu neuem Denken geführt werden, um menschlich handeln zu können. Schiller begann seine „Augustenburger Briefe" zu schreiben, die 1795 in das große Essay „Über die ästhetische

Erziehung des Menschen, in einer Reihe von Briefen" übergingen. Während er über seine „Idee von Schönheit" nachdachte, brachte ihm Lotte ein Blatt mit Noten. Es war eine Komposition zu seinem „Lied an die Freude" des 21-jährigen Ludwig van Beethoven, die er achtlos beiseite legte.

Trotz der Gerüchteküche in Jena und Weimar und der Frage, ob Schiller das französische Bürgerrecht angenommen habe, war er seiner Verpflichtung nachgekommen und hatte die „Geschichte des Dreißigjährigen Krieges" beendet. Er schickte das Manuskript im September zu Göschen, der schon ungeduldig darauf wartete. Nun hatte er Zeit und konnte sich auf den Besuch seiner Mutter mit der jüngsten Schwester Nanette freuen. Seit zehn Jahren hatte er beide nicht mehr gesehen. Aus dem Kind war eine junge Dame geworden. Und Elisabetha Schiller erschien dem Sohn fast unverändert, seit er sie verlassen hatte. „Meine Mutter hat mich zwei Tage früher überrascht, als ich den Briefen von der Solitude nach erwarten konnte. Die große Reise, schlechte Witterung und Wege haben ihr nichts angehabt. Sie hat sich zwar verändert gegen das, was sie vor zehn Jahren war; aber nach soviel ausgestandenen Krankheiten und Schmerzen sieht sie sehr gesund aus. Es freut mich sehr, daß es sich so gefügt hat, daß ich sie bei mir habe und ihr Freude machen kann. Meine jüngste Schwester Nanette, die fünfzehn Jahre alt ist, hat sie begleitet. Diese ist gut, und es scheint, daß etwas aus ihr werden könnte. Sie ist noch sehr Kind der Natur, und das ist noch das beste, da sie doch keine vernünftige Bildung hätte erhalten können."[6]

Im Haushalt ihres Bruders und der überaus gebildeten Lotte empfand das junge Mädchen ihre unzulängliche Bildung als besonders krass. Umso unverständlicher erschienen ihr nun die früheren heftigen Streitereien der Eltern, wenn es um die Erziehung der Töchter ging. Sie war doch die Jüngste, wieso hatte der Vater nichts aus den Biografien der älteren Schwestern gelernt?

Unmut kam auf, der zu Spannungen zwischen Mutter und Tochter führte und auch das Verhältnis zur Schwiegertochter trübte. Misstrauen und Hemmungen vor der adligen, gescheiten Lotte machten sich breit und sorgten für Verwirrung. Als Caroline kam, um die Familie ihres Schwagers kennen zu lernen, spürte sie sofort die etwas dickere Luft, die zwischen Gastgebern und Gästen herrschte. Eine Einladung nach Rudolstadt könnte bestimmt die Stimmung heben und so fuhren alle für zehn Tage zu Luise von Lengefeld, die sich freute, die Schwiegermutter ihrer Lolo einmal zu sehen. Durch die liebenswürdige Art der chère mère und die wunderschöne Umgebung war das Wohlbefinden aller bald wieder hergestellt. Nur Schiller war wehmütig gestimmt, denn die Berichte seiner Mutter aus dem Schwabenland verursachten heftiges Heimweh nach der alten Heimat. Am liebsten wäre er bei der Abreise seiner Lieben gleich mitgefahren, aber er nahm sich vor, im nächsten Jahr zu kommen, das mildere Klima würde ihm gut tun.

Im Dezember bekam Lotte Post von ihrer Schwiegermutter, die berichtete, wie gut ihr die Reise zu ihren „lieben Kindern" getan habe und wie sehr sie wünsche, beide bald in Schwaben zu sehen. „Wenn es nur die Gesundheitsumstände unsers lieben Schiller erlaubten, daß Sie aufs Frühjahr eine Reise zu uns machen könnten! Sie würden viel Vergnügen bei uns und unsern Freunden zu genießen haben. Die Veränderung wird Ihnen beiden gewiß gut bekommen, so wie mir."[7] Für den kommenden Winter gab die besorgte Mutter noch gute Ratschläge für die Gesundheit. Viel Schlittenfahren sollten sie und schickte einen neuen warmen Leibrock für Schiller mit, den die Schwester Luise eigens für ihren Bruder genäht hatte.

Ein neuer Schwabe

 Im Frühling des Jahres 1793 sah Charlotte wieder mehr Blumen neben dem städtischen Gemäuer; das Ehepaar hatte die Wohnung gewechselt. Es war im April in eine Gartenwohnung in der Zwätzengasse 9 gezogen. „Heute habe ich endlich meinen Einzug in den Garten gehalten und bin nicht wenig froh, daß ich Feld und Himmel sehe. Diesen Winter kam ich kaum fünfmal ins Freie, und nun ist mir zu Mut wie einem Gefangenen, der zum ersten Mal wieder ans Tageslicht kommt."[1]

Schiller waren der Lärm und die Unruhe in der „Schrammei" zu viel geworden und Lotte wollte sich allmählich in der Führung einer Küche üben, denn bisher brauchte sie nie zu kochen. Der Mittagstisch war immer gedeckt gewesen, aber die Kost war auf Dauer zu ungesund für Schiller. Jetzt konnte Lotte für ihren Liebsten die Speisen auswählen, die er am besten vertrug. Oder sie kochte, was beide sich wünschten. Und sie konnte für sich Dinge zubereiten, auf die sie plötzlich einen merkwürdigen Heißhunger verspürte. Auch der Tagesablauf war geregelter ohne die vielen Tischgenossen. Sie gingen früher zu Bett und konnten eher aufstehen. Trotz des gesünderen Lebens fühlte Lotte sich nicht recht wohl, sie schob es auf die Sorgen, die sie sich wegen Schillers labiler Gesundheit machte. Sie war so vollständig auf ihren Gatten fixiert, dass sie nicht bemerkte, was in ihrem eigenen Körper vorging. Und der Mediziner Schiller war durch den Dichter so stark verdrängt worden, dass auch er seiner Frau keinen Rat zu geben wusste. Johann Caspar Lavater, der Ende Mai zu Besuch kam, berichtet von einem ganz anderen Mann, als er vermutet hatte zu treffen. Einen Weisen, einen ruhigen, scharfen, edlen, in sich selbst sicheren vielseitigen Prüfer habe er gefunden. Eingesponnen in seine philosophischen Betrachtungen hatte Schiller die Symptome bei seiner

Frau, die eine Diagnose hinsichtlich eines natürlichen Zustandes erlaubt hätten, nicht wahrgenommen.

Nach langer Unsicherheit welche Krankheit vorliege, entschied Dr. Stark im Juli: Lotte ist im siebten Monat schwanger. Erleichtert schrieb der Dichter an seinen Freund Körner: „Ich kann Dir übrigens nicht genug sagen, wie wohl mir jetzt ums Herz ist, daß ich endlich von der Unruhe befreit bin, die mir die unerklärbaren und bedenklichen Zufälle meiner Frau schon seit drei Monaten verursacht haben, und nun auch der Vollendung häuslicher Glückseligkeit von jetzt an entgegensehen kann. Es ist mir, als wenn ich die auslöschende Fackel meines Lebens in einem andern wieder angezündet sähe, und ich bin ausgesöhnt mit dem Schicksal. Geht nun auch das Wochenbett glücklich vorüber, und will mir der Himmel Mutter und Kind erhalten, so fehlt mir nichts Wesentliches mehr zu meiner Zufriedenheit."[2]

Die Fakten waren unumstößlich geklärt, Schiller sah bald Vaterfreuden entgegen. Warum er ausgerechnet seiner Frau unter diesen Umständen die weite Reise ins Schwabenland zumutete, bleibt sein Geheimnis, wir können nur spekulieren. Ausschlaggebend war wohl auch der 70. Geburtstag seines Vaters im Oktober; er sei ihm diese Liebe schuldig, so könne er die Reise nicht mehr aufschieben.

Herzog Carl August hatte auch Urlaub gewährt, er hoffte auf die Wiederherstellung von Schillers Gesundheit in der „vaterländischen Luft". Ungefährlich war es jedenfalls für Lotte nicht, sich tagelang in einer Mietkutsche durchrütteln zu lassen und nicht einmal genau zu wissen, wo man in der alten Heimat unterkam. Das Ziel Stuttgart und die Solitude konnten nicht ohne weiteres angesteuert werden, denn zuerst musste in Erfahrung gebracht werden, ob Schiller noch von Carl Eugens Häschern verfolgt würde. So plante das Paar als ersten Aufenthaltsort die Stadt Heilbronn. Am 1. August fuhren die Schillers mit

Kammerjungfer und Diener los, kamen mit Zwischenstation in Nürnberg sechs Tage später an und belegten im „Gasthof zur Sonne" einige Zimmer. Der zukünftige Vater ging umgehend zum Rathaus, wo er um reichsstädtischen Schutz des Magistrats ersuchte, der ihm gewährt wurde. Sie blieben vier Wochen. Als erste kamen der Vater und die Schwester Luise zu Besuch. Luise blieb gleich da, um die hochschwangere Lotte zu unterstützen und bei den Vorbereitungen für eine Übersiedlung nach Ludwigsburg zu helfen. Freunde hatten die Nachricht überbracht, der Herzog werde Schiller ignorieren, wenn er württembergischen Boden beträte.

Kurz vor der Abreise am 8. September kam auch Caroline und begleitete die Schwester ins neue Domizil. Der Studienfreund Schillers, Friedrich Wilhelm von Hoven, mittlerweile Arzt, der über Ludwigsburg hinaus bekannt war, hatte die Wohnung im Haus eines Büchsenmachers besorgt. Gerade noch rechtzeitig, wie sich herausstellte. Lotte und Caroline waren noch mit Einräumen und Einrichten beschäftigt, als die werdende Mutter erste Wehen bekam. Eiligst wurde Hoven verständigt, der auch seine Frau Christiane in Bereitschaft hielt, um Hilfe zu leisten. Diese verließ keinen Augenblick die Gebärende, bis der neue Schwabe am 14. September 1793 das Licht der Welt erblickt hatte. Der Arzt und Freund berichtet: „Schiller hatte sich zu Bette begeben, die Entbindung verzögerte sich bis tief in die Nacht, aber sie ging glücklich vorüber. Meine Frau brachte Schillern das Kind vor das Bette, er schlief noch, aber das Geräusch erweckte ihn. Sein erster Anblick, wie er die Augen aufgeschlagen hatte, war der ihm geborene Sohn."[3] Der Knabe wurde zehn Tage später in der Wohnung auf den Namen Karl Friedrich Ludwig getauft, und Schiller trug seinen „Herzenskarl" und „Goldsohn" andächtig herum.

Leider hatte er auch in der Heimat immer wieder mit seinem labilen Gesundheitszustand zu kämpfen und konnte das Familienleben nicht so ungestört genießen, wie er es sich wünschte. Die wenigen Freunde von früher ahnten nicht, wie weit Schiller geistig über sie hinausgewachsen war. Die notwendige Anregung, die er brauchte, um aus seinem beginnenden Stimmungstief herauszufinden, fand er bei ihnen nicht. Zutiefst bedauerte der Dichter auch die ungleichen Wege, die er und sein Freund Hoven genommen hatten. „Mit ihm habe ich von meinem 13. Jahre bis fast zum 21. alle Epochen des Geistes gemeinschaftlich durchwandert. Zusammen dichteten wir, trieben wir Medizin und Philosophie. Ich bestimmte gewöhnlich seine Neigungen. Jetzt haben wir so verschiedene Bahnen genommen, daß wir einander kaum mehr finden würden, wenn ich nicht noch medizinische Reminiszenzen hätte."[4] Einige Male machte Schiller einen Ausflug nach Stuttgart, nachdem Herzog Carl Eugen am 24. Oktober gestorben war und nun kein Risiko mehr bestand, sich in der Stadt aufzuhalten. Mit den alten Studienfreunden Haug, Hoven und Petersen traf er sich in der „Geistlichen Herberge", einem der besten Gasthöfe Stuttgarts, zum fröhlichen Beisammensein. Ein Besuch in der Hohen Carlsschule bei seinem alten Intendanten Christoph Dionysius Seeger stand ebenfalls an, wo Schiller von den Eleven der Universität enthusiastisch gefeiert wurde. Dies waren Momente, die ihn aus seinen Verstimmungen herausreißen konnten. Das vertraute Institut, das viele Erinnerungen in ihm weckte, würde es aber bald nicht mehr geben. Der neue Herzog Ludwig Eugen löste es im April des folgenden Jahres auf.

Von seinen Ausflügen zurückgekehrt, musste Schiller manche Klage seiner Frau über sich ergehen lassen, die sich anregenderen Umgang wünschte, als die „mit ihren Hausfrauenkünsten auftrumpfenden Schwäbinnen". Genervt schrieb sie an einen Freund aus Jenaer Tagen, es gebe nur noch wenig Kultur unter dem bessern Teil der Gesellschaft, die Männer seien meist materielle Wesen, und von den Frauen dürfe man gar nicht sprechen, die seien so borniert als sie bei uns vor 50 Jahren waren, und ihre häuslichen Tugenden seien doch auch so groß nicht.

Im November erkrankte der kleine Karl und besonders Schiller, dessen Unpässlichkeiten ihm wieder zu schaffen machten, haderte mit dieser Reise in die Heimat, die er sich nur mit Rücksicht auf seine Eltern verzieh. Gottlob stand das Weihnachtsfest bevor, auf das er sich freute wie ein Kind. Um Lotte zu helfen, hat er wahrscheinlich die große Tanne selbst geschmückt. Vergoldete Nüsse, Pfefferküchlein und Zuckerwerk hingen an den Ästen und viele kleine Wachskerzen leuchteten. Schiller saß ganz allein davor, „den Baum mit heiterlächelnder Miene anschauend und von seinen Früchten herunternaschend. ,Der Mensch ist nur einmal in seinem Leben Kind, und er muß es bleiben, bis er seine Kindheit auf ein anderes fortgeerbt hat.'"[5]

Ludovike Simanowiz

Zu seinem vierunddreißigsten Geburtstag am 10. November schenkte Caspar Schiller seinem Sohn ein Porträt von sich. Obwohl so nah beieinander wohnend, konnte der Vater nicht persönlich nach Ludwigsburg kommen, denn auf der Solitude wurde täglich mit dem Besuch des neuen Herzogs gerechnet. Die Pflicht gegenüber dem Herrscher hieß: zu bleiben und abzuwarten. Friedrich schrieb den Eltern, es komme just nicht auf den Tag an, wenn man zusammen fröhlich sein wolle. Das Geschenk freute ihn besonders, denn es hatte eine gleichaltrige Gespielin aus Kindertagen gemalt. Das Format des Bildes, 34 x 30 cm, war handlich genug, um unbeschädigt die Heimreise nach Thüringen zu überstehen. Dass der Vater, auf dem Gemälde noch von Lebenskraft strotzend, drei Jahre später schon sterben sollte, ahnte er nicht.

Die Malerin Ludovike Simanowiz hatte vor Schillers Schwabenreise ein Porträt gleichen Maßes von seiner Mutter nach Jena gesandt. Dankbar schrieb er zurück: „Jeder, der es sieht, bewundert die Künstlerinn, und ich ... setze zu dem allgemeinen Urtheil bloß hinzu, daß ich meine gute Mutter in diesem Bilde vollkommen wieder fand. Erst vor wenigen Tagen blieb Lavater, der bey der Durchreise bei mir einsprach, vor diesem Porträt stehen, und huldigte der geschickten Hand, die es verfertigte."[1]

Die professionelle Ausführung und Treffsicherheit des Gegenstandes hatten Schiller so begeistert, dass er ihr schrieb, er würde sich freuen, wenn er ein Pendant zu diesem Bild von derselben Hand erhalten könnte. Dieser Wunsch nach einem Bildnis des Vaters wurde ihm in der Heimat erfüllt. Wegen der Revolutionsunruhen in Frankreich war die Simanowiz nach Ludwigsburg zurückgekehrt und hatte nun Muße, Caspar Schiller zu porträtieren. Damit nicht genug, ließ es sich die Malerin nicht nehmen, im Dezember auch den Dichter höchst persönlich zu porträtieren.

Friedrich Schiller, gemalt von Ludowike Simanowiz

Während der Sitzungen unterhielt sie den Dichter mit den neuesten Nachrichten aus Paris, um ihn an seinen Stuhl zu fesseln. Nicht nur Zeitgenossen, sondern auch Schiller genoss „das heitere, ausgeglichene Wesen von Ludovike, ihren schnellen, aber nie verletzenden Witz, ihre Herzlichkeit und Bescheidenheit, ihre wache Intelligenz ...“[2] Derart angeregt, lauschte er geduldig ihrem Bericht über Ludwig Ferdinand Hubers neue Freundin Therese Forster, die sie in Straßburg im Dezember 1792 kennen gelernt hatte. Therese Forster wollte sich zur Zeit der Bekanntschaft mit Ludovike Simanowiz gerade von ihrem Mann Johann Georg Forster scheiden lassen, der sich verzweifelt dagegen wehrte und in einer ménage à trois eine Lösung suchte. Sein plötzlicher Tod am 10. Januar 1794 machte den Weg für Huber frei, und Therese heiratete ihn im April des gleichen Jahres.

Ein Jahr nach Schillers Weggang aus Dresden war sein ehemaliger Wohnungsgenosse als kursächsischer Legationssekretär nach Mainz gezogen. Wenig später machte er die Bekanntschaft der Forsters und ging in deren Haus ein und aus, da gemeinsame literarische Interessen sie verbanden. Ferdinand Huber hatte natürlich voll Stolz berichtet, dass er in Dresden die Wohnung mit Friedrich Schiller geteilt hat. Bald war der Dichter zum Gesprächsthema unter dem Trio geworden und für Forster so vertraut, dass er an Schiller schrieb: „In Hubers Umgang genießen wir hier, mein liebes Weib und ich, sehr viel, ich möchte sagen, die einzige ästhetische Freude, der man in Mainz habhaft werden kann; denn außer unserem Kreise versteht uns kein Mensch."[3] Als Schiller Ludowike Simanowiz Modell saß, hatte er sich längst von seinem ehemaligen Freund distanziert und auch zwischen Körner und Huber war es wegen der sitzen gelassenen Dora Stock zum Bruch gekommen. So verkürzten das Gerede über diesen Liebesskandal und die aktuellen politischen Unruhen im Nachbarland dem Dichter seine „malerischen" Sitzungen bei der schwäbischen Künstlerin.

Seit ihrem dritten Lebensjahr wohnte Ludovike mit ihren Eltern im Ludwigsburger Domizil eines Onkels, in dessen Haus die Familie Schiller von 1766 – 1767 wohnte. Ein Lehrer hatte Ludovikes Zeichentalent entdeckt. Nach ihrer Konfirmation nahm der begüterte Onkel, Leibmedikus des Herzogs, sie in sein Stuttgarter Haus und ermöglichte ihr eine Ausbildung bei dem berühmten und viel beschäftigten Hofmaler Nicolas Guibal. Schon bald war ihr bevorzugtes Sujet die Porträtmalerei. Während ihrer Stuttgarter Ausbildungszeit machte ihr ein hübscher junger Leutnant so hartnäckig den Hof, dass er die Bedenken ihrer Familie hinwegfegte und sich mit Ludovike verloben konnte. Der Bräutigam bestärkte sie, ihre Ausbildung zu vertiefen. So

Charlotte Schiller, gemalt von Ludowike Simanowiz

fuhr sie zu Jahresbeginn 1787 zum ersten Mal allein! nach Paris.
Sie hatte Unterricht bei bekannten Künstlern und blieb knapp
zwei Jahre. Nach einem Zwischenaufenthalt bei ihrem Bruder in
Montbéliard, wo sie dessen Familie porträtierte, kehrte sie Ende
1789 nach Stuttgart zurück. Nur ungern trat sie die Heimreise
an, denn sie wusste, dass sie noch viel zu lernen hatte. Es war ein
Konflikt von dem keine Frau der damaligen Zeit verschont
blieb, die versuchte, einen Beruf zu ergreifen. Ihr Pariser Beicht-
vater schrieb ihr: „Ich wünschte, meine theuerste Freundin! daß
Sie die Unentschlossenheit mit der Sie zwischen Paris und Stuttgart, zwischen Kunst und Liebe hin und her wanken, einmal zu
überwinden suchten. Wir sind nie unglücklicher, als wenn wir
keinen Entschluß fassen können, und in diesem Zustand sind

wir auch zu allem Guten verdorben. Eine von ihren Neigungen müssen Sie der andern aufopfern. Wollen Sie das häusliche Glück genießen, so müssen Sie auf Kunstruhm Verzicht thun und umgekehrt."[4]

Gerade als Ludovike Reichenbach ihre Eindrücke und Erkenntnisse aus Paris in der Heimat etwas vertieft hatte, heiratete sie im Mai 1791 den Leutnant Franz Simanowiz und zog mit ihm nach Ludwigsburg. Diese Ehe hinderte sie aber keineswegs, bald eine zweite Reise nach Paris anzutreten, denn Franz war an die Landesgrenzen abkommandiert worden. Trotz der politischen Ungewissheiten, wagte sie sich noch einmal nach Paris und wohnte bei einer ehemaligen Stuttgarter Freundin. Aber ernüchtert vom gewaltsamen Verlauf der Revolution, deren Gefahren sie und andere unterschätzt hatten, kehrte Madame Simanowiz Frankreich 1792 den Rücken und traf ein knappes Jahr später wieder ihren Jugendfreund Friedrich Schiller. Im Bewusstsein, Kunst und Häuslichkeit zu verbinden, machte es ihr sichtlich Freude, das Konterfei des Dichters auf die Leinwand zu bannen, das zu ihren bedeutendsten Arbeiten gehört. Schillers jüngste Schwester Nanette berichtete an Christophine Reinwald in Meiningen: „Die Reichenbachin war auch hir bei uns einige Tage, sie hat den Schiller gemahlt, zwar wirklich noch nicht ganz aus doch schon so ähnlich, daß es gar aufallen gut ist. Das Porträt ist etwas größer als die gewöhnlichen Brustbilder in Lebensgröße, und die Stellung gar hübsch sitzend mit beiden Armmen sichtbar der eine hängt über das Stuhlgeländer runter und der andre stekt in der Weste. Friz hat die Ludovike sehr gern im Umgang gehabt, und sie hat eine große Freude."[5] Im April 1794 war sein Bild fertig, und er bestellte umgehend ein Pendant von Lotte.

Das von der Simanowiz gemalte Porträt seiner Frau gehört zu den bekanntesten uns erhaltenen Bildern von Charlotte Schiller. Als er es endlich in Händen hielt, dankte er der Künstlerin im

Juni 1794: „Ich schäme mich in der That, meine vortrefliche Freundinn, Ihnen für die Mühe, die Sie mit unsern Portraits gehabt und für die Zeit, die Sie dabey verloren, die geringe Belohnung anzubieten, die in meinen Kräften steht. Seyen Sie indessen nachsichtig, und nehmen die innliegende Kleinigkeit als Erstattung für die Leinwand an; denn die Kunst kann und will ich Ihnen nicht bezahlen. Wie sehr wünschte ich in diesem Augenblick, daß meine Kräfte meinen Wünschen möchten angemessen seyn!"[6] Ganz so niedrig wie es nach diesem Brief erscheint, war das Honorar wohl nicht, denn die Mutter war „beleudiget", dass er „sie so gut bezahlte" und die Malerin in ihren Briefen an Elisabetha Schiller sich über die Höhe der Summe ausschwieg. Die Simanowiz porträtierte später auch Schillers Schwestern Nanette und Christophine. Wie die Ehe ihrer Jugendfreundin Christophine blieb auch ihre eigene Ehe kinderlos, ob unfreiwillig oder der Malerei wegen absichtlich bleibt dahingestellt. Als Franz Simanowiz 1799 einen Hirnschlag erlitt und pflegebedürftig wurde, verdiente Ludowike mit ihrer Malerei fast noch dreißig Jahre den Lebensunterhalt des Paares.

Jena

 Mit dem Gemälde seines Vaters im Gepäck trat Schiller am 6. Mai 1794 mit Frau und Kind die Heimreise nach Thüringen an. In Meiningen machte die Familie Station, um das Bildnis des Vaters seiner talentierten Schwester zum Kopieren zu überlassen. Sein eigenes und Lottes Porträt blieben noch einige Zeit bei der Simanowiz in Ludwigsburg, ehe sie für den Transport nach Jena verpackt wurden. Als sie eintrafen, arbeitete im jetzt so fernen Schwabenland der Künstler Johann Heinrich Dannecker an der ersten kleinen Büste Schillers, nach der er später die berühmte Kolossalbüste schuf. Als der Bildhauer im März, auf Schillers Wunsch hin, in dessen Haus gekommen war, hatte ihm Lotte die Tür geöffnet. „‚Ach, Sie sind Dannecker. Schiller erwartet Sie.‘ Dann eilte sie in das nächste Zimmer, wo Schiller auf einem Sofa lag; einen Augenblick später kam er herein mit dem Ausruf: ‚Wo ist er? Wo ist Dannecker?‘ Das war der Augenblick – der Ausdruck, den ich festhielt."[1] Die Büste wurde zum Vorbild für alle Schillerdenkmale. Als sie im Oktober in Jena unbeschadet eintraf, schrieb Schiller an den Künstlerfreund: „Ganze Stunden könnte ich davor stehen, und würde immer neue Schönheiten an dieser Arbeit entdecken. ... Gewiß ist diese Arbeit wert, daß Du sie in Marmor ausführst, und ein Käufer wird sich gewiß dazu finden, wenn es nötig ist. Wenn meine Gesundheit mich nicht hindert, eine Arbeit auszuführen, mit der ich jetzt umgehe, so gönne ich die Marmorbüste niemandem anders als mir selbst."[2]

Während der Reise hatte Schiller mit Lotte auch über die Verlagspläne diskutiert, die sich bei einer Begegnung mit dem Tübinger Verleger Johann Friedrich Cotta während einer Spazierfahrt nach Untertürkheim ergeben hatten. Sie sollten seine Bestrebungen einschneidend verändern und Cotta zum bekanntesten Verleger machen. Ende Mai kamen zwei Verträge in Jena an, die Schiller unterzeichnete. Ihm war der Vertrag für die Zeitschrift „Die Horen" am wichtigsten. „Wohlanständigkeit und Ordnung, Gerechtigkeit und Friede werden also der Geist und die Regel dieser Zeitschrift seyn; die drey schwesterlichen Horen Euno-mia, Dice und Irene werden sie regieren. In diesen Göttergestalten verehrte der Grieche die welterhaltende Ordnung, aus der alles Gute fließt, und die in dem gleichförmigen Rhythmus des Sonnenlaufs ihr treffendes Sinnbild findet."[3]

Unter den insgesamt fünfzig Schriftstellerinnen und Schrift-stellern war Goethe der bekannteste, Immanuel Kant hatte die Mitarbeit abgelehnt, aber Schiller, Fichte, Herder, Hölderlin u.a. verhalfen der Zeitschrift zu dem hohen Niveau, das Schiller gegenüber der „allgemeinen Flachheit" angestrebt hatte. Anfang 1795 erschien das erste Exemplar und im Januar 1798 mussten die Göttinnen verabschiedet werden, da sich das Publikum nicht mehr für sie interessierte. Im sechsten Heft hatte Schiller Goethes „Römische Elegien" veröffentlicht und in Weimar einen Sturm der Entrüstung ausgelöst. Und Herder meinte gar „Die Horen" müssten nun mit einem „u" gedruckt werden. Der ei-gentliche Erfolg dieser Zeitschrift lag für Schiller in der Mitar-beit Goethes und der Freundschaft, die sich daraus entwickelte. Am 20. Juli 1794 konnte Schiller sich bei Goethe persönlich für seine Bereitschaft, an den „Horen" mitzuwirken, bedanken. Ein denkwürdiger Tag für die deutsche Literatur, endlich waren sich die Dichter näher gekommen. Nun konnte der Jenaer mit dem Weimarer Freund über seinen „Wallenstein" reden. Goethe no-tierte über das „Glückliche Ereignis": „Alle meine Wünsche und Hoffnungen übertraf das auf einmal sich entwickelnde Verhält-nis zu Schiller, das ich zu den höchsten zählen kann die mir das Glück in späteren Jahren bereitete. ... seine Gattin, die ich von ihrer Kindheit auf zu lieben und zu schätzen gewohnt war, trug das Ihrige bei zu dauerndem Verständnis, alle beiderseitigen Freunde waren froh, und so besiegelten wir, durch den größten, vielleicht nie ganz zu schlichtenden Wettkampf zwischen Objekt und Subjekt, einen Bund, der ununterbrochen gedauert, und für uns und andere manches Gute gewirkt hat."[4]

Lotte freute es besonders, dass sich die beiden Männer anfreundeten. Von Goethe wurde sie schon seit Kindheitstagen Lolo genannt, und durch ihre Patin Charlotte von Stein war ihre Verehrung für sein Genie früh geweckt worden. Dem schönen Freundschaftsbund der beiden Geistesverwandten hätte auch ein vertrauterer Umgang zwischen ihren Frauen wohlgetan. Manchmal ließ Goethe das von Christiane angebaute Gemüse nach Jena schicken, aber selbst diese freundlichen Gaben konnten das Ressentiment der adligen Lotte gegenüber der bürgerlichen Christiane Vulpius nicht beseitigen. Hinzu kam noch ihre Solidarität mit der von Goethe verlassenen Charlotte von Stein, deren Aversion gegen das unstandesgemäße Liebchen in Goethes Haushalt sie uneingeschränkt teilte. Trotz aller Hochachtung und Bewunderung für Goethe hat Lotte seine Geliebte nie akzeptiert.

Für seine Familie hatte Schiller schon vor seiner Rückkehr aus Schwaben eine Wohnung im Haus Unterm Markt 1 gemietet, die für knapp ein Jahr das Domizil in Jena blieb. Sehr zur Freude von Lotte hatten sich die Humboldts fast genau gegenüber niedergelassen. Caroline hatte kurz vor der Heimkehr der Schillers ihrem zweiten Kind, dem Sohn Wilhelm, das Leben geschenkt. Zwischen den jungen Frauen entspann sich ein reger Austausch mütterlicher Erfahrungen, während sich die Ehemänner nächtelang in leidenschaftliche Gespräche über philosophisch-ästhetische Themen vertieften. „Humboldt ist mir eine unendlich angenehme und zugleich nützliche Bekanntschaft, denn im Gespräch mit ihm entwickeln sich alle meine Ideen glücklicher und schneller."[5] Für Schillers Hauswirtschaft hatte man eine tüchtige Magd aus der Heimat mitgebracht, die sich auch gerne um den „Goldsohn" Karl kümmerte. So blieb Lotte genügend Zeit, die ebenfalls mit Personal ausgestattete Caroline häufig zu besuchen. Als die Humboldts allerdings ihren Sohn im Herbst gegen Pocken impfen ließen, wich Lotte aus Angst vor Ansteckung mit dem Knaben Karl nach Rudolstadt aus.

Bald schon wurde der intensive Umgang der Familien unterbrochen, Schillers zogen im April 1795 in das repräsentative Griesbachsche Haus am Löbdergraben, wo Schiller sechs Jahre zuvor seine Antrittsvorlesung gehalten hatte. Und im Juli mussten die Humboldts nach Berlin. Gut ein Jahr später kam die Erfurter Jugendfreundin mit der Familie noch einmal zurück nach Jena und konnte den inzwischen geborenen zweiten Sohn der Schillers, Ernst, bewundern. Lotte bemerkte, dass ihre Freundin ebenfalls wieder Nachwuchs erwartete. Doch kaum von der Geburt erholt, musste die junge Mutter wieder an einen Ortswechsel denken. Wilhelm von Humboldt hatte viel mit seinem Erbe in Tegel zu tun und war bald aus Jena abgereist. „... Wenn Humboldt fort ist, so bin ich schlechterdings ganz allein, und auch meine Frau ist ohne Gesellschaft", klagte Schiller, und Caroline von Humboldt schrieb an ihren abwesenden Gatten, bevor auch sie im Juli Jena endgültig verließ: „Schiller hat eine so herzliche und rührende Freude, mich täglich zu sehen, daß ich nicht gern einen Tag aussetze ihn zu besuchen."[6] Lotte erhielt Ende September den ersten Brief der zukünftigen Europareisenden: „... Der Aufenthalt hier in Wien ist mir in vieler Rücksicht sehr interessant gewesen, obgleich ich viel Zeit mit Kranksein verloren habe ... Die Frauen geben hier den Ton an; sie sind meist gebildeter als die Männer, größtenteils schön und sehr weltklug ..."[7] Lotte bedauerte sehr, ihre kunstsinnige Freundin nicht mehr in der Nähe zu haben, die durch ihren Briefwechsel mit dem häufig von der Familie getrennten Wilhelm von Humboldt der Nachwelt in Erinnerung blieb. Humboldt selbst gab seinen Briefwechsel mit Schiller 1830 mit einer „Vorerinnerung" heraus, die bis heute zum „Treffendsten gehört, was über Schiller geschrieben worden ist."

Der Abschied von den vertrauten Freunden wurde Lotte durch das neue Sommerhaus, vor der Stadt an der Leutra gelegen, das Schiller im Frühjahr 1797 gekauft hatte, etwas erleichtert. Das luftige Domizil beanspruchte ihre ganze Aufmerksam bei den erforderlichen Umbauarbeiten von Wohnhaus und Laube.

Schwager Wilhelm von Wolzogen stand dem Paar als Architekt beratend zur Seite. Das Herumtollen im Garten mit dem Söhnchen Karl machte den Eltern viel Freude. Der nach seiner Geburt im Juli 1796 kränkliche kleine Ernst hatte sich nach einem Jahr einigermaßen entwickelt und machte nicht mehr allzu große Sorgen. Auch die Trauer über den Tod seiner Schwester Nanette und des Vaters im vergangenen Jahr schien überwunden. Schiller schrieb begeistert an Goethe: „Sonst genieße ich seit etlichen Tagen bei diesem schönen Wetter eine so freundliche Stimmung in meinem Gartensälchen, daß ich sie herzlich gern mit Ihnen teilen möchte", und weiter: „Mein Garten, wo die Rosen und Lilien in der Blüte stehen würde Sie reizen."[8] Goethe war der häufigste und liebste Gast im idyllischen Gartenhaus. Schillers dichterische Neigungen blühten wieder auf und sein „inneres Tätigkeitsgefühl" ließ seine schönsten Balladen entstehen: „Der Ring des Polykrates", „Der Handschuh", „Die Kraniche des Ibykus", „Die Bürgschaft" und andere, die alle im „Musenalmanach" erschienen, aber alles wurde übertroffen vom „Wallenstein".

Leider hatten die Schillers den Umfang der notwendigen Bauarbeiten unterschätzt. Die Ruhe zu ungestörtem Arbeiten war nur nachts gegeben, was für Schillers Gesundheit nicht gerade günstig war. Für Lotte war eigens in der Nordwestecke des Gartens ein Küchenhäuschen errichtet worden, um den Dichter mit Küchendüften und Töpferasseln zu verschonen. Im Haus selbst wurden die Kinder und das Gesinde ebenerdig untergebracht und Lotte hatte ihre Räume in der mittleren Etage. Es war ihr ein Anliegen, den Gatten abzuschirmen, ihre Loyalität ihm gegenüber war ungebrochen. Schon zwei Jahre zuvor hatte Schiller das Gedicht

„Würde der Frauen" geschrieben und sich auf lyrische Weise für Lottes Fürsorge bedankt. Charlotte von Stein schrieb darüber an ihre Patin: „Schillers zwei letzte Gedichte haben mir viel Vergnügen gemacht; bei der Würde der Frauen sieht man recht, daß mein Lollochen der Gegenstand war, aus dem er es schöpfte; ... Wem dieses Gedicht seine Empfindung anschlägt, ist's wie ein Labetrunk einem Durstigen oder ein Ruhebett einem Müden, genug, wie eine Antwort auf Empfindungen, die sich wenige Menschen selbst ausdrücken können."[9] Dem ehrgeizigen August Wilhelm Schlegel, der 1796 auf Schillers Drängen nach Jena kam und dem Kreis der Romantiker angehörte, war das Gedicht: „Würde der Frauen" kein Labetrunk, sondern ein Graus, und er verfasste eine viel belachte Parodie:

> *„Ehret die Frauen! Sie stricken die Strümpfe,*
> *Wohlig und warm zu durchwaten die Sümpfe,*
> *Flicken zerrissene Pantalons aus;*
> *Kochen dem Manne die kräftigen Suppen,*
> *Putzen den Kindern die niedlichen Puppen,*
> *Halten mit mäßigem Wochengeld haus.* "[10]

Den aufgeklärten Dichterkollegen war Schillers Frauenbild ein Dorn im Auge und Anlass zu ausgiebigem Spott. „Das Lied von der Glocke" war ebenfalls Anlass für Witzeleien. „... über ein Gedicht von Schiller, das Lied von der Glocke, sind wir gestern Mittag fast von den Stühlen gefallen vor Lachen, es ist à la Voss, à la Tieck, à la Teufel, wenigstens um des Teufels zu werden." „Die Glocke hat uns an einem schönen Mittag mit Lachen vom Tisch weg fast unter den Tisch gebracht. Die ließe sich herrlich parodieren."[11] Tatsächlich wurde „Das Lied von der Glocke" das am häufigsten parodierte deutsche Gedicht. Schiller ertrug eine Weile den Spott der Freunde, die ihn für einen unbedeutenden Dichter hielten, und distanzierte sich. Er hatte Wichtigeres zu tun.

Im Gartenhaus hatte er sich sein Arbeitszimmer in der Mansarde eingerichtet, wo sein nächtlicher Kerzenschein manchmal den Nachtwächter veranlasste hinauf zu rufen, er möge aufhören zu arbeiten. Aber er hatte schon mit dem Drama „Maria Stuart" begonnen und spürte, dass er die Sinnlichkeit des Theaters brauchte. Die Nähe Goethes, der seit 1791 Direktor der Weimarer Bühne war, und dessen Aufforderung in die Residenzstadt zu ziehen, machten ihm den einsamen Aufenthalt in seinem Gartenhaus erst richtig bewusst. Schiller begann, sich mit dem Gedanken eines Umzugs anzufreunden. Der Erfolg seiner „Wallenstein Trilogie" auf der Weimarer Bühne im letzten Quartal 1798 und den ersten Monaten des Jahres 1799 sowie die Verdoppelung seines Gehalts durch Herzog Carl August überzeugten ihn von einem Ortswechsel.

Beinahe wäre das Vorhaben doch noch gescheitert, denn das Wochenbett von Lotte, die am 11. Oktober 1799 der Tochter Caroline das Leben schenkte, verlief viel lebensbedrohlicher als erwartet. Schiller teilte sich die Nachtwachen mit seiner Schwiegermutter, da beide das Ärgste befürchteten. Tage mit fieberhaften Delirien wechselten mit Tagen apathischer Stummheit. An Goethe schrieb er am 4. November: „Mit meiner Frau steht es leider noch ganz auf demselben Punkt, wie vor drei Tagen und es ist noch gar nicht abzusehen, was daraus werden will. Eine hartnäckige Stumpfheit, Gleichgültigkeit und Abwesenheit des Geistes ist das Symptom, das uns am meisten quält und ängstigt. Gott weiß, wohin all dieß noch führen wird, ... und ich fürchte, Starkens Erfindungskunst wird auch bald erschöpft seyn. Opium, Moschus, Bilsenkraut, China, Campher, Zinkblumen, Senfpflaster, kalte Salmiakumschläge um den Kopf, starke Oele zum Einreiben sind nach und nach an der Reihe gewesen und heute soll mit der Belladonna noch ein Versuch gemacht werden."[12]

Vier Wochen nach diesem Brief hat sich Lotte so weit erholt, dass sie nach Weimar fahren konnte. Bei Charlotte von Stein fand sie mit dem Baby und Karl Unterschlupf und Erholung, bis Schiller das Nötigste in der neuen Wohnung hatte herrichten lassen. Mit dem Söhnchen Ernst und den Dienstboten war er schon in die Windischengasse gezogen, um alles zu beaufsichtigen. Täglich schickte er Briefe zur Ackerwand ins Haus der Stein mit Grüßen und Berichten an seine Frau. „Die Schwenkin hat ihre Sache ordentlich gemacht und es fängt nun an recht freundlich und wohnlich im Haus zu werden. Der lieben Lolo wird es gewiß wohl darin gefallen."[13] Schon vierzehn Tage später kann Lotte in die ehemalige Wohnung der Kalb nachkommen. „Du sollst das Zimmer morgen eingerichtet finden Liebes. Ich halte es auch, des Bades wegen, einstweilen für das Beste, darin zu schlafen. ... Gern hätte ich Dich heut Abend besucht, aber Goethe schickte schon diesen Vormittag zu mir, daß ich den Abend bei ihm zubringen möchte."[14] Diese Nachricht erhielt Lotte am 15. Dezember. Wahrscheinlich hat sie eine zwiespältige Gefühlslage bei ihr ausgelöst, denn sie wird geahnt haben, dass sie von nun an den Gatten und Vater mit dem Dichter Goethe teilen musste. So sehr sie sich über die Aussicht einer Zusammenarbeit zwischen Goethe und Schiller gefreut haben mag, für sie bedeuteten die künstlerischen Früchte, die daraus erwuchsen, Verzicht auf gemeinsame Stunden mit Friedrich. Die Schwester Caroline, nach der Lotte ihr Baby genannt hat, kam nun oft ins Haus, um der dreifachen jungen Mutter zu helfen. Ihre Hilfsbereitschaft fand sie genügend belohnt, wenn sie hie und da ihren Schwager sehen konnte.

Weimar

Zum neuen Jahr wünschte sich die Familie auch einen neuen Anfang. Vor allem Schiller wollte den Jammer der letzten acht Wochen im „Jenaer Tal" zurücklassen und ein heiteres Leben beginnen. Seine empfindliche physische Verfassung machte allerdings alle freudigen Hoffnungen auf einen unbeschwerten 10. Hochzeitstag am 22. Februar 1800 zunichte. Vier Tage später schrieb die deprimierte Lotte dem Verleger Cotta: „Vorige Woche hatte ich eine harte Probe zu überstehen, denn Schiller war recht krank, und wir fürchteten alles. Jetzt ist er auf dem besten Wege, das Fieber ist ganz vorbei, und nur der Husten plagt ihn noch, und dabei eine große Erschöpfung. Sie teilnehmender Freund können mit mir fühlen was ich litte. Es gab Momente wo ich zweifelte, daß mir das Leben das ich wieder erhalten habe, eine Wohltat sei."[1]

Für die einst so tanzfreudige Lotte von Lengefeld bewegte sich das Leben nun zwischen Kindern, Küche und Klistieren. Niemals hätte sie sich erlaubt, darüber zu klagen. In dieser Hinsicht war sie ganz „die kleine Dezenz". Vorbild im Bewahren der Contenance war ihr Charlotte von Stein, die allerdings das Haushaltsjoch ihres Patenkindes für übertrieben hielt. Beim Anblick des silbernen Kaffeeservices, das ihr Herzogin Louise nach Vollendung des „Wallenstein" überreicht hatte, fielen ihr immer Schillers Worte ein: „Die Musen haben sich diesmal gut aufgeführt." Klingende Münzen für die Haushaltskasse wären Lotte sicher lieber gewesen, aber solch ein Geschenk konnte sie unmöglich ins Pfandhaus bringen. Dafür rief es ihr die Erinnerung an die erste Aufführung von „Wallensteins Tod" ins Gedächtnis zurück: „Es schluchzte alles im Theater, selbst die Schauspieler mussten weinen, und bei den Proben, ehe sie sich mehr daran gewöhnten, konnten sie vor Weinen nicht fortsprechen. Aber mir dünkt auch ich kenne nichts, was mehr rührte, unter allen

Tragödien. Mich selbst hat die Vorstellung so gerührt, daß ich mich nicht zu fassen wusste; ob ich gleich alles kannte und Schiller es mir mehr wie einmal gelesen hatte, so war der Effekt derselbe, als ob ich es zuerst dargestellt sähe."[2] An manchen Tagen, wenn sie in der Gleichförmigkeit des Alltags unterzugehen drohte, öffnete sie die Vitrine und ließ sich von ihrem silbernen Schatz in eine idealischere Stimmung versetzen.

Schiller hatte andere Mittel gegen die Profanität des Lebens, er schnüffelte gierig an den faulen Äpfeln, die er immer in seiner Schreibtischschublade aufbewahrte. Auch eilte er wieder dichterischen Höhenflügen entgegen und zog am 15. Mai ins ruhig gelegene Schloss Ettersburg, um seine „Maria Stuart" zu vollenden. Wie in seinem Leben so häufig, standen diesmal in seiner Dichtung zwei Frauen im Mittelpunkt. Das Trauerspiel handelt vom aussichtslosen Kampf der Frauen gegen eine unerbittliche Männerwelt und gehört zu den großen Frauendramen der deutschen Literatur. Die beiden Königinnen sind Teile eines ehemals Ganzen, sie verkörpern die Trennung von Vernunft und Leidenschaft, von Körper und Geist, einer verlorenen Totalität, die der Mann und Philosoph Schiller betrauert hat.

Während dieses Ringens mit dem Stück flogen zwischen Lotte und ihm die zärtlichsten Briefe hin und her. Er vermisste seine „liebe Maus", und Lotte bat ihn wiederholt, sich nur ja nicht zu überarbeiten. Mitte Juni wurde das Drama in Weimar uraufgeführt. Schiller hatte sich wieder einmal völlig verausgabt und wurde nach der Aufführung von Krämpfen heimgesucht, die gottlob bald wieder vergingen, sodass Lotte Ende Juni mit dem Söhnchen Ernst ihre Mutter in Rudolstadt vierzehn Tage besuchen konnte. In diesem Sommer musste sie ohne das Gartengrundstück an der Leutra auskommen, die Familie hatte es für fünfzig Taler vermietet. Desto heftiger zog es Schiller im März 1801 in sein Gartenhaus, um an diesem vertrauten Ort seine „Jungfrau von Orléans" abzuschließen. „Ich hoffe Lieber, es geht dir gut, und du findest dich schon in der Arbeit, damit der

Zweck deiner Reise erfüllt wird, so will ich mich auch in die Trennung finden, die mir ich leugne es nicht recht schwer fällt. – Adieu, adieu liebster Bester, ich wünsche daß es dir wohl ist und ein guter Geist deine Arbeit fördert, damit wir nicht so lange ohne dich sind."³ Aber Lotte hatte auch Sorge, dass sich Schiller zu lange in den Jenaischen Klubs herumdrehe und sich die Zeit rauben ließe. Anfang April konnte sie ihren Dichtergatten wieder ins Weimarer Heim holen, und wenig später brachte Schiller seinem Freund Goethe das Manuskript vorbei. Nach der Lektüre schickte er es mit den Worten zurück: „Nehmen Sie mit Dank das Stück wieder. Es ist so brav, gut und schön, daß ich ihm nichts zu vergleichen weiß."⁴

Bis das Drama in Weimar aufgeführt werden konnte, sollten noch zwei Jahre vergehen. Herzog Carl August fürchtete, dass seine Geliebte, die Schauspielerin Caroline Jagemann, just gerade schwanger, sich als geharnischte Jungfrau vor dem Publikum lächerlich machte. Diese Peinlichkeit wollte er sich und ihr ersparen. Mit seinen Bedenken wandte er sich an Caroline von Wolzogen, damit sie ihren Schwager beeinflusse, das Stück vorerst nicht auf die Bühne in Weimar zu bringen. Zur großen Erleichterung des Herzogs verzichtete Schiller darauf, und so wurde das Drama mit großem Triumph im September in Leipzig uraufgeführt. Zur dritten Aufführung in der Messestadt war Schiller selbst anwesend und wurde von den Zuschauern stürmisch gefeiert. „Unbeschreiblich, und mit nichts Anderem in der Folge zu vergleichen, war der Eindruck des phantastisch-romantischen Trauerspiels bei dessen erstem Erscheinen. Wohl kann man sagen, der Vorhang einer neuen Welt ward aufgezogen."⁵

Diesem Erfolgserlebnis gingen relativ sorglose Sommerwochen voraus. Schiller war in der Obhut von Lotte und seiner Schwägerin Caroline schon im August nach Dresden gereist, um seinen Freund Körner und dessen Familie zu besuchen. Auch sollte das Ostseebad Doberan aufgesucht werden, aber diese weite Fahrt war zu risikoreich für Schillers labilen Gesundheitszustand. Wie bekannt, hatte er auch diesmal genaue Vorstellungen für sein Reisequartier und hatte diese seinem Freund im Juli mitgeteilt: „Nun wünschten wir aber unserer allerseitigen Gesundheits Umstände wegen die drei oder vier Wochen, die wir in Dresden zubringen können, auf dem Land, in einer mäßigen Entfernung von der Stadt und von Euch zuzubringen, da meine Schwägerin eigene Pferde mitbringt, so können wir dann leicht zusammenkommen. Wir bitten Dich also, uns ein solches Quartier mit den nötigen Meubles und sieben Betten zu mieten, auch Stallung für zwei Pferde nicht zu vergessen. Ein Mädchen, das uns kocht, bringen wir entweder mit, oder wollen uns eins dort zu verschaffen suchen."[6]

Durch die Fürsorge seiner beiden Begleiterinnen überstand der Dichter die sechswöchige Reise erstaunlich gut. Sie war gekrönt durch einen Abstecher nach Loschwitz, wo man sich die Jahre 1785–87 schwelgerisch in Erinnerung rief, und durch die Fahrt nach Leipzig. Seit drei Tagen wieder in Weimar schrieb Schiller am 23. September an den Freund Körner, er sei noch immer in Gedanken bei ihm und seiner Familie und vermisse die gemeinsam verbrachten Abende sehr. Er dankte tausendmal für alle Freude, die er und die Seinigen ihm, seiner Frau und seiner Schwägerin gemacht hätten. Voller Stolz berichtete er noch, dass einen Tag nach seiner Ankunft in Weimar „Maria Stuart" im Theater gegeben wurde und die Unzelmann diese Rolle mit Zartheit und großem Verstand gespielt habe. Ihre Deklamation sei schön und sinnvoll, aber er würde ihr etwas mehr Schwung wünschen.

Die berühmte Schauspielerin Friederike Unzelmann aus Berlin war vom 21. September bis 1. Oktober zum Gastspiel in Weimar verpflichtet worden. Es wurden glanzvolle Theatertage für die Liebhaber der Bühne. Goethe, meist etwas voreingenommen gegen Gastschauspieler (er fand diese häufig nur unbequem), war diesmal restlos begeistert. „Madame Unzelmann gab acht wichtige Vorstellungen hintereinander, bei welchem das ganze Personal in bedeutenden Rollen auftrat und schon an und für sich, zugleich aber im Verhältnis zu dem neuen Gaste, das möglichste zu leisten hatte. Dies war von unschätzbarer Anregung.«[7]

Schiller nahm seine Stellung als dreifacher Familienvater sehr ernst. Sein „sittliches Empfinden" verbot ihm jegliche Kapricen mit der Schauspielerin, auch wenn er sie noch so sehr bewundert hat. Kein geheimes Billett, kein „Äugeln", wie es Goethe gerne tat, nichts ist überliefert, das seine Lotte hätte kompromittieren können. Am 30. Januar 1805 konnte Schiller wieder auf die schauspielerische Leistung der Unzelmann vertrauen. In der Uraufführung seiner Übersetzung von Racines Phädra spielte sie die Titelrolle. Im Oktober 1801, nach der Abreise der Berliner Aktrice schrieb er bedauernd an Körner, nun müsse man sich wieder an theatralische Hausmannskost halten. An die Unzelmann schrieb er im November: „Wie erfreute mich Ihr Andenken, meine liebenswürdige Freundin! Ich hätte mich, mit allen Ihren hiesigen Verehrern, darein finden müssen, wenn Sie uns und unser schlechtes Dorf und unser Dorftheater in dem großen kunstvollen Berlin vergessen hätten! Desto angenehmer musste mich das Gegenteil überraschen."[8]

Lotte standen strapaziöse Wintermonate bevor, das Haus glich wochenlang einem Lazarett. Alle Kinder waren krank, Keuchhusten, Halsentzündung, Masern und auch sie selbst hatte sich mit Masern infiziert. Schiller überstand ebenfalls den Winter nur leidlich. Im Herbst hatte er sich Goethes neu gegründetem „Cour d'amour" genannten Mittwochskränzchen angeschlossen, mit dem sein Freund den langweiligen Winter besser zu überstehen hoffte. Goethe wählte sich die charmante Gräfin Egloffstein, das Ehepaar Schiller wurde über Kreuz mit Schwager und Schwägerin Wolzogen zusammengetan. Die restlichen vier Ritter wählten sich eine der vier noch anwesenden Damen und alle mussten ihrer Auserwählten Treue und Courtoisie geloben.

Jeden Mittwoch nach dem Theater trafen sich sieben Paare. Am Anfang meinte Schiller noch, es gehe recht lustig zu, es werde gesungen und pokuliert, aber die erwartete zwanglose Heiterkeit und poetische Freiheit wollte sich nicht einstellen. Goethe hielt alles streng ritualisiert, „... ohne seine Erlaubnis durften wir weder essen noch trinken, noch aufstehen oder uns niedersetzen, geschweige denn eine Konversation führen, die ihm nicht behagte. So kam es dahin, daß die Langeweile, über die er sich kurz zuvor so bitter beklagt hatte, mit unerträglicher Schwere auf uns lastete, ohne daß er selbst es im mindesten bemerkte."[9] Goethe hatte verfügt, dass kein Mitglied einen Einheimischen oder Fremden ohne die vorherige Zustimmung der übrigen Mitglieder mitbringen solle. „... den einmal als gültig anerkannten Gesetzen müsse man wohl treu bleiben; wo nicht, so solle man lieber die ganze Gesellschaft aufgeben, da eine zu lange fortgesetzte Treue für die Damen allerdings etwas Beschwerliches, wo nicht gar Langweiliges mit sich führe."[10] Im Frühling 1802 hatte sich der geschlossene Zirkel schon wieder aufgelöst. Niemand von den Damen und Herren, die an diesen Zusammenkünften teilgenommen hatten, schien dies ernsthaft zu bedauern. Vor allem Schiller war schon wieder mit neuen einschneidenden Lebensplänen beschäftigt.

Trotz seines Kosten aufwendig geführten Haushalts, wagte der Dichter dennoch den Gedanken, sich ein eigenes Haus zu kaufen. Der Lärm von der Straße vor seiner Wohnung, ein lauter Musiker als Mieter unter ihm, und der Entschluss, seiner Familie ein sicheres Dach über dem Kopf zu schaffen, ließen ihn dies Wagnis eingehen. Es gab einige Dutzend Gebäude in Weimar zum Preis von cirka 400 Reichstalern, aber als sich die Gelegenheit bot, eines der schönsten Anwesen der Stadt zu erwerben, zögerte er nicht. Seine ihm wesenseigene Großzügigkeit, die ihn manchmal über seine Verhältnisse leben ließ, schreckte nicht vor dem Preis von 4200 Reichstalern zurück, zuzüglich der Kosten für Renovierung und Umbauten. Sein Verleger Cotta bewilligt ihm ein Darlehen und auch die Schwiegermutter lieh 600 Reichstaler. Sobald die Finanzierung gesichert war, unterzeichnete er den Kaufvertrag und am 10. April 1802 konnte er an seine Schwester Luise schreiben: „Dieses Frühjahr beziehen wir ein neues und ein eigenes Haus, das ich mir hier gekauft habe, es ist gar nicht größer als wir gerade brauchen und doch kostet es 7200 Gulden, so hoch sind hier die Häuser im Preiß, und nach diesem Preiße regulieren sich verhältnißmäßig alle andre Lebensbedürfniße. Ach, welche Freude würde es für mich seyn, die liebe Mutter und Euch meine Schwestern einmal unter meinem eignen Dach bewirthen zu können!"[11] Elisabetha Schiller konnte das Haus ihres Sohnes, das die Vorteile einer Stadtwohnung mit denen eines Landhauses verband, nicht bewundern, sie war am gleichen Tag seines Einzugs ins neue Domizil in Cleversulzbach gestorben.

Erst Ende August waren alle gewünschten baulichen Veränderungen, deren Umfang auch diesmal unterschätzt wurde, abgeschlossen.

Endlich kehrte Ruhe ein ins Haus, und auch der tagelange Krampfhusten, der Schiller zehn Tage im Juli quälte, war überstanden. Er konnte sich in sein Arbeitszimmer im zweiten Stock zurückziehen. Seine Frau hatte es wohnlich eingerichtet und ihm Vorhänge in seiner Lieblingsfarbe genäht: Karmesinrot. Er zog sie zu, wenn die Sonne schien, denn das zarte rosa Licht inspirierte ihn beim Arbeiten. Auch andere Verehrerinnen aus Weimar wollten etwas zu des Dichters Behaglichkeit beitragen und schenkten ihm einen kunstvoll bestickten Teppich. Nach all den Wochen, in denen das Organisationstalent der Hausfrau erforderlich war, konnte Lotte sich nun auf einer Bank vor dem Haus erholen und den Kindern beim Spielen zusehen. Das Grundstück lag noch vor der Stadt mit freiem Blick auf Felder und Wiesen, das den Garten an der Leutra in Jena ersetzte. Manchmal fand sie wieder Zeit zum Lesen oder Musizieren, wenn die Buben in der Schule waren. Meist allerdings war sie mit der Struktur des Haushalts befasst. Die jungen Schillers verbrauchten das Zehnfache des Jahresgehaltes von Vater Caspar Schiller, da galt es aufzupassen, dass sich die Unkosten nicht noch mehr erhöhten. Weimar war teurer als Jena und der Verkehr bei Hofe zwang zu Samt und Seide. Trotzdem schaffte es Schiller durch seine ungeheure Arbeitsleistung, das Gebäude in wenigen Jahren schuldenfrei zu machen.

Zum äußerlich sichtbaren Aufstieg in Form eines eigenen Hauses kam im November noch die Nobilitierung des Dichters hinzu. Er freute sich besonders wegen seiner Gemahlin, die nun wieder an allen Festlichkeiten im Schloss teilnehmen konnte und schrieb scherzhaft an Wilhelm von Humboldt: „ Sie werden gelacht haben, da Sie von unserer Standeserhöhung hörten, es war ein Einfall von unserm Herzog, und da es geschehen ist, so kann ichs um der Lolo und der Kinder willen auch mir gefallen lassen. Lolo ist jetzt recht in ihrem Element, da sie mit ihrer Schleppe am Hofe herumschwänzelt."[12] Im kleinen Kreis waren die Schillers schon immer gern gesehene Gäste bei Herzog Carl August und seiner Gemahlin Louise. Nun aber hatten sie genügend Noblesse für die Etikette, die bei offiziellen Anlässen am Hof notwendig war, damit sie teilnehmen konnten.

Stolz las Schillers Frau den Kindern den Adelsbrief vor, den Kaiser Franz II. in Wien unterzeichnet hatte. Ebenso beeindruckt nahm sie das aufwendige Wappen mit dem Einhorn genau in Augenschein. Vor Freude über die Ehrung sorgte sie für einen Festbraten zum Mittagessen. Caroline von Wolzogen, die maßgeblichen Anteil an der Rangerhöhung des Schwagers hatte, wird ihn vermutlich mit der Familie geteilt haben. Des Dichters Korrespondenzpartner adressierten ihre Briefe fortan mit: „Des Herrn Hofrath von Schiller Hochwohlgeb." Der „deutsche Edelmann" hingegen kehrte gelassen an seinen Schreibtisch zurück und beschäftigte sich mit der „Braut von Messina".

Zu Silvester 1802 trug er die fast beendete Tragödie im privaten Zirkel vor und versprach, nun jedes Jahresende mit einem neuen Stück zu feiern. Im März 1803 kam das Drama in Weimar auf die Bühne. Im Sommer wurde es in Bad Lauchstädt gespielt, begleitet von einem heftigen Unwetter mit „lustigem und fürchterlichem Effekt", das den anwesenden Schiller amüsierte. Er blieb noch einige Tage zur Kur und berichtet an Lotte: „Hier verfällt man auf allerlei Unterhaltungen. Vor einigen Tagen machten zwei Trupp preußischer und sächsischer Offiziere, welche in zahlreicher Menge hier sind, ein Maneuvre gegeneinander auf dem Weg nach Merseburg, alles zu Pferd. Ich ritt auch mit, auch kamen viele Kutschen von Zuschauern; … Mittags fanden sich die Kämpfer und Zuschauer bei der Tafel zusammen, wo es dann sehr über den Champagner herging, der hier mit südlicher Verschwendung getrunken wird."[13]

Schiller befand sich „wohl und heiter", er genoss die Tage, aber im Herbst sah er sie rückblickend als einen Raub an seiner Zeit. Er sagte manch wohl gemeinte Einladung ab, um mehr an seinem „Wilhelm Tell" arbeiten zu können. Hierfür wurden ihm die lebendigen Berichte seiner Frau über die Schweizer Landschaft und die Bevölkerung besonders wertvoll, da sie seine Studien aus den vielen Unterlagen, die er sich besorgt hatte, wirkungsvoll ergänzten.

Germaine de Staël

Bald sah sich der Dichter wieder einer Unterbrechung seiner Arbeit ausgesetzt: Madame de Staël fuhr am 14. Dezember in Weimar vor und brachte viel Wirbel in die kleine Residenz. Was in Europa Rang und Namen hatte, war mit ihrem Schicksal verwoben. Bevor sie nach Thüringen kam, bekämpfte sie Napoleon und dessen Politik mit spitzer Feder und kritischen Tiraden in ihrem Salon. Prompt wurde sie vom Konsul des Landes verwiesen. Der Abschied aus Paris fiel ihr schwer, der einzigen Stadt in der sie leben könne. „Frankreich ist eine demokratische Republik, wo man riskiert, gesteinigt zu werden, wenn man nicht für die Aristokratie ist. Die Republik exiliert mich, die Gegenrevolution hängt mich auf."[1]

Die „aufrührerische Elster" Germaine wurde als Tochter des Staats- und Finanzministers von Frankreich, Jacques Necker, geboren. Ihre Mutter hatte den Ehrgeiz gehabt, einen moralisch-politisch ausgerichteten Treffpunkt zu gründen, der sich von den anderen philosophischen und literarischen Salons in Paris unterschied. So war es eine Besonderheit ihrer Gesellschaften, dass sich unter den Besuchern, neben Literaten und Philosophen, Diplomaten aus ganz Europa befanden. Aber nicht nur ihrem Salon galt ihr Ergeiz, sondern auch der Erziehung ihres einzigen Kindes Germaine. Das kleine Mädchen wurde fast unausgesetzt unterrichtet, was zu einer intellektuellen Frühreife führte. Schon die Zwölfjährige unterhielt sich mit den illustren Gästen und wurde von ihnen wie eine erwachsene Frau ins Gespräch gezogen.

Die unkindliche Germaine begann den Vater abgöttisch zu lieben. Zeitlebens verglich sie die Männer mit ihrem Vateridol, an das nie einer heranreichte. Die erotische Odyssee in ihrem Leben war vorprogrammiert und ließ sie als eine der „großen Liebenden" in die Geschichte eingehen. Mit zwanzig Jahren heiratete sie den Schwedischen Baron Eric Magnus von Staël-Holstein, der sich schon lange um die Hand einer der reichsten Erbinnen Europas bemüht hatte. Glücklich wurde diese Ehe nicht. Trotz ihrer universalen Bildung verleugnete Germaine nicht ihre kühne Leidenschaftlichkeit; ihre fünf Kinder waren von verschiedenen Vätern, woraus sie kein Geheimnis machte.

Seit gut einem Jahr Witwe, wurde Germaine de Staël bei ihrem Aufbruch nach Deutschland im Herbst 1803 von ihrem langjährigen Freund Benjamin Constant begleitet. Der Schriftsteller hatte einige Jahre in Deutschland gelebt und wusste, wo das junge literarische Allemagne zu finden war. Wilhelm von Humboldt, der mit seiner Familie 1797 nach Paris gezogen war, hatte Germaine nicht nur von den bedeutenden Schriftstellern und Philosophen seiner Heimat vorgeschwärmt, sondern ihr auch die ersten Lektionen in deutscher Sprache erteilt. Die Französin kam keineswegs unvorbereitet und den Weimarer Literaten war sie ebenfalls keine Unbekannte. Schon 1795 hatte Goethe ihren Essay „Versuch über die Dichtungen" für die „Horen" übersetzt. Schiller las ihren Anfang 1803 erschienenen Roman „Delphine" nach Beendigung seiner „Braut von Messina" zur Erholung und fand viel „Tiefe, Ernst und Wahrheit des Gefühls" darin.

Trotz seiner Abgeschiedenheit in der Dichterklause drang bis zu Schiller durch, wer in Richtung Weimar fuhr, und er schrieb Ende November an Goethe: „Frau von Staël ist wirklich in Frankfurt und wir dürfen sie bald hier erwarten. Wenn sie nur Deutsch versteht, so zweifle ich nicht, daß wir über sie Meister werden, aber unsre Religion in französischen Phrasen ihr vorzutragen und gegen ihre französische Zungenfertigkeit aufzukommen ist eine zu harte Aufgabe."[2]

Einen Tag nach ihrer Ankunft wurde sie am Morgen von Herzog Carl August persönlich eingeladen, zum Mittag- und Abendessen ins prächtige neue Schloss zu kommen. Bald war sie ständiger Gast und von der Hofgesellschaft begeistert aufgenommen worden. Diesen Erfolg hätte sie sich nie träumen lassen. Der Herzog war so angetan von ihr, dass er alle seine „Verstandesschubfächerchen" öffnete und ihr zu Ehren „Wallensteins Lager" „Maria Stuart", „Die Jungfrau von Orleans" und „Die Braut von Messina" aufführen ließ. Als sie Schiller im Salon der Herzogin Louise das erste Mal sah, glaubte sie, einem General zu begegnen, so tadellos gerade hielt er sich in der schmucken Hofuniform. Nachdem sie einander vorgestellt worden waren begann ein Wortgefecht über die Bedeutung der französischen und deutschen Dramen aus dem jeder als Sieger hervorgehen wollte. Zwei leidenschaftliche Naturen waren sich begegnet. Madame de Staël berichtet: „Mit Wärme verteidigte ich die Überlegenheit unseres dramatischen Systems über alle anderen, er versagte es sich nicht mich zu bekämpfen, und ohne sich durch die Schwierigkeit und die Langsamkeit beim Gebrauch der französischen Sprache beunruhigen zu lassen, und ohne die, der seinigen entgegengesetzte Meinung der Zuhörer zu fürchten, ließ er seine innerste Überzeugung sprechen."[3]

Die nächsten Wochen gestalteten sich so turbulent, dass Schiller erst im Januar 1804 Zeit fand, seinem Freund Körner etwas über die ungewöhnliche Französin zu schreiben: „… und nun führt mir der Dämon noch die französische Philosophin hierher, die unter allen lebendigen Wesen, die mir noch vorgekommen, das beweglichste, streitfertigste und redseligste ist. Sie ist aber auch das gebildetste und geistreichste weibliche Wesen, und wenn sie nicht wirklich interessant wäre, so sollte sie mir auch ganz ruhig hier sitzen. Du kannst aber denken, wie eine solche ganz entgegengesetzte, auf dem Gipfel französischer Kultur stehende, aus einer ganz anderen Welt zu uns hergeschleuderte Erscheinung mit unserm deutschen, und vollends mit meinem Wesen kontrastieren muß. … ich sehe sie oft, und da ich mich noch dazu nicht mit Leichtigkeit im Französischen ausdrücke, so habe ich wirklich harte Stunden. Man muß sie aber ihres schönen Verstandes, selbst ihrer Liberalität und vielseitigen

Empfänglichkeit wegen hochschätzen und verehren."[4] Der Dichter überstand die „harten Stunden" mit Bravour und seine Frau Lotte bemerkte Goethe gegenüber, Schiller nähme die Deutschen in Schutz, wo er nur könne, so leicht werde sie uns nicht bekehren.

Als Germaine am 1. März wieder abreiste, war sich die Intelligenzija von Weimar bewusst, dass sie Dank Madame de Staël abwechslungsreiche Wintermonate verlebt hatte. Zwei Tage zuvor waren sie und ihr Freund Benjamin von Schiller eingeladen worden, der ihnen aus seinem gerade beendeten „Tell" zwei Szenen vorlas. Nach Constants Auffassung hat sich der Dichter in diesem Drama als der glühendste Republikaner gezeigt. Auf dem Weg nach Berlin, um den Preußischen Hof zu erobern, diskutierte das Paar noch lange über die bemerkenswertesten Stellen des Stückes. Nach knapp sechs Wochen in der politischen Hauptstadt Deutschlands brach die Staël ihren Aufenthalt ab und eilte zurück auf ihr Gut, da ihr Vater gestorben war. Mit in der Kutsche saß August Wilhelm Schlegel, den sie in Berlin kennen gelernt hatte, und der ihr fortan treu verbunden blieb; zu seinem Leidwesen nur als Erzieher ihrer Kinder.

Die Französin hatte während ihrer Deutschlandreise eifrig Material für ein Buch gesammelt. Ihre Eindrücke finden ihren Niederschlag in ihrem Werk „De l'Allemagne", das mithilfe Schlegels 1813 in London verlegt wurde. Innerhalb weniger Wochen war es ein europäischer Bestseller mit 70000 verkauften Exemplaren. 1814 erschien es in Frankreich, diesmal ohne dass Napoleon es konfiszieren konnte wie vier Jahre zuvor. Die Französin äußerte sich lobend über Schillers Dramen und proklamiert die gegenseitige geistige Befruchtung unter Anerkennung der nationalen Eigenheiten. Deutschland reagierte negativ und die Staël war bestürzt über die nationalistischen Töne. Die in Literaturkritiken und Kommentaren geübte Rahel Varnhagen schrieb im Juni des gleichen Jahres in einem Brief an ihren späteren Mann: „Gegen die Frau von Staël bin ich sehr aufgebracht. Ihrem ersten Bändchen „De l'Allemagne" schickt' ich nur einen gemäßigten Steckbrief nach Mannheim, der dort für Dich liegt, nach. Aber ihr zweites hat mich ganz empört. So insolent muß kein Mensch in sich sein. Wie gelehrt müßte sie sein, um von deutschen Schulen und Epochen zu sprechen: wie genialisch, unschuldig und sprudelnd neu, wenn man ihr nachlassen könnte, es nicht zu sein. Die blinde Henne! Die unmusikalische, ahnungslose Frau! ,Goethe a plus d'imagination, Schiller plus de sentiment!'"[5]

Das letzte Jahr

Die Abreise Germaine de Staëls blieb bei Schiller nicht ohne Wirkung. Weimar wurde ihm plötzlich zu eng, und Ende April war er entschlossen nach Berlin zu reisen. Selbst die geografische Lage der Stadt schreckte ihn nicht ab. „Berlin liegt in den Sandwüsten Arabiens; man mag nun hineinkommen, von welcher Seite man will, aus Ost oder West, aus Süd oder Nord, so wird man von den keuchenden Postpferden in einem Sandmeer fortgeschleppt; im Sommer brennt die Sonne auf diesem Sande doppelt stark, und einige von Raupen abgefressene Kieferstämme geben den einzigen dürftigen Schatten, der zu finden ist."[1]

Obwohl Schiller sich schon einige Jahre zuvor hin und wieder mit dem Gedanken getragen hatte, Weimar zu verlassen und dabei auch an Berlin dachte, kam sein spontaner Aufbruch für die ihm Nahestehenden doch sehr überraschend. Die Gewissheit, dass er viele frühere Freunde wieder zu einem Gespräch treffen konnte, war verlockend. Auch die Tatsache, dass ihn die preußische Königin schon ein Jahr zuvor eingeladen hatte, bestärkte seinen Reisewunsch. Seine Unruhe fegte alle eventuellen Bedenken hinsichtlich der Reisestrapazen hinweg. Hinzu kam noch, dass Iffland, der seit 1796 Theaterintendant in Berlin war, es sich nicht nehmen lassen würde, zu Ehren der Anwesenheit des Dichters einige seiner Werke aufzuführen. Schon lange hatte er Schiller gedrängt, einmal nach Berlin zu kommen.

Der Wahl-Weimarer nahm seine beiden Söhne mit und auch Lotte, die im Juli ihr viertes Kind erwartete, war mit von der Partie. Zuerst reisten sie nach Leipzig zur Messe, um die Verleger Göschen und Cotta zu treffen. Schiller fühlte sich wohl, er hatte die Zeit in Leipzig gut überstanden und wollte weiter nach Berlin. Lotte scheute nicht die Unbequemlichkeit der langen Anreise und willigte in das Abenteuer ein. Sie wagte nicht, die unverhofft aufflackernde Energie ihres Gemahls zu bremsen. Als sie am 1. Mai im „Hotel de Russie" unter den Linden Quartier nahmen, waren alle erschöpft. Schiller schrieb sofort an Iffland, um ihm seine Ankunft anzukündigen: „Ich war nach Leipzig gereist in Geschäften, und dort fiel mir ein, daß ich Berlin um 10 Meilen näher gekommen. Die Versuchung war mir zu groß, und so entschloß ich mich, Knall auf Fall, einen Sprung hierher zu tun. Da bin ich nun, teurer Freund, voll herzlichen Verlangens Sie und die Freunde zu begrüßen; …"[2]

Schon drei Tage später konnte Schiller seine „Braut von Messina" auf der Bühne des seit zwei Jahren fertig gestellten Nationaltheaters erleben und am 6. und 12. Mai seine „Jungfrau von Orleans". Als sich herumgesprochen hatte, dass der Dichter anwesend war, wurde er vom Publikum stürmisch gefeiert. Iffland spielte die Titelrolle in „Wallensteins Tod" am 14. Mai und auch an diesem Tag bereitete man Schiller stehende Ovationen. Lotte genoss den Triumph im Theater und den Reigen bedeutender Einladungen. Alles was Rang und Namen hatte, wollte die Schillers sehen. Ebenso waren sie gefeierte Gäste im Salon der Henriette Herz, einer Freundin von Rahel Varnhagen, die fünf Jahre später schreiben wird: „Schillers Wallenstein liegt seit drei Tagen auf meinem Tisch, und was auf dem Tische liegt, liest man am Ende doch: wie paßt jedes Wort, jede Tragödie in der Tragödie! Wie versteh' ich jetzt Welthändel und Dichter erst!"[3]

Höhepunkt und Abschluss der Reise in die preußische Metropole war ein Empfang in Sanssouci am 17. Mai in Potsdam. Als die Reisenden am 21. Mai wieder in Weimar eintrafen, hatten Friedrich und Lotte vier Tage Zeit gehabt, über das verlockende Angebot des preußischen Königs nachzudenken, der den Dichter für 3000 Reichstaler und eigener Equipage an Berlin binden wollte. Ihrem Gemahl zuliebe hätte sie eine Veränderung auf sich genommen. Schiller wog die Vorteile und Nachteile eines Umzugs gegeneinander ab und Lotte wartete angespannt wohin die Würfel rollten, „da das Glück einmal die Würfel in seine Hand gab". Sie fielen zu Gunsten Weimars, wohl auch weil er gespürt hatte, dass seine Frau ungern ihre Heimat verließ. Außerdem hatte ihm die Reise gezeigt, dass sein gesundheitlicher Zustand für einen Ortswechsel nicht stabil genug war, denn schon die ersten Tage der Zerstreuung in Berlin hatten ihn „gänzlich erschöpft und ihm ein katarrhalisches Fieber" zugezogen. Anfang Juni informierte der Dichter Herzog Carl August von dem Berliner Angebot. Wie er es wohl erwartet hatte, beeindruckte es den Fürsten, und dieser verdoppelte umgehend Schillers Besoldung. Die zukünftige finanzielle Absicherung seiner Familie schien ihm nun gewährleistet, und er sah beruhigt der baldigen Niederkunft seiner Frau entgegen.

Alles wurde für den ereignisreichen Tag vorbereitet. Lotte wollte in Jena bei ihrem Arzt Dr. Stark entbinden. Da das Gartenhaus verkauft war, mietete Schiller ein anderes Quartier und zog mit der werdenden Mutter rechtzeitig vor dem Geburtstermin in die Leutrastraße. Das Ehepaar machte Ausflüge in die Umgebung, wenn Lottes Verfassung es erlaubte und frischte die Erinnerungen an die Zeit ihrer jungen Ehe auf. Heiter und unbeschwert verbrachten sie die Abende, ahnungslos vor den dramatischen Stunden, die sie bald einholen würden. In der Nacht zum 25. Juli bekam Schiller solch quälende Koliken, dass er vor Schmerzen schrie. Lotte, die im unteren Stockwerk logierte, hatte so etwas noch nie von ihm gehört. Sie konnte ihn nicht trösten, denn bei ihr hatten die Wehen schon begonnen. Dr. Stark war verzweifelt, er glaubte nicht, dass Schiller die Nacht überleben und die Geburt seines Kindes noch erfahren würde. Unermüdlich kämpfte der Hausarzt um das Leben seiner beiden Patienten und rettete sie in den neuen Tag hinüber. Besser als befürchtet verlief die Geburt einer Tochter, und die junge Mutter hatte sich schneller wieder erholt als erwartet. In gewohnter Weise hatten die Schwiegermutter und die Schwägerin Caroline bei der Pflege mitgeholfen. Am 7. August wurde das neue Mitglied der Familie Schiller auf den Namen Emilie Henriette Luise getauft.

Genau vier Wochen nach der Ankunft in Jena reiste Schiller zurück nach Weimar und traf noch einige Anordnungen für die Ankunft seiner Frau. Vier Tage später, am 23. August kam Lotte mit dem jüngsten Kind ins vorbereitete Heim. „Die Kinderstube ist jetzt recht comfortable, und auch das Schlafzimmer daran. ... Ein recht schönes Nachttischchen von Mahagoni steht schon für dich bereit. Und auch noch ein kleines Teetischchen mit einem lackierten Blech."[4]

Schiller hatte noch einmal gegen den drohenden Verfall seines Körpers alle seine Geisteskräfte mobilisieren können. Im Herbst zog es ihn voller Ungeduld an den Schreibtisch. Würde er sein „Demetrius" Projekt beenden können? Die Berlinreise und seine Erkrankung waren ihm schon dazwischen gekommen und nun auch noch der Hof zu Weimar. Erbprinz Carl Friedrich von Sachsen-Weimar hatte am 3. August die Schwester des russischen Zaren Alexander I., Maria Paulowna, in Petersburg geheiratet. Im Herbst erwarteten alle die Frischvermählten zurück. Je näher der Termin ihrer Ankunft rückte, desto nervöser wurden alle Beteiligten, die an einem würdigen Empfang des Fürstenpaares mitwirkten.

Von dieser allgemeinen Nervosität ließ sich die Theaterleitung noch im letzten Moment anstecken. Goethe hielt es nun doch für unerlässlich, ein neues Stück zu Ehren von Maria Paulowna zu inszenieren. Das Problem war nur: Es fiel ihm nichts Passendes ein. So drängte er seinen Freund Schiller, seine Fantasie zu bemühen. „Auf dem Theater wollten wir uns anfangs eben nicht in Unkosten setzen, sie zu bekomplimentieren. Aber etliche Tage vor ihrem Anzug wurde Goethen Angst, daß er allein sich auf nichts versehen habe und die ganze Welt erwartet etwas von uns. In dieser Not setzte man mir zu, noch etwas Dramatisches zu erfinden, und da Goethe seine Erfindungskraft umsonst anstrengte, so musste ich endlich mit der meinigen noch aushelfen. Ich arbeitete also in vier Tagen ein kleines Vorspiel aus, welches frisch weg eingelernt und am 12ten November gegeben wurde."[5] Schiller nannte es „Die Huldigung der Künste". Das Stückchen wurde von den Mitgliedern des Fürstenhauses wohlwollend aufgenommen, und die Dichterfreunde hatten die Erwartungen des Weimarer Publikums erfüllt.

Drei Tage zuvor war das Prinzenpaar mit Pracht und Prunk in Weimar eingezogen. Allein die Vorhut bildeten achtzig Planwagen, die von kleinen Kosakengäulen gezogen wurden, die die kostbare Aussteuer von Maria Paulowna in die Residenz brachten. Schillers Schwager Wilhelm von Wolzogen, der den Tross aus Petersburg begleitet hatte, brachte einen wertvollen Brillantring für den Dichter mit. Die Zarin Mutter wollte ihn für sein Werk ehren und Wolzogen lieferte das generöse Geschenk noch am gleichen Tag bei Schiller ab. Es war der Vorabend seines 45. Geburtstages. Der unverhoffte Geldsegen, den er durch den Verkauf des Geschmeides bald erzielte, freute ihn sehr. Schon wenig später konnte er einen Teil der Hypothek abzahlen, die noch auf seinem Haus stand. Alles was seine existenziellen Sorgen mindern half, kam dem vierfachen Familienvater entgegen. Am Tag nach seinem Geburtstag lernte er Maria Paulowna auf einem Empfang bei Hofe persönlich kennen und stimmte in die allgemeine Begeisterung ein. „Mit unsrer neuen Prinzessin ist wirklich ein guter Engel bei uns eingezogen. Sie ist im höchsten Grade liebenswürdig, verständig und gebildet, sie zeigt einen festen Charakter und weiß die Dignität ihres Standes mit dem verbindlichsten Wesen zu vereinbaren. Kurz, sie ist so, daß wenn wir die Wahl gehabt hätten uns eine Fürstin zu verschreiben, wir sie gerade so wie sie ist und nicht anders bestellt haben würden. Ich verspreche mir eine schöne Epoche für Weimar, wenn sie nur erst bei uns einheimisch wird geworden sein."[6]

Zur Festvorstellung am 12. November wurde Racines „Mithridate" gegeben und Schillers Vorspiel „Die Huldigung der Künste", 248 fünfhebige Jamben-Verse, uraufgeführt. Es „reußierte über all seine Hoffnung" beim Publikum und der

Prinzessin, die am Morgen schon den Text lesen konnte, den Schiller ihr hatte überbringen lassen. Einfühlsam hat er sich in die Lage der erst achtzehnjährigen jungen Frau versetzt, die eine neue Heimat finden musste:

> *„Genius*
> *Liebe greift auch in die Ferne;*
> *Liebe fesselt ja kein Ort.*
> *Wie die Flamme nicht verarmet,*
> *Zündet sich an ihrem Feuer*
> *Eine and're wachsend fort –*
> *Was sie Theures dort besessen,*
> *Unverloren bleibt es ihr;*
> *Hat sie Liebe dort verlassen,*
> *Findet sie die Liebe hier.*
> *(…)*
> *So rankt das Edle sich, das Treffliche*
> *Mit seinen Thaten an das Leben an.*
> *Schnell knüpfen sich der Liebe zarte Bande,*
> *Wo man beglückt, ist man im Vaterlande."* [7]

Bekannt wurde Maria Paulowna als Großherzogin durch ihre Aufgeschlossenheit für Künstler und ihre Unterstützung des Komponisten und Klaviervirtuosen Franz Liszt.

Es schien, als habe Schiller wieder eine neue Muse gefunden. Häufiger als für seine Gesundheit zuträglich war, konnte man ihn im Schloss finden. Ausgelassen feierte er den Wirbel von Festivitäten, die sich ihm boten. Er wich den mahnenden Blicken von Lotte aus, aber der gefürchtete Katarrh stellte sich bald wieder ein. Resigniert schrieb er an Körner, dass seine Gesundheit so hinfällig sei, dass er jeden freien Lebensgenuss gleich mit Wochen langem Leiden büßen müsse. Zum Christfest 1804 trug er seine kleine Tochter Emilie freudestrahlend um den brennenden Baum herum und freute sich an ihrem Jauchzen, aber der Husten plagte ihn immer noch. Trotzdem begann er wenige Tage später in einem Kraftakt mit der Übersetzung von Racines „Phädra". Am 30. Januar, zum Geburtstag von Herzogin Louise, wurde das ins „Schillersche" übersetzte Trauerspiel uraufgeführt. Warum hatte sich der Dichter diese Arbeit in so kurzer Zeit abgerungen? War es eine Hommage an die französische Bildung von Maria Paulowna, ähnlich der Aufführung von „Mithridate"? In der Fürstenloge ahnte jedenfalls niemand, dass man eines der letzten Werke des Dichters sah. Nach dem Tod Schillers gewährte Erbprinzessin Maria Paulowna seinen Söhnen Karl und Ernst eine jährliche Unterstützung bis zum Abschluss von deren Ausbildung.

Der 15. Hochzeitstag des Ehepaares Schiller rückte näher. Lotte freute sich an ihrer guten Figur, der kaum noch Spuren der Geburt von Emilie anzusehen waren. Dies war eine Gelegenheit, im „Journal des Luxus und der Moden" zu blättern und sich ein Kleid nach dem neuesten Schnitt nähen zu lassen. Sie wollte Schiller damit überraschen, wie elegant eine Mutter von vier Kindern noch aussehen konnte. Das kurze Kamisol, das sie sich wegen des Winters passend zum Gewand hatte fertigen lassen, stand ihr gut und würde auf der Promenade der schönen Welt in Weimar Furore machen.

Nur ausführen konnte er seine Lotte nicht. Die nächsten Monate waren ein einziges gesundheitliches Desaster für ihn. Noch einmal hatte er sich ein Pferd gekauft, weil er glaubte, durch Reiten zu gesunden. Aber daran war nicht zu denken, er war viel zu schwach. Erst in der zweiten Aprilhälfte fand er wieder genug Kraft, um an seinem „Demetrius" weiter zu arbeiten und Goethes Manuskript einer Diderot-Übersetzung kritisch zu kommentieren. In seinem letzten Brief an den Freund Körner am 25. April wünschte er sich „Leben und leidliche Gesundheit bis zum 50. Jahr". Am 1. Mai wollte Schiller ins Theater, er war im Begriff aufzubrechen, als Goethe vorbeikam. Da der Freund nicht mitgehen wollte, war es ihre letzte Begegnung. Im Theater befiel ihn so heftiges Fieber, dass er nur mit Unterstützung von Heinrich Voß sicher nach Hause gelangte. Nach heutiger Diagnose war es eine akute Lungenentzündung, die das ohnehin schon geschwächte Herz noch mehr angriff. Am späten Nachmittag des 9. Mai 1805 erlag er seinen Leiden.

Über die letzten Stunden des Sterbenden gibt es verschiedene Versionen. Zweifelsfrei kann gelten, dass Lotte und ihre Schwester Caroline bis zuletzt an eine Genesung Schillers glaubten. Dies kann auch die Tatsache erklären, dass nur Geld für einen Tannensarg im Hause war, der eiligst bestellt wurde. Noch am 6. Mai hatte Lotte an Cotta geschrieben, nach einigen recht stürmischen Tagen könne sie ihm nun beruhigendere Nachrichten geben. Trotz seiner langen Krankengeschichte hatte sie nicht ernsthaft gewagt, an den Tod des geliebten Mannes zu denken und fand sich nun mit vier kleinen Kindern allein zurückgelassen. Zur Trauerfeier am Nachmittag des 12. Mai, Schiller war in der Nacht zuvor bestattet worden, erklang zur Musik aus Mozarts „Requiem" auch das fröhliche Lachen seiner knapp einjährigen Tochter Emilie durch die St. Jakobs-Kirche. Lotte hat bis zu ihrem Tod in Bonn am 9. Juni 1826, als Folge einer Augenoperation, für ihre Kinder und das Andenken Schillers gelebt. Zehn Jahre nach seinem Tod gedachte sie ihres Gemahls in einem fünfstrophigen Gedicht:

> *„Klage um Schiller*
> *(…) Nur durch den Himmel noch mit dir verbunden,*
> *Such' ich auf Erden trauernd deine Spur!*
> *Was ich in dir, du hohes Bild, gefunden,*
> *Das gab nur eine göttliche Natur.*
> *Nur aus dem Quell des ewig-großen Guten*
> *Trug dich das Schicksal in des Lebens Fluten. (…)"* [8]

1828 heiratete die jüngste Tochter Emilie Heinrich Adalbert Freiherr von Gleichen-Rußwurm, einen Patensohn ihres Vaters und

Emilie von Gleichen-Rußwurm geb. Schiller, die Nach-lassverwalterin

Kind der besten Freundin ihrer Mutter. Sie sammelte und ord-nete den Nachlass des Vaters, dessen sterbliche Überreste 1827 in der Fürstengruft am neuen Weimarer Friedhof beigesetzt wurden. Ihren neuen Wohnsitz, Schloss Greifenstein, machte Emilie zu einem Mittelpunkt der Schillerstiftung. Wie bei vie-len Dichter-Töchtern, war es ihr Lebensinhalt, das Erbe des be-rühmten Vaters zu verwalten.

Zeittafel

1749 Johann Caspar Schiller heiratet die 17-jährige
Wirtstochter Elisabetha Dorothea Kodweiß.

1757 Christophine Schiller wird geboren, das erste Kind des
Ehepaares Johann Caspar und Elisabetha Schiller. Die
Lieblingsschwester von Friedrich Schiller heiratet 1786
seinen Freund Wilhelm Reinwald.

1759 Elisabetha Dorothea Schiller bringt am 10. November
ihr zweites Kind zur Welt, das auf den Namen Johann
Christoph Friedrich Schiller getauft wird.

1766 Schillers zweite Schwester Luise Dorothea Katharina
wird geboren. Ein Jahr später siedelt die Familie nach
Ludwigsburg über.

1773 Auf Befehl des Herzogs Carl Eugen besucht Schiller ab
Januar die Militär-Pflanzschule in der Solitude.

1775 Verlegung der Akademie nach Stuttgart, wo Schiller ein
Jahr später mit dem Medizinstudium beginnt.

1777 Geburt der jüngsten Schwester Christiane, genannt
Nanette, die schon im Alter von 18 Jahren starb. Sie
hatte davon geträumt, in Schillers Stücken auf der Bühne
zu stehen.

1780 Schiller wird im Dezember aus der Akademie entlassen.
Anstellung als Regimentsmedikus in Stuttgart.

1781 Bekanntschaft mit Louise Dorothea Vischer. Entstehung der Laura-Oden. Druck seines Erstlingsdramas „Die Räuber".

1782 Uraufführung der „Räuber" und Flucht aus Stuttgart.

1783 Bekanntschaft mit Charlotte von Wolzogen. In Mannheim Anstellung als Theaterdichter, schwere Erkrankung im Herbst.

1784 Uraufführung von „Fiesko" und „Kabale und Liebe". Bekanntschaft mit Charlotte von Kalb.

1785 Am 9. April Abreise aus Mannheim und bis Juli 1787 Gast bei Christian Gottfried Körner in Leipzig und Dresden. Im Februar 1787 Bekanntschaft mit Henriette von Arnim.

1787 Schiller geht im Juli nach Weimar. Treffen mit Charlotte von Kalb, Wieland und Herder. Erster Kontakt zur Familie von Lengefeld.

1790 Am 22. Februar Trauung mit Charlotte von Lengefeld. Wohnung in Jena und Titel eines Meiningischen Hofrats sowie festes Jahresgehalt als Professor für Geschichte in Jena.

1793 Anfang August reisen Charlotte und Friedrich Schiller nach Württemberg. Am 14. September kommt der Sohn Karl Friedrich Ludwig in Ludwigsburg zur Welt. Im Oktober stirbt Herzog Carl Eugen und Schiller kann sich gefahrlos mit seinen Freunden in Stuttgart treffen. Im Frühjahr 1794 Kontakt zu dem Verleger Johann Friedrich Cotta. Im Mai Rückkehr nach Jena und Beginn der Zusammenarbeit mit Goethe.

1796 Geburt des zweiten Sohnes Ernst Friedrich Wilhelm am
11. Juli. Im Frühjahr des folgenden Jahres Kauf eines
Sommerhauses.

1797 „Wallensteins Lager" wird in Weimar uraufgeführt.
Nacheinander werden bis 1804 noch sechs weitere
Dramen uraufgeführt: „Die Piccolomini", „Wallensteins
Tod", „Maria Stuart", „Die Jungfrau von Orleans", „Die
Braut von Messina" und „Wilhelm Tell".

1799 Im Oktober wird die Tochter Caroline geboren. Charlotte
Schiller erkrankt lebensgefährlich nach der Geburt.
Im Dezember Umzug der Familie nach Weimar.

1802 Einzug in das neu erworbene Haus und Erhebung in
den Adelsstand.

1804 Im Frühsommer Reise nach Berlin mit Audienz bei
Königin Luise. Am 25. Juli Geburt der Tochter Emilie.

1805 Schiller stirbt am 9. Mai und wird auf dem Weimarer
Jakobsfriedhof beigesetzt.

1826 Charlotte Schiller stirbt am 9. Juni in Bonn.

Anmerkungen

Die Mutter

[1] Marbacher Kataloge, Nr. 32, S. 24 f.
[2] Gellhaus, S. 13.
[3] Gellhaus, S. 18 f.
[4] Schillers Werke, Grätzer-Ausgabe, Bd. 35, S. 9.
[5] Böttiger, S. 223.
[6] Hoyer, S. 129.
[7] Schillers Werke, Knaur, Bd. 1-5, S. 248.

Die Schwestern

[1] Schillers Werke, Grätzer-Ausgabe, Bd. 36, S. 62. f.
[2] Naumann, S. 115.
[3] Conradi, S. 46.
[4] Naumann, S. 115.
[5] Hoyer, S. 708.
[6] Kovalevski, S. 294.
[7] Gellhaus, S. 23.

Erste Erfahrungen

[1] Schillers Werke, Bd. 1-5, S. 286 f.
[2] Gellhaus, S. 33.
[3] Gellhaus, S. 40.
[4] Gellhaus, S. 41.
[5] Hoyer, S. 60.
[6] Schillers Werke, Bd. 1-5, S. 10.
[7] Varnhagen, S. 478.
[8] Hoyer, S. 61.
[9] Gellhaus, S. 51 f.
[10] Schillers Werke, Grätzer-Ausgabe, Bd. 5, S. 10.
[11] Oellers, S. 47 f.
[12] Gellhaus, S. 42.

Henriette und Charlotte von Wolzogen

[1] Hoyer, S. 96 f.
[2] ebd., S. 99.
[3] Burghoff, S. 105 f.
[4] Kühnlenz, S. 17.
[5] Conradi, S. 25 f.

[6] Kühnlenz, S. 23.
[7] Schillers Werke, Grätzer-Ausgabe, Bd. 6, S. 61.
[8] Hoyer, S. 115.
[9] Kühnlenz, S. 29.
[10] Hoyer, S. 127 f.
[11] Marbacher Kataloge, Nr. 32, S. 67.
[12] Conradi, S. 33 f.
[13] Briefe des jungen Schiller, S. 273.
[14] Kühnlenz, S. 33 f.

Sophie von La Roche

[1] Pörnbacher, S. 110 f.
[2] Goethe, Dichtung und Wahrheit Teil 3, S. 91.
[3] Haberland, S. 185.
[4] Kühn, S. 295.

Mannheimer Kapricen

[1] Hoyer, S. 132.
[2] Hoyer, S. 143.
[3] Pilling, S. 33.
[4] Hoyer, S. 134 f.
[5] Pörnbacher, S. 123.
[6] Hoyer, S. 186.
[7] Böttiger, S. 129.
[8] Hoyer, S. 213.
[9] Hoyer, S. 216.

Charlotte von Kalb

[1] Gellhaus, S. 91.
[2] Naumann, S. 34.
[3] Naumann, S. 81.
[4] Naumann, S. 85.
[5] Gellhaus, S. 90.
[6] Gellhaus, S. 91.
[7] Hoyer, S. 148.
[8] Biedermann, S. 110.
[9] Biedermann, S. 112.
[10] Wiese, S. 191.
[11] Schillers Werke, Grätzer-Ausgabe, Bd. 1, S. 82.

[12] Schillers Werke, Grätzer-Ausgabe, Bd. 1, S. 82.
[13] Naumann, S. 97.
[14] Biedermann, S. 112.
[15] Biedermann, S. 123.
[16] Naumann, S. 94.
[17] Biedermann, S. 121.
[18] Hoyer, S. 161

Die Liebe in Weimar

[1] Biedermann, S. 145.
[2] Hoyer, S. 235.
[3] Naumann, S. 136.
[4] Hoyer, S. 242.
[5] Hoyer, S. 243 f.
[6] Naumann, S. 126 f.
[7] Hoyer, S. 237.
[8] Naumann, S. 128.
[9] Kiene, S. 67.
[10] Stümcke, S. 122.
[11] Stümcke, S. 123 f.
[12] Hoyer, S. 246 f.
[13] Adam Gottlob Öhlenschläger; Mosapp, S. 2.

Huldigung an eine Freundschaft

[1] Hoyer, S. 150.
[2] Buchwald, S. 395.
[3] Pörnbacher, S. 138 ff.
[4] Hoyer, S. 169 f.
[5] Hoyer, S. 180 f.
[6] Gellhaus, S. 84.
[7] Hoyer, S. 190.
[8] Hoyer, S. 190.
[9] Hoyer, S. 198.
[10] Pörnbacher, S. 168 f.
[11] Gellhaus, S. 105.

Minna und Dora Stock

[1] Gellhaus, S. 110.
[2] Hoyer, S. 205.
[3] Schillers Werke, Grätzer-Ausgabe, Bd. 9/1, S. 26.
[4] Schillers Werke, Grätzer-Ausgabe, Bd. 1, S. 79 f.
[5] Marbacher Kataloge, Nr. 32, S. 86 f.
[6] Körner, Bd. I, S. 53.

[7] Körner, Bd. I, S. 4.
[8] Hoyer, S. 271.
[9] Kovalevski, S. 308.

Liaison Dangereuse

[1] Hoyer, S. 211 f.
[2] Hoyer, S. 214 f.
[3] Hoyer, S. 217.
[4] Hoyer, S. 220 f.
[5] Hoyer, S. 223.
[6] Hoyer, S. 222.
[7] Hoyer, S. 226 f.
[8] Schillers Werke, Grätzer-Ausgabe, Bd. 1, S. 95.
[9] Hoyer, S. 228 f.
[10] Geisterseher, S. 203 f.
[11] Geisterseher, S. 173.
[12] Hoyer, S. 229 f.
[13] Burghoff, S. 46.

Schneeweißchen und Rosenrot

[1] Hoyer, S. 254.
[2] Drewermann, S. 28.
[3] Hoyer, S. 255.

Familie von Lengefeld

[1] Mosapp, S. 42.
[2] Mosapp, S. 14 f.
[3] Mosapp, S. 11.
[4] Kiene, S. 11.

Reise in eine neue Welt

[1] Mosapp, S. 20 f.
[2] Mosapp, S. 22.
[3] Rousseau, S. 627 f.
[4] Mosapp, S. 25.

Ballsaison

[1] Hoyer, S. 285 f.
[2] Mosapp, S. 31.
[3] Mosapp, S. 33.

Die Titanide

[1] Naumann, S. 139.
[2] Hoyer, S. 311.
[3] Naumann, S. 144.

[4] Naumann, S. 143.
[5] Waitz, S. 109 u. 330.
[6] Naumann, S. 189.
[7] Naumann, S. 191.
[8] Naumann, S. 196.
[9] Bruyn, S. 177.
[10] Bruyn, S. 179.
[11] Haberland, S. 332 f.
[12] Naumann, S. 303.
[13] Haberland, S. 365.

Volkstedter Sommer

[1] Hoyer, S. 260.
[2] Kühnlenz, S. 78 f.
[3] Mosapp, S. 49.
[4] Hoyer, S. 268 f.
[5] Hoyer, S. 270 f.
[6] Hoyer, S. 281.
[7] Hoyer, S. 274 f.
[8] Hoyer, S. 280.
[9] Schillers Werke, Grätzer-Ausgabe, Bd. I, S. 112 f.
[10] Kühnlenz, S. 87.
[11] Hoyer, S. 288.
[12] Hoyer, S. 288.

Entscheidungen

[1] Mosapp, S. 79.
[2] Hoyer, S. 299 f.
[3] Hoyer, S. 310 f.
[4] Marbacher Kataloge, Nr. 32, S. 98 f.
[5] Mosapp, S. 81.
[6] Kiene, S. 134.
[7] Hoyer, S. 321 f.
[8] Mosapp, S. 92 f.
[9] Hoyer, S. 327.
[10] Kiene, S. 157.
[11] Haberland, S. 370 f.
[12] Hoyer, S. 336.
[13] Hoyer, S. 342.
[14] Wasserzieher, S. 191.
[15] Schillers Werke, Grätzer-Ausgabe, Bd. I, S. 137 f.
[16] Kühnlenz, S. 126.
[17] Kühnlenz, S. 126.

Caroline von Wolzogen

[1] Hoyer, S. 342.
[2] Hoyer, S. 347.
[3] Hoyer, S. 350.
[4] Hoyer, S. 387.
[5] Kiene, S. 225.
[6] Waitz, Bd. 1, S. 180.
[7] Böttiger, S. 234.
[8] Bäumer, S. 255.
[9] Frauen Literatur Geschichte, S. 90.
[10] Biedermann, S. 162 f.

Junge Ehe

[1] Mosapp, S. 161.
[2] Mosapp, S. 161.
[3] Hoyer, S. 366.
[4] Kiene, S. 197.
[5] Bleibtreu, S. 93.
[6] Gellhaus, S. 164.
[7] Gellhaus, S. 169 f.
[8] Schillers Werke, Grätzer-Ausgabe, Bd. I, S. 136.

Französischer Staatsbürger

[1] Hoyer, S. 405.
[2] Hoyer, S. 404.
[3] Hoyer, S. 405.
[4] Kiene, S. 211.
[5] Bäumer, S. 243.
[6] Bleibtreu, S. 106.
[7] Hoyer, S. 414.

Ein neuer Schwabe

[1] Kühnlenz, S. 130.
[2] Hoyer, S. 428 f.
[3] Gellhaus, S. 194.
[4] Hoyer, S. 445.
[5] Hoyer, S. 457.

Ludovike Simanowitz

[1] Marbacher Kataloge, Nr. 32, S. 8.
[2] Marbacher Magazin, 57, S. 15.
[3] Marbacher Magazin, 65, S. 19.
[4] Marbacher Magazin, 57, S. 15.
[5] Marbacher Magazin, 57, S. 42.
[6] Marbacher Kataloge, Nr. 32, S. 125.

Jena

[1] Hoyer, S. 459.
[2] Hoyer, S. 481.
[3] Gellhaus, S. 203 f.
[4] Hoyer, S. 468 f.
[5] Hoyer, S. 464.
[6] Hettler, S. 77.
[7] Hettler, S. 79.
[8] Kühnlenz, S. 143.
[9] Bäumer, S. 246 f.
[10] Werner, S. 270.
[11] Gellhaus, S. 277.
[12] Hoyer, S. 628.
[13] Hoyer, S. 630.
[14] Katalog Antiquariatsmesse 2003, S. 189.

Weimar

[1] Hoyer, S. 636.
[2] Mosapp, S. 185.
[3] Mosapp, S. 195.
[4] Hoyer, S. 657.
[5] Fouque, S. 67.
[6] Hoyer, S. 661 f.
[7] Werner, S. 295.

[8] Hoyer, S. 669.
[9] Werner, S. 296.
[10] Palleske, S. 337 f.
[11] Gellhaus, S. 297.
[12] Mosapp, S. 203.
[13] Hoyer, S. 722.

Germaine de Staël

[1] Zahn, S. 90.
[2] Hoyer, S. 727 f.
[3] Hoyer, S. 729.
[4] Hoyer, S. 730.
[5] Varnhagen, Bd. V/2, S. 5.

Das letzte Jahr

[1] Naumann, S. 240.
[2] Hoyer, S. 739.
[3] Varnhagen, Bd. I, S. 416 f.
[4] Hoyer, S. 747.
[5] Hoyer, S. 251 f.
[6] Hoyer, S. 751.
[7] Schillers Werke, Grätzer-Ausgabe, Bd. XV, S. 161 f.
[8] Mosapp, S. 218.

Literaturverzeichnis

Bäumer, Gertrud (Hg.): Goethes Freundinnen. Briefe zu ihrer Charakteristik.
Verlag B.G. Teubner, Leipzig/Berlin 1919.

Biedermann, Freiherr von (Hg.): Schillers Gespräche. Stauffacher-Verlag,
Zürich 1974.

Böttiger, Karl August: Literarische Zustände und Zeitgenossen.
(Hg.): Gerlach, Klaus; Sternke, René. Aufbau-Verlag, Berlin 1998.

Bruyn, Günter de: Das Leben des Jean Paul Friedrich Richter. Mitteldeutscher
Verlag, Halle 1975.

Buchwald, Reinhard: Schiller. Leben und Werk. Insel-Verlag, Wiesbaden 1959.

Burghoff, Ingrid und Lothar: Reisen zu Schiller. Wirkungs- und
Gedenkstätten. VEB Tourist Verlag, Berlin/Leipzig 1983.

Conradi-Bleibtreu, Ellen: Die Schillers. Der Dichter und seine Familie.
Aschendorffsche Verlagsbuchhandlung GmbH & Co, Münster 1986.

Conradi-Bleibtreu, Ellen: Im Schatten des Genius. Schillers Familie im Rhein-
land. Aschendorffsche Verlagsbuchhandlung GmbH & Co, Münster 1989.

Drewermann, Eugen: Rapunzel, Rapunzel, laß dein Haar herunter.
Grimms Märchen tiefenpsychologisch gedeutet. dtv, München 1992.

Fouque, de la Motte Caroline: Geschichte der Moden. 1785-1829.
Union Verlag, Berlin 1987.

Gellhaus, Axel; Oellers, Norbert (Hg.): Schiller. Bilder und Texte zu seinem
Leben. Böhlau Verlag GmbH & Cie, Köln 1999.

Goethes sämtliche Werke in 44 Bänden. Max Hesse's Verlag. Leipzig o.J.

Günzel, Klaus: Das Weimarer Fürstenhaus. Eine Dynastie schreibt
Kulturgeschichte. Böhlau Verlag GmbH & Cie, Köln 1999.

Haberland, Helga; Pehnt, Wolfgang (Hg.): Frauen der Goethezeit. In Briefen
Dokumenten und Bildern. Philipp Reclam Jun. Stuttgart 1960.

Hecker, Jutta: Freude schöner Götterfunken. Ein Schiller-Roman.
Eugen Salzer-Verlag, Heilbronn 1990.

Hettler, Hermann: Karoline von Humboldt. Ein Lebensbild aus ihren Briefen
gestaltet. Verlag Koehler & Amelang, München/Berlin 2001.

Hofmannsthal, Hugo von: Schillers Selbstcharakteristik. Fischer, Frankfurt 1959
Hoyer, Walter: Schillers Leben. Dokumentarisch. Kiepenheuer & Witsch,
Köln 1967.

Katalog: Stuttgarter Antiquariatsmesse 2003. Verband Deutscher Antiquare
e.V. Köln.

Kiene, Hansjoachim: Schillers Lotte. Porträt einer Frau in ihrer Welt.
Droste Verlag, Düsseldorf 1984.

Kovalevski, Bärbel (Hg.): Zwischen Ideal und Wirklichkeit. Künstlerinnen der
Goethe-Zeit 1750-1850. Katalog zur Ausstellung in Gotha und Konstanz
1999. Hatje Verlag.

Kühn, Paul: Die Frauen um Goethe. Weimarer Interieurs. Bd. I u. II,
Verlag Klinkhardt & Biermann, Leipzig 1912.

Kühnlenz, Fritz: Schiller in Thüringen. Stätten seines Lebens und Wirkens.
Greifenverlag, Rudolstadt 1976.

Laube, Heinrich (Hg.): Theodor Körners sämtliche Werke.
Verlag Sigmund Bensinger, Wien, Leipzig, Prag 1882.
Marbacher Kataloge: Schiller. Hrsg. v. Bernhard Zeller, Nr. 32.
Marbacher Magazin: Ludovike Simanowiz. Eine schwäbische Malerin. 57/1991
Marbacher Magazin: Therese Huber. Schriftstellerin und Redakteurin. 65/1993
Marbacher Magazin: Aus dem Hausrat eines Hofrats. Die Ausstellung in
Schillers Geburtshaus. Sonderheft 77/1997.
Maurer, Doris: Charlotte von Stein. Ein Frauenleben der Goethezeit.
Keil Verlag, Bonn 1985.
Mosapp, Hermann: Charlotte von Schiller. Ein Lebens- und Charakterbild.
Verlag von Max Kielmann, Stuttgart 1905.
Naumann, Ursula: Charlotte von Kalb. Eine Lebensgeschichte (1761-1843).
J. B. Metzlersche Verlagsbuchhandlung, Stuttgart 1985.
Oellers, Norbert: Friedrich Schiller. Zur Modernität eines Klassikers.
Hrsg. v. Michael Hofmann, Insel Verlag, Frankfurt a.M. und Leipzig 1996.
Oellers, Norbert; Steegers, Robert: Treffpunkt Weimar. Literatur und Leben
zur Goethezeit. Philipp Reclam jun. GmbH & Co, Stuttgart 1999.
Palleske, Emil: Schillers Leben und Werke. Bd. I u. II, Verlag Franz Duncker,
Berlin 1858.
Pilling, Claudia; Schilling, Diana; Springer, Mirjam: Friedrich Schiller. Rowohlt,
Hamburg 2002.
Pörnbacher, Karl (Hg.): Briefe des jungen Schiller. 1776-789. Kösel, München 1967.
Rousseau, Jean Jacques: Die Bekenntnisse. Die Träumereien des einsamen
Spaziergängers. Winkler Verlag, München 1978.
Schiller, Friedrich: Der Geisterseher und andere Erzählungen.
Insel Taschenbuch, Frankfurt 1976.
Schillers Werke: Vollständige Grätzer-Taschenbuchausgabe. 36 Bände, Verlag F.
Ferstl, Graz 1824-1826.
Schillers Werke: Th. Knaur Nachf., Berlin u. Leipzig o. J.
Sichelschmidt, Gustav: Caroline von Humboldt. Ein Frauenbild aus der
Goethezeit. Droste Verlag, Düsseldorf 1989.
Stern, Carola: Ich möchte mir Flügel wünschen. Das Leben der Dorothea
Schlegel. Rowohlt, Hamburg 1990.
Stümcke, Heinrich: Corona Schröter. Verlag von Velhagen & Klasing, Leipzig 1904.
Varnhagen, Rahel: Ein Frauenleben in Briefen. Ausgewählt von Augusta
Weldler-Steinberg. Gustav Kiepenheuer Verlag, Weimar 1917.
Varnhagen, Rahel: Gesammelte Werke (Hrg.): Konrad Feilchenfeldt,
Uwe Schweikert, Rahel E. Steiner. 10 Bde., Verlag Matthes & Seitz,
München 1983.
Waitz, G. (Hg.): Caroline. Briefe v. C. Schlegel/Schelling 2 Bde.,
Verlag v. S. Hirzel, Leipzig 1871.
Wasserzieher, E. (Hg.): Briefe Deutscher Frauen. Verlag L. Ehlermann, Dresden o. J.
Werner, Charlotte Marlo: Goethes Herzogin. Fürstin zwischen Rokoko und
Revolution. Droste Verlag, Düsseldorf 1996.
Wiese, Benno von: Die deutsche Tragödie von Lessing bis Hebbel. dtv,
München 1983.
Zahn, Leopold: Liebe, höchste Macht des Herzens. Das Leben der Madame de
Staël. Arcus-Verlag Henze & Co, Hagen-Stuttgart 1962.
Zeller, Bernhard; Scheffler, Walter: Schiller. Leben und Werk in Daten und
Bildern. Insel Verlag, Frankfurt a. M. 1977.

Personenverzeichnis

Albrecht, Johann Friedrich (1752–1814), *51, 86, 100*
Albrecht, Sophie (1757–1840), *41, 50 f., 85 f., 100*
Arnim, Friederike Johanna von (1733–1808), *100 f.*
Arnim, Marie Henriette von (1768–1847), *99, 101 f., 103 f., 106, 126*

Baggesen, Jens Immanuel (1764–1826), *171, 174 f.*
Bagessen, Sophie (1767–1797), *171*
Baumann, Katharina (1764–1850), *41, 50, 52 f.*
Beck, Heinrich (1760–1803), *48 f., 68*
Beethoven, Ludwig van (1770–1827), *182*
Beil, Johann David (1754–1794), *48, 50*
Bertuch, Friedrich Justin (1747–1822), *69*
Beulwitz, Caroline von geb. von Lengefeld (1763–1847), *111, 122 f., 125, 141, 143 f., 146 f., 149, 153, 155, 157 ff., 162 ff., 170, 172 f., 186*
Beulwitz, Friedrich Wilhelm von (1755–1829), *116 ff., 122, 153, 164 f.*
Bilfinger, Bernhardina; Taufpatin Schillers, *9*
Brentano, Bettina verh. von Arnim (1785–1859), *46*
Brentano, Clemens (1778–1842), *46*
Brentano, Sophie (1776–1800), *46 f.*
Braun, Johann August von (1766–?), *33*
Bürger, Gottfried August (1748–1794), *70*

Cagliostro, Alexander Graf von (1743–1795), *104*
Chénier, Marie Joseph (1764–1811), *181*
Constant, Benjamin (1767–1830), *213, 215*
Corneille, Piere (1606–1684), *57, 58*
Cotta, Johann Friedrich (1764–1832), *195, 203, 217*

Dacheröden, Caroline Friederike (Li) von (1766–1829), *148, 154, 158, 160 f., 172 f.*
Dalberg, Carl Theodor von (1744–1817), *123, 157, 168, 173*
Dalberg, Wolfgang Heribert von (1750–1806), *29, 34, 40, 52*
Dannecker, Johann Heinrich von (1758–1841), *195*

Egloffstein, Henriette Sophie Gräfin von (1773–1864), *207*
Ehrenmann, Maria Sophia; Taufpatin Schillers, *9*
Erffa, von; Pflegemutter der Charlotte von Kalb, *58, 60*

Fichte, Johann Gottlieb (1762–1814), *137, 196*
Fielding, Henry (1707–1754), *139*
Forster, Johann Georg (1754–1794), *190 f.*
Forster, Therese (1764–1829), *94, 190 f.*
Franckh, Johann Gottlieb (1760–1834), *22*
Franckh, Luise Dorothea Katharina, geb. Schiller (1766–1836), *22, 209*
Fricke; Frau eines Stuttgarter Korporals, *29*

Gellert, Christian Fürchtegott (1715–1769), *13*
Gleichen-Rußwurm, Heinrich Adalbert von (1803–1887), *224*
Gluck, Christoph Willibald (1714–1787), *169*
Göschen, Georg Joachim (1752–1828), *42, 69, 74, 83, 85 ff., 96, 105, 160, 179, 182, 217*
Goethe, Johann Wolfgang von (1749–1832), *16, 45 f., 56, 68 f., 73 f., 77, 84, 87, 94, 106, 118, 123, 131 f., 147 f., 154, 166, 196 f., 199, 201 f., 205, 207 f., 213, 215, 220, 223*
Gotter, Friedrich Wilhelm (1746–1797), *68*
Gottsched, Johann Christoph (1700–1766), *84*
Graff, Anton (1736–1813), *94, 96*
Griesbach, Johann Jakob (1745–1812), *151, 153 f.*

Hardenberg, Friedrich gen. Novalis (1771–1801), *174*
Haug, Balthasar (1731–1792), *187*
Herder, Johann Gottfried (1744–1803), *69, 71, 106, 129, 133 f., 196*
Herz, Henriette (1764–1847), *218*
Hiller, Johann Adam (1728–1804), *85*
Heron, Henry, Schotte in Weimar, 125 ff., *139*
Hohenheim, Franziska Reichsgräfin von (1748–1811), *24, 39*
Hölderlin, Friedrich (1770–1843), *132, 196*
Hölzel, Anton (1742–1832), *4*
Hölzel, Anna (1756–1840), *44*
Hoven, Christiane Henriette von (1769–1827), *186*
Hoven, Friedrich Wilhelm von (1759–1838), *186 f.*
Huber, Ludwig Ferdinand (1764–1804), *51, 77, 80, 82, 84 f., 87 ff., 82, 94 ff., 98 f., 190 f.*
Huber, Therese gesch. Forster geb. Heyne (1764–1829), *191*
Hufeland, Christoph Wilhelm (1762–1836), *68, 76*
Humboldt, Caroline Friederike von geb. von Dacheröden (1766–1829), *197 f.*
Humboldt, Friedrich Wilhelm von (1767–1835), *160, 162 f., 173, 210, 213*
Huschke, Wilhelm Ernst Christian (1760–1828), *177*
Hüssener, Auguste (1789–?), *57*

Iffland, August Wilhelm (1759–1814), *48, 217 f.*
Imhoff, Amalie von (1776–1831), *47*
Imhoff, Luise Franziska Sophie von, geb. von Schardt (1750–1803), *47, 73, 77, 139*

Jakobi, Christian Friedrich (1759–1812), *34*
Jagemann, Caroline (1777–1848), *205*
Jean Paul, s. Johann Paul Friedrich Richter (1763–1825)

Kalb, August von (1794–1824), *137*
Kalb, Charlotte von, geb. Marschalk von Ostheim (1761–1843), *41, 53, 55f., 58, 59 ff., 64 ff., 68 ff., 72 f., 74, 76 f., 103, 106 f., 129 ff., 135 ff., 140*
Kalb, Eleonore von (1764–1831), *59, 60,*
Kalb, Heinrich von (1752–1806), *60 f., 63, 69 f., 130, 132, 137*
Kalb, Johann August von (1747–1814), *59 f., 131*
Kalb, Karl Friedrich von (1784–1852), *70, 131 f.*
Kalb, Rezia Edda, Tochter von Charlotte v. Kalb (1790–1874), *132, 137 f.*
Kant, Immanuel (1724–1804), *171, 177*

Klopstock, Friedrich Gottlieb (1724–1803), *9*
Klopstock, Meta (1728–1758), *9*
Knebel, Carl Ludwig von (1744–1834), *73, 125 f., 128 f., 154*
Kodweiß, Elisabetha Dorothea, (1732–1802), *10*
Kodweiß, Georg Friedrich (1698–1771), *10*
Körner, Anna Maria (Minna), geb. Stock (1762–1843), *75, 89 f., 92 ff., 99 ff., 104 f., 179*
Körner, Christian Gottfried (1756–1831), *43, 53, 70, 75, 80, 82 f., 85, 87, 89,*
   93, 99 ff., 139, 142 f., 147, 151, 156, 174, 178 f., 185, 191, 205 f., 214, 222 f.
Körner, Karl Theodor (1791–1813), *93, 179*
Kraus, Karl (1874–1936), *26*
Kunheim, Erhard Alexander von (1743–1815), *106*

Lamais, Johanna *44, 48*
La Roche, Maximiliane verh. Brentano: (1756–1793), *44 ff.*
La Roche, Sophie von, geb. Gutermann (1731–1807), *44 ff., 122 f., 146*
Laube, Heinrich (1806–1884), *93*
Lavater, Johann Kaspar (1741–1801), *118, 184, 189*
Lengefeld, Carl Christoph von (1715–1775), *111, 114*
Lengefeld, Caroline von, gesch. von Beulwitz (1763–1847), *110 ff., 114, 116 ff., 120*
Lengefeld, Charlotte (Lotte) von (1766–1826), *110, 112 ff., 115, 117 ff., 125 ff.,*
   129, 131, 139 ff., 143 f., 146, 152 ff., 156 ff., 203
Lengefeld, Luise von, geb. von Wurmb (1743–1823), *109, 112, 117, 152, 159*
Liszt, Franz (1811–1886), *222*

Marschalk von Ostheim, Fritz (1760–1782), *56*
Mayer, Karoline verh. Richter (1777–1860), *136*
Milton, John (1608–1674), *18*
Mörike, Eduard (1804–1875), *22*
Moritz, Karl Philipp (1756–1793), *86*
Mozart, Wolfgang Amadeus (1756–1791), *224*

Necker, Jacques (1732–1804), *212*

Oeser, Adam Friedrich (1717–1799), *85, 94*
Österreich, Franz II. Kaiser von (1768–1835), *210*
Otto, Christian Georg (1763–1828), *134, 136*

Pfranger, Johann Georg (1745–1790), *18, 58*
Pope, Alexander (1688–1744), *126 f.*
Preußen, Friedrich II. König von (1712–1786), *112*
Preußen, Friedrich Wilhelm III. König von (1770–1840), *218*
Preußen, Luise Königin von (1776–1810), *217*

Racine, Jean Baptiste (1639–1699), *57, 207, 221, 223*
Reinhart, Christian, *107*
Reinhold, Carl Leonhard (1757–1823), *72, 151, 171, 175 f.*
Reinwald, Christophine Friederike, geb. Schiller (1757–1847), *19, 20, 77, 107,*
   159, 193
Reinwald, Wilhelm Friedrich (1737–1815), *17 ff., 35 ff., 38, 52, 58, 61, 107*
Richardson, Samuel (1689–1761), *126*
Richter, Johann Paul Friedrich (Jean Paul) (1763–1825), *58, 132 ff., 136*

Robertson, William (1731–1793), *139*
Rousseaus, Jean Jacques (1712–1778), *120*
Russland, Alexander I. Zar von (1777–1825), *220*

Sachsen-Meinigen, Georg Friedrich Carl Herzog von (1761–1803), *53*
Sachsen-Weimar-Eisenach, Anna Amalia Herzogin von (1739–1807), *72, 117,*
134, 167
Sachsen-Weimar-Eisenach, Carl August Herzog von (1757–1828), *65 f., 72,*
106, 123, 125 f., 149, 158, 165, 168, 185, 201, 205, 210, 213 f., 219
Sachsen-Weimar-Eisenach, Carl Friedrich Erbprinz von (1783–1853), *168, 220*
Sachsen-Weimar-Eisenach, Constantin Prinz von (175–1793), *125*
Sachsen-Weimar-Eisenach, Louise Auguste Herzogin von (1757–1830), *71, 117,*
123, 167, 203, 210, 214, 223
Sachsen-Weimar-Eisenach, Maria Paulowna Erbprinzessin von (1786–1859), *168, 220 ff.*
Schick, Johann Heinrich, *34*
Schiller, Johann Caspar (1723–1796), *10, 11 f., 17, 22, 53, 55, 75, 189, 210*
Schiller, Elisabetha Dorothea, geb. Kodweiß (1732–1802), *9, 10, 11 f., 15 ff.,*
182, 194, 209
Schiller, Christophine, verh. Reinwald (1757–1847), *9, 13, 15, 17, 18, 20, 28,*
31, 35, 55, 66 f., 118, 194
Schiller, Luise Dorothea Katharina, verh. Franck (1766–1836), *15, 22 f., 183, 186*
Schiller, Maria Charlotte (1768–1774), *22*
Schiller, Beate Friederike (1773), *22*
Schiller, Caroline Christiane (Nanette) (1777–1796), *22 f., 182, 193 f., 199*
Schiller, Charlotte (Lotte) geb. von Lengefeld (1766–1826), *22, 132 f., 161,*
168, 170, 177 ff. , 183 ff., 193, 195 ff., 200 f., 207, 209 ff., 215, 217 ff., 222 ff.
Schiller, Karl Friedrich Ludwig (179–1857), *186, 199, 202*
Schiller, Ernst Friedrich Wilhelm (1796–1841), *132, 198 f., 202, 204*
Schiller, Caroline (1799–1850), *201*
Schiller, Emilie (1804–1872), *219, 222*
Schimmelmann, Charlotte Gräfin von (1757–1816), *174 ff.*
Schimmelmann, Ernst Heinrich Graf von (1747–1831), *175*
Schlegel, August Wilhelm (1767–1845), *200, 215*
Schlegel, Caroline(1763–1809), *132, 166*
Schleswig-Holstein-Augustenburg, Friedrich Christian Prinz von (1765–1814), *175 f.*
Schleswig-Holstein-Augustenburg, Luise Auguste Kronprinzessin von (1772–1843), *175*
Schmidt, Caroline, *76*
Schmidt, Johann Christoph (1727–1807), *76*
Schneider, Johann Christoph, *86*
Schröder, Friedrich Ludwig (1744–1816), *98*
Schröter, Corona (1751–1802), *75 f.*
Schubart, Christian Friedrich (1739–1791), *16*
Schwan, Christian Friedrich (1733–1815), *29, 35, 48, 53 f., 80*
Schwan, Luise (1775–?), *48, 54*
Schwan, Margaretha (1767–1796), *41, 48, 53 f., 65*
Schwarzburg, Ludwig Friedrich Erbprinz von, *108, 144*
Segedin, Justine; literarische Vorlage der Gustel von Blasewitz, *90*
Seeger, Christoph Dionysius (1740–1802), *187*
Shakespeare, William (1564–1616), *18, 65, 84*
Simanoviz, Franz (?–1826), *193 f.*
Simanowiz, Ludovike geb. Reichenbach (1759–1827), *20, 189 ff., 193 ff.*

Sommer, Elisabetha Margaretha; Schillers Taufpatin, *9*
Staël-Holstein, Eric Magnus Baron von (?–1802), *213*
Staël, Germaine de (1766–1817), *212 ff., 215 f.*
Stark, Johann Christian (1753–1811), *174, 201, 219*
Stein, Charlotte von (1742–1827), *47, 56, 64, 77, 117 f., 125, 129, 131 f., 165 f., 173, 197, 200 ff.*
Stein, Josias von (1735–1794), *116*
Stock, Minna verh. Körner (1762–1843), *80, 82, 87, 179*
Stock, Dora (1760–1832), *80, 82, 89, 92 f., 94 f., 105, 191*
Stock, Johann Michael (1737–1773), *87, 94*
Stoll, Elisabeta Margareta geb. Sommer; Schillers Taufpatin, *10*
Streicher, Andreas (1761–1833), *34, 35, 37, 83*

Trapp, Hofmeister, *56*
Treffz, Karl Friedrich, *55*
Türck, von; Kammerpräsident, *56*
Türck, Luise von: (?–1779), *58*

Unbehaun; Kantor in Volkstedt, *143, 157*
Unger, Johann Friedrich (1753–1804), *166*
Unzelmann, Friederike (1766–1815), *206 f.*

Varnhagen, Rahel geb. Levin (1771–1833), *28, 137, 215*
Vischer, Louise Dorothea (1751–1816), *27 ff., 30 f., 33*
Voltaire (1694–1778), *57*
Voß, Heinrich (1751–1826), *224*
Vulpius, Christiane (1765–1816), *131, 197*

Weiße, Christian Felix (1726–1804), *85*
Werner, Regina Elisabetha; Schillers Taufpatin, *9*
Wieland, Anna Dorothea (1746–1801), *74*
Wieland, Christoph Martin (1733–1813), *44, 46, 70 f., 72, 74, 96, 106, 132 f., 166, 175*
Wieland, Maria Carolina Friederica (1770–1851), *75*
Winkelmann, Karl Philipp (1757–?), *39, 43*
Wölfing, Beata Dorothea; Schillers Taufpatin, *9*
Wolzogen, Adolf (1795–1825), *165, 168*
Wolzogen, Caroline gesch. von Beulwitz geb. von Lengefeld (1763–1847), *47, 165 ff., 202, 205, 207, 210, 224*
Wolzogen, Charlotte von (1766–1794), *37 f., 43, 57*
Wolzogen, Ernst Ludwig von (1723–1774), *57, 118*
Wolzogen, Henriette von (1745–1788), *14, 31, 32, 35 ff., 40 ff., 57, 62 ff., 79, 118*
Wolzogen, Wilhelm von (1762–1809), *31, 42, 77, 107, 111, 123, 144, 157, 164, 168, 199, 207, 221*
Wurmb, Wilhelm Christian Ludwig von (1740–1811), *114*
Württemberg, Carl Eugen Herzog von (1728–1793), *11, 13, 16, 24, 31 ff., 39, 40 f., 107, 165, 185, 187*

Ziegler, Caroline verh. Beck, *49 f.*
Zumsteg, Johann Rudolf (1760–1802), *50*

Glanzlichter und Alltag am Musenhof zu Weimar

Anna Amalia: Rokokofürstin und Wegbereiterin
der neueren deutschen Literatur.
Die braunschweigische Prinzessin, Nichte Friedrichs
des Großen, kam als 16-Jährige an den Weimarer Hof.
Mit 18 wurde sie Witwe und übernahm mitten
im siebenjährigen Krieg die Regentschaft
für ihren unmündigen Sohn. Neben den Regierungs-
geschäften widmete sie sich früh der Kunst,
Musik und Literatur ihrer Zeit und zog Große des
Geistes nach Weimar: Wieland, Goethe, Herder, später
auch Jean Paul und Friedrich Schiller verkehrten bei ihr.
Ihr Hof entwickelte sich zu einem kulturellen Zentrum
Europas. Die Biografie von Charlotte Marlo Werner
spiegelt nicht nur das Leben einer
großen Frau und Fürstin wider, sondern die Kultur
einer ganzen Epoche.

Charlotte Marlo Werner
Goethes Herzogin Anna Amalia
Fürstin zwischen Rokoko und Revolution

2. Aufl., 351 S. mit 28 Abb., gebunden mit Schutzumschlag
ISBN 3-7700-1065-5

www.drosteverlag.de